童眞著

童真自選集之四

# 車轔轔

文史哲出版社印行

國家圖書館出版品預行編目資料

**車轔轔** / 童真著. -- 初版. -- 臺北市：文史哲，民 94

頁：公分. --（童真自選集；4）

ISBN 957-549-631-0 (全七冊平裝) -- ISBN 957-549-635-3 (平裝)

857.7

童真自選集 4

# 車轔轔

著　者：童　真

出版者：文史哲出版社

http://www.lapen.com.tw

登記證字號：行政院新聞局版臺業字五三三七號

發行人：彭正雄

發行所：文史哲出版社

印刷者：文史哲出版社

臺北市羅斯福路一段七十二巷四號

郵政劃撥帳號：一六一八〇一七五

電話886-2-23511028・傳真886-2-23965656

**實價新臺幣二六〇元**

中華民國九十四年（2005）十一月一版



ISBN 957-549-635-3

1

一九九三年冬，是陳森和我在美國過的第一個冬天，外面大雪紛紛，室內爐火熊熊。

一九九六年盛夏，童真剛過六十八歲生日，在美國新澤西州自宅後院留影。

一九五五年冬（民國四十四年）初春，童真獲香港祖國周刊短篇小說徵文李白金像獎。合影留念。

一九六一年童眞與她的四個稚齡兒女留影於高雄橋頭。

一九八三年攝於台中亞哥花園。

一九八七年初冬，童眞與夫婿陳森初訪紐約，在世貿大廈最高層留影。現世貿雙塔已毀，背景已不能再得。

約在一九六〇年新春，童眞、陳森與姜貴及司馬中原夫婦在高雄橋頭糖廠宿舍區合影。

一九六四年初春，右起張秀亞、童眞、聶華苓、陳曉薔在大度山東海大學校園內合影。

陳森、童眞、公孫嬿艾雯、朱介凡夫婦、依風露夫婦在台北朱介凡兄住屋前合影。

一九八八年春，童眞與長子、長孫、次子夫婦合影於潭子老宅門前。

一九九六年炎夏八月，童眞與夫婿陳森及四個兒女攝於新澤西州女兒家後院。

一九九八年秋，童眞與么兒一家攝於新澤西州自宅後院。

二〇〇三年初秋，童眞與兄、嫂、姊攝於上海。

二〇〇三年秋，童眞與長子在上海魯迅紀念館魯迅銅像前留影。

二〇〇一年秋，合家在新澤州自家客廳合影。

二〇〇三年十月，童貞在上海城隍廟先祖創業的童涵春堂門前，與分別五十六年之久的姐姐合影。

二〇〇四年夏，童貞在美國著名總統山前留影。

二〇〇四年八月童貞與長媳同遊加拿大哥倫比亞冰川。

民國五十六年（一九六七）五月四日，童眞獲文藝協會頒發的文學小說創作獎。爲今，時隔近四十年，老年童眞首次與此獎合影，並把照片收進「自選集」裡，這表示感謝，同時也給自己過去的努力留下一個紀念。

二〇〇五年五月，童眞與么兒一家留影於寓所。

二〇〇五年八月，童眞與長孫及外孫在屋前草坪上合影。

二〇〇三年秋，童眞由美返台，與幾十年的老友艾雯聚晤。她家客廳雅致清麗，兩人並肩而坐，彷彿時光倒流，兩人都回到往昔的年輕歲月裡。

二〇〇五年九月，童眞由美返台，與老友司馬中原夫婦合攝於台北。

童真自選集

# 車轔轔

## 目次


前言……一
車轔轔本文……一—二四六
附錄
車轔轔——兼論小說的故事　詹悟……二四七
車轔轔　老松……二五一
沉默的天堂鳥——童真　司馬中原……二五五
鄉下女作家童真　夏祖麗……二六三
女作家童真　鍾麗慧……二六九
一個具有三種年齡的女人　陳森……二七九

童真作品目錄……二八〇
童真作品評論索引……二八二

# 前言

歲月的飛輪不息地奔馳，在悠邈的時間大漠中激起一串細碎清越的鈴聲；記憶卻總是似風似雲，無聲追趕，輕輕拂撫。多少年了，總是忘不了年輕歲月裡炎夏與寒夜的苦寫，瘦弱的我，內心裡卻澎湃著對小說藝術的欲燃的熱情，恍惚中總切盼著，跨上的是匹千里馬，揮鞭響處，馳騁萬里！然而，卻忽略了自己不過是個跛腿的勇士，在夕照下，只映繪出踽踽獨行的孤影！

近十幾年來，我寄身異國，「漂流」兩字，常灼痛我的雙眼，想起在我小小的小說世界中，出現的，也多是一些在「異鄉」「漂流」的人群，而我自己當然也是其中之一個。正因如此，他們的喜悅與悲痛、堅忍與落寞、尊嚴與憤抑、驕傲與偏見、迷惘與失落……曾深深地滲透了我的心；我塑立了他們，也就是想鐫錄下我曾經貼身生活過的那塊土地、那個時代裡的人物與情景。

我是在一九四七年秋，跟隨外子陳森離開上海，來到台灣，至今已有五十八個年頭。陳森在二零零二年秋以九十高齡在美去世，而當年正青春年華的我，今日也早已成爲一個白髮閃閃的老嫗。

歲月無情，我們這一代人，正逐漸地，更多地、走入歷史。因之，此時此刻，在我仍健朗未凋之際，緊繫在我心頭的，不是我那些早已成家立業的兒女們，而是我的另類兒女—我的小說兒女們。猶憶他們誕生的當時，也曾贏得過不少的掌聲；而今，我勇敢地再次把他們推陳在讀者之前，讓眾多的目光檢視他們：經歷了三、四十年的風風霜霜，他們到底還留存幾許丰姿！

**童　真**　寫於新澤西寓所

二零零五年八月

# 一

我倆已經面對面地坐在那裡很久了，但在我的感覺上，却像還祇剛剛見面。小樓的洋臺浴在黃昏的霞光裡，銀白色的欄杆小心地圈住牠，企圖挽回住白日的最後的華彩。在這無言的片刻裡，我諦聽着歌聲：活潑熱情的夏日之歌，牠的不散的尾音繞在秋的圓柱上。

「我眞高興看到你！」姚紀蘭說。這是她那天第三次說這句話，但每一次都有每一次的意義，每一次都加重了她喜悅的深度。有時候，重複並不是多餘。

「我也是，紀蘭。」我說。我們坐在洋臺的右角，中間那張小几上放着兩杯茶和一碟瓜子。小小的一撮瓜子殼表示我們的興趣並不在這上面；我們的興趣是在無人打擾的親密的談話上。

「白丹，我看得出，你是不反對我跟君實結婚的。」紀蘭又說。一枚瓜子裂開在她的兩齒之間，小小的白色仁子纖嫩可愛。她抬眼望着我。

「當然。爲什麽要反對呢？」我微揚着頭。那「當然」說得非常堅決。我認爲紀蘭應該知道；當我走進來的第一剎那，她就應該猜測到。

「因爲我父親反對呀。」紀蘭說着，笑了。很難描述她那時的笑容，滿不在乎，又略帶憂悒，但她的臉却是明朗的。她有一張即使在憂悒時也是明朗的臉，猶如光滑的鏡面，很難蒙上塵垢。

「我可不是我榆哥的同路人。」我說。

她很滿意我這句看似答非所問的話，我們接觸的目光裡說出了彼此間的了解與友誼。我對紀蘭的坦率，簡直超過我對我榆哥的坦率。我可不是不信任我惟一的胞兄，我祇是跟他的志趣不合，觀念不同，以致在現實生活的行動上有了距離而已。紀蘭的父親姚一鳴是我榆哥的上司。年輕的榆哥不但能幹，而且深知處世之道。他是紀蘭父親的得力下屬；上司的好惡，他當然是清楚的。他對我跟紀蘭的親密交往一度感到高興，如今，他却變高興爲憎厭了。但我既不是因他的高興而去接近紀蘭，自然也不想因他的憎厭而去疏遠紀蘭。

「白丹，你榆哥知道你此刻來看我？」紀蘭問。

「不知道。」

「白伯父呢？」

「知道。他願替我保密。」

紀蘭上身前傾，拍拍我的手。「我羨慕你有一個好父親，白丹。」

「姚伯父也是個好父親。」

「羨慕你有一個了解你的好父親。」紀蘭不否認我的話，但她却給我的父親再加上一個形容詞。她無意間攏一攏做過的頭髮，低下頭看了看綉在水紅色旗袍上的幾朵小花。小花裡有她細小的悲哀。她還是一個結婚才三天的新娘哩。「我上午曾打電話給我的爸爸，我告訴他，我和君實要回家看他，但爸却把電話掛斷了。」

「伯父還在氣頭上，紀蘭，等過一些日子，他會平靜下來的。」

「他不了解君實；說得透徹一點，他瞧不起他，」紀蘭悄然地說。「如果這裡沒有一個像你這樣可以談談的朋友，我們明天就想回臺北去了。」

「你們能到我家裡去坐坐嗎？」

「我怕給你增加痲煩。」紀蘭抱歉地笑笑。「我怕給你榆哥增加痲煩。你瞧，我們的交往忽然變得有罪了！」

霞光在黯淡下去。洋臺的欄杆蒼白而拘謹地呆立在那裡。我覺得難過。那欄杆不能留住什麽——連我在內。我要早點回家去。今晚，我家裡有客。唏，立仁要來。如果不是他，是別人，我是可以缺席的，但，來的是他，就不能沒有我。呃，爲什麽立仁偏要在今晚來？我委實捨不得丢下紀蘭，丢下她在漸漸襲來的暮色中，丢下她在父女翻臉的凄凉中。紀蘭還是一個新娘，任何不愉快的事應該都不屬於她。然而，我的這一推論，顯然無法成立。一個人要在什麽時候才能一無遺憾地、完完全全地浸在歡樂裡？外出的君實該快回來了，他能給她以愛與快樂，給她以笑與光亮。我希望紀蘭不會悵然於我的歸去。

我又開始喝茶。我要把這杯茶喝光；不是爲了口渴，祇是爲了要想把它喝光，讓空着的茶杯表示出賓主之間曾有過一次相聚。喝茶時，我站起身來，向洋臺下面看去。這個旅社，位於冷街上，環境幽靜；小院中有一株修剪成蕈狀的榕樹，還有兩株盆栽萬年青。這不是一個愛享受的人所喜歡住的旅社，也不是一個窮途末路的人所住得起的旅社。當然，牠是適於紀蘭夫婦這樣樸實的人借寓的。

「你不跟我們一起去吃晚飯了？」紀蘭也站了起來。她一定已從我的臉上看出我急想離去的神情。

「是的，立仁要來。」我順口說。

「立仁是誰？」

立仁是誰？噢，她問得好極了。我還沒有跟她談起過他呢。就時間來說，我跟立仁的相識，實在要比跟紀蘭的相識短得多——祇不過個把月光景。這一個月來，紀蘭最忙，也最亂。她在臺北，一直在用書信跟她的父親作着一連串的談判，但結果却什麽也沒談攏。於是，她乾脆跟君實結了婚。而在同一時間內，立仁却通過楡哥朋友的介紹，成了我們家裡的貴賓。最初他是楡哥和父親的朋友，後來竟成了我的朋友。我不太清楚這些情況的轉變，彷彿我不是主動而是被動，彷彿我不是風而是雲朵。我不介意，反正我也沒有男友。

交個男友也好。

「立仁是榆哥的朋友。」

「是他的，不是你的？」紀蘭的問話可不老實。

「應該是他的，但他們談起來，又說是我的。」

紀蘭神秘地霎霎眼睛：「別裝腔作勢了，白丹，他是來看你榆哥的，還是來看你的？」

「他是來看大家的，但，別人總讓我跟他在一起；就是這樣，紀蘭。不要再問我，除這以外，我不能再告訴你什麽。」

「至少可以告訴我，他讀的是什麽吧！」

「讀工商管理的，看來還挺胸懷大志呢。好啦，你簡直比我還關心他了。」

霞光全然消逝；燈已亮了。暮色中的燈，幽黯中的亮眼睛。紀蘭告訴我，君實要七點鐘才回來。那話不啻是對我說，君實根本沒想到我會匆匆離去。我歸去的脚步因心懷歉意而顯得沉重。當她陪我到臥室裡去拿皮包時，我看見她床頭上擺着好幾本書。我忍不住走過去翻了翻，全是劇本，蕭伯納的，尤金·奧尼爾的，羅曼羅蘭的，田納西·威廉的以及紀蘭的老師趙天崖教授的。我笑了：

「紀蘭，蜜月裡還看書，太不懂得享受愛情了！」

「戲劇裡有的是多姿的愛情。」紀蘭回答。

「但愛情能否刺激你產生一個劇本呢？」

「誰知道？」

紀蘭是熱愛戲劇的，我知道。但這裡却是不適宜於戲劇的，我知道，紀蘭更知道。

# 二

我在鬧街上走。除了頭上蒼藍的天空而外，你幾乎分不出這是白天還是黑夜。萬燈燦熠，夜比白日更爲絢爛。我走得很快。當然，我可以坐上一輛車子，比我的雙脚走得更快，但我還是喜歡走。我一部份的心還在紀蘭那裡。我並不太急於到家，並不急於看到榆哥，看到立仁，看到立仁那突然爲我展露的笑容。我更怕自己會無意中說出：我去看了紀蘭。

榆哥在門口迎我，他那副儼然兄長的模樣，使我從心底起了反感。「我們等你好久了。」他的「我們」裡包括着立仁。

「你們有的是可談的話題，」我說。「我去逛了書店，我好久沒讀書了，快要成了一條離水的魚。」

「別說這種話了，要是你眞這麼愛書——」他把那句會刺傷我的話截住了。

我乜了榆哥一眼。其實，那句話，以前他已對我說過好幾次；他不說，我現在也能聽見牠：「要是你眞這麼愛書，你也不至於祇考上私立專科學校了。」雖然，這已是一件過去了的事。去年，我畢竟已從商專畢業，但使人沮喪的，有些事老是會被提出來，老是不會過去，老是活生生的，像一條魚那樣，倏地蹦跳一下，濺得人滿臉都是冷陰陰的水珠。我太不願意聽這種話，就一轉身，想管自進去，但榆哥却一把拉住我：

「丹丹，今天來的，不止是立仁一個，還有他的哥哥立德，你得處處留意。」

「留意什麼？」

「反正你知道該留意些什麼。」他的語氣裡已有屈服的意味，沒有剛才那樣硬挺的峻厲了。

我在院門外佇立了一會，來糾正一下我的儀表，但我有什麼要留意的？我就是我，說話和舉動都不越規。

要我裝出一個不是我，或者說，要我裝出一個超越自我的我，我怕會鬧出笑話來的。榆哥，別讓我罩上一層面紗，叫人看不見我的眞面目。

「他是來看你，還是來看我？」我問。我願意再回到紀蘭那裡去，來繼續我們還沒有說完的許多話。「你等一會問立仁吧。」榆哥避開了正面的答覆，輕輕地把我推向院子去，我揮開他的手，大方地走進客廳去。撇開剛才的不快，我跟他們在燈光下相見。今晚，立仁的笑特別和煦，立德的眼睛特別犀利，父親的臉容特別莊嚴，榆哥的反應特別敏銳。然後，他們又把我和立仁兩人安置在一個角落上。每次，我跟立仁單獨相處時，我也確有一份小小的快樂：不太多，不會泛濫，不會淹沒；一種浮盪在現實之上的可愛的薄霧。他常對我談論他的計劃。他有很多計劃，一個連一個，不能缺少其中的一環。我委實很喜歡聽。他那種帶着感情的理智分析，把自己的未來塑成了可見的模型。我們之間的談話並不像別人所認爲的那樣秘密，但在家人面前，我對這點却並不竭力否認，因爲他們是那樣地欣賞這份「秘密」。

今晚，立仁告訴我的，就是：他最近就要出國去，雖然，他所請到的獎學金的數目並不大，但他的哥哥却願鼎力幫助他。

在這個消息的背後，還意味着什麼呢？

我又在大街上行走了，這次，在我旁邊還有立仁。在一頓融融樂樂的豐盛的晚餐以後，立仁邀我出來散步，我當然答應了。他那準備出國深造的計劃，我早已聽他說過幾次，但他即將赴美的決定，却出乎我的意外。連這份小小的快樂，竟也無法長久維持！於是，我馬上感到，這種散步，應該盡量使牠變得愉快，因爲最多也衹兩三回而已。然而，你雖竭力想使牠變得愉快，那愉快却突然拒絕你的指使。明顯地，立仁今天的話不多，他想等我說話。旣是這樣，那我又爲什麼不說呢？

「想不到你這樣快就要走了。」我說；很適當的一句話，因爲我倆處得並不壞。

「我去得這樣匆促，你很驚奇吧，白丹？」

「是的，我以爲你明年才去，但我知道，你一定會出國的。你是這樣的一個人，不會不爲你的前途打算的。」

「但我並不太想走，白丹；留在這裏，比我出去，更能使我快樂。」

我忽然怔住了，眞正地怔住了，因此，我什麼話都說不出來。在個把月的相識中，立仁對我的談話，始終保有一個適當的距離，即使這個距離近得祇有一步。他保持了他男性的自尊，也保持了我女性的矜持，因爲我們的感情還不會經過時間的洗禮。還有許多的時日須待我們一步一步地去挨近，可是此刻，他却毅然跨了一大步，貼近了我。他力圖保持鎭定，也表示這幾句話並不是出於他一時的衝動。

「白丹，爲什麼你不說話了？」

「我不知怎麼說，立仁。我祇知道，一個渴求知識的人，求知是一種無上的快樂。」

「忘記了年輕人另一種更大的快樂，白丹？」

四周是光亮，是人群，雖然這不是一句難以回答的話，但我却不願在鬧街上對牠作答。我輕輕說：「你知道，我的回答將是什麼。我們年輕人能同時享受這兩種快樂，該是我們的幸福。立仁，謝謝你把你的感受告訴了我，但是，如果你還要跟我說些什麼，那末，千萬不要在這大街上說。」

於是，我們彎進了一家咖啡室。這裡的燈光很柔和、很迷人。這裡多的是成對的情侶。這裡彷彿是一個愛情的舞臺。眞實的愛情，虛假的愛情，全在這裡扮演。哦，我們也是情侶嗎？當然是的。我們是爲談愛而來的。我有點緊張，但不知怎麼，却沒有欲燃的熱情。對於立仁，我還沒有達到這種程度。什麼時候才能達到呢？

「你來過這裡嗎？」

「沒有。任何咖啡室，我都沒有去過。」

「你是一個不貪玩的女孩，我一見到你，就淸楚了這一點。」

「貪玩的女孩，才活潑可愛。」這倒不是我的謙虛，住在我家對面的史小曼，就比我活躍多了。

「但你一樣活潑可愛。你難道自己不知道？」立仁握住我的手。「認識你是一種快樂，白丹；我早想把這一快樂告訴你，每一次，每一次。」

我沒作聲。我要繼續聽他說下去。

「那快樂一點一滴地滲透了我，白丹，但我沒有說出來，我不太喜歡表露自己的感情。我想，遲早你會發覺的；發覺不比我自己說出來更好？」

他望着我。「白丹，你爲什麼又不說話了？」

「聽比說更使我快樂，立仁。」

他沒有笑。現在，他用兩隻手握住我的一隻手。他的眼睛在朦朧的燈光中熠閃。「但，說比聽困難，白丹，祇是我非得選擇這條較難的途徑不可，因爲我即將遠行。遠行不會增加我的快樂，要是我今天不說，我將更不快樂。」

我開始慢慢地浸淫在他的談話之中，快樂而又信任，但並不熱情。我爲什麼不能對他熱情洋溢？對這，我無法理解。我並不喜歡他這麼快地就出國去，在我們的感情還未達到成熟的時候，如果我在明年聽到他要遠行，那我或許會激動得哭泣起來。這種哭泣會比高興更使我高興。我願意知道自己的熱情。那熱情是一切，是哭，是笑，是歡樂，是悲哀，是信任，是希望，是你醒來時第一道射進你心中的亮光，而我現在却沒有。

「你在聽我說話吧，白丹？」立仁說。

「我在細細地聽，立仁，我多麼希望聽你說上半個晚上。從遇見你以後，你總是這樣地健談。我多麼希望你能明年去，立仁。」

「我也這樣希望，但却不可能。」

「當然，我知道。」我望着他的手，他的臉，他的嘴唇。他是我的男友。除了他，我沒有別的男友。我懊悔我不多交幾個男友，好跟他比較一下。我馬上意識到這一念頭乃是對立仁的一種侮辱。我可不願侮辱他，即使是一種念頭。他是在對我說一種話，而這種話，正是他不肯對別的女孩子說的。我們看來是對十分相配的情侶。在父親看來，在楡哥看來，還有在立仁的哥哥立德看來，我們是十分相配的，連我也相信，我們十分相配。祇是爲什麼不讓我有足够的時間好對他產生足够的熱情？在立仁，或許能够。

在讀書時，我聽見一個女同學說，男人的熱情猶如一根火柴，隨便往哪裡磨擦、磨擦，便會燃燒起來。我不願立仁會是這樣。眞的，我的確在慢慢地喜歡他，「慢慢地」該比「迅速地」來得可靠。但這當然也不絕對正確。什麼事情才是絕對正確的呢？即使是在這充滿着羅曼蒂克氣氛的咖啡店裡，愛情也未必是絕對正確的呀。

我注意到立仁已經沒有在說話。他在凝視我。那種專一的看，使我心慌，我要縮回手來，但他却不肯。他說：

「白丹，我想我已經說得太多了。」

「不，一點也不。」

「我恨我說了這許多話，却還沒有把眞正要緊的話說出來。白丹，我不願離開這裡，是因爲我愛上了你。」

這並不突然，一點也不突然。今天，他說了這許多話，目的祇想引出這一句，但我還是本能地緊張了一下，因爲我不知道怎樣回答。我淸楚愛情是什麽——牠是裝在華麗盒子裡的糖菓，我早知道牠，却還沒有嚐過牠。

「你這麽說，我眞快樂。」我希望自己能說得自然一點，但我的聲音却如一根發亮的細長彈簧，縱沒有風，也兀自顫動了一陣。

「白丹，你對我怎樣呢？」立仁的眼睛更亮、更利。他的話語也是這樣，溫柔中帶着亮、利；要我回答，一定要我回答「是」，不能回答「否」。那樣專横的溫柔。

我的心也顫動了一下，那祇有自己知道。當然，現在，我已擁有了一盒裝璜華麗的糖菓，但我還不想打開來品嚐，祇是喜悅而冷靜地面對着牠。我也不願率爾使用大多數人常用的虛僞誇張的愛情的語言。我說：

「立仁，我想，我在慢慢地愛你，但還沒有愛得你太深。我不願在愛情上說謊，那是最愚蠢的。倘如再過半年，或者，甚至祇要再過兩個月，我會愛得你很深、很深。你明白那種深度嗎？立仁，除了你所愛的人而外，你幾乎會看不到別人。你裹在愛裡，像裹在不怕風雨的塑膠衣裡，什麽都不畏懼。我眞願我現在就這麽愛你，祇是，我不願說謊，立仁。」

「嗬，我也不願你說謊，白丹，祇希望你在開始愛我，繼續愛我；即使我們就要分離，那種深度，還是不難達到的。」立仁溫柔的專横消失了。他面對着的是個看來熱情、但有時却又十分冷靜的女孩——我。

但，冷靜有時不也是一種可靠而忠實的保證嗎？依我看來，他此刻又是多麼希望我能對他說幾句謊話，希望享受一下愛情的最大滿足。他那殷切的眼神帶着一點兒遺憾，但他却克制得很好。要是我不細心，就會覺察不出來。我欣賞他保持着君子之風，使愛情像堆溫火，不致灼傷對方，却也能久久不散。

我們喝着咖啡，吃着布丁，有時又互相對視。我讓短短的沉默來鬆散一下情緒。我現在已經不再緊張了，悠然地巡視着咖啡室的四周。壁上的圖案都是大小不同的多邊形，有着現代藝術的風味。這個社會是在漸漸提高藝術的興趣嗎？我眞希望立仁能夠跟我談談這些，猶如紀蘭跟我談戲劇那樣。但立仁讀的是工商管理，着重的是實利，他對這不會感到興趣。許多人都說這個社會充滿了藝術的趣味，因此，大家都湧向電影院，湧向歌場，湧向有「妙齡少女」精彩演出的劇院。是的，許多許多人都這樣想；既然有許多許多人都這樣想，那你就不能認牠是錯的。我忽然笑了。人，常是這樣，沒有太獨立的意見；隨波逐流乃是人類的本能與嗜好。在這兒，女孩子們都想嫁個要出洋的年輕人；在這點上，我無疑地是幸運的，因為我將輕而易舉地獲得他。

「立仁，你多久才能回國？」

「我想，一年半就可以得到碩士。如果要想得個博士，那當然得久些。」

「有機會深造總是好的，」我說。「你瞧，一年半以後，我還是我，而你却已是飽學之士了。」

「我願意爲你而努力，白丹，」他說。「家兄剛才已跟令尊令兄談起我們的事。他是爲我倆而來的。」

「是的，我知道。」

是的，我的確什麼都知道。但，通過一切的快樂，我並沒有得到震撼心靈的快樂。難道紀蘭與君實相愛時，她的感覺也是這樣的？我要問問她看。我不願祇捧着華麗閃亮的糖菓盒子，而却沒有嚐到它眞正的內容。

## 三

我又跑到那家旅社去看紀蘭，那是我跟立仁訂婚的次日。昨天，我們的訂婚儀式簡單極了，衹在報上登了一則訂婚啓事，在家裡備了兩桌酒席，在我心中留下了一團模糊的光影。父親和榆哥曾極力反對這樣簡陋，但我却堅持要這樣。我的堅持並非基於某種充分的理由，而是在我的朦朧的意識中，不這樣，訂婚的就不是我。我對這種不成理由的理由的頑强異常的固執，終使父兄都敗退下來。紀蘭的父親是昨天被邀請的主客，但他沒有來。這原因很簡單，他怕觸景傷情，因爲紀蘭的婚姻使他太不愉快。十五年前，他介紹一個遠親朱君實來處裡做小職員，表面上說是栽培他，但實際上，還不如說是想利用他在工餘之暇，替自己家裡辦些瑣事。十七歲的朱君實剛從高中畢業，有的是力氣與幹勁，他勤勉工作，從不怨天尤人。他比紀蘭大十來歲，扶着紀蘭學單車，指導紀蘭做作業，下雨天替紀蘭送雨具。紀蘭衹有一個弟弟，所以她是把他當作哥哥的。於是，有一天，朱君實辭去工作，獨自到臺北另謀發展。在我們讀大學時，他已擁有了一家小小的橡膠工廠，但紀蘭的父親却永遠忘不了君實的職位低微，而紀蘭却永遠忘不了君實對她的深情厚誼。對於同一個人、同一件事，常常由於兩個人的看法不一致而導致悲劇或者喜劇。

但這到底是喜劇，新婚的紀蘭是高興的。此刻，我站在旅社的門口，有着口琴伴奏的歌聲從小洋臺上飄下來。我一時不忍去打斷牠，便悄悄地上去，站在他們房間的門口。那是支熟悉的歌：「大江東去」，我和她曾合唱過這支歌，在她家黃昏的大樹下，也在我家黃昏的大樹下；我們携着手，微笑着；在窗內，紀蘭的父親，或者是我的榆哥，也在獨自微笑。這是一個太平凡的鏡頭，我們從來不會珍視過牠，因爲衹要我們喜歡，我們就可以一再這樣做。然而現在，情況改變，連這竟也成爲不可復得了。

歌聲剛完，我遲疑了一下，心想自己要不要給他們喝一聲彩，作爲進去的開場白，但門開了，紀蘭站在門開處，說：「請進，白丹，我瞥見你的影子，我知道是你。」她拉着我的手進去。我不知道爲什麼這樣激動。一個人祇消瞥見你的影子，就知道是你，這表示她心中有你。大樹下的歌聲不是易碎的器皿！

「我訂婚了，紀蘭。」我突然說。眞的太突然了，連紀蘭也吃了一驚。

「什麼時候？」她慌忙問。

「昨天。昨天我沒有來看你，就是爲了這件事。」

「那天傍晚我們分手時，你沒有對我說。」

「連我自己也不知道。我不知道會訂婚，我也不知道會有這麼快。我現在仍然覺得牠不像是眞的。我不知道你跟君實是怎樣的？」

「你說什麼，白丹？」

「我不知道你跟君實在相戀時的感覺是怎樣的？你們在擅自結婚之後的感覺又是怎樣的？你覺得這是事實還是夢？我急於要知道這些，紀蘭。」

「白丹，你說話有點特別，你以前說話不是這樣的。」

「我不知道。我急於想知道你們的事，我想你總可以告訴我。」

紀蘭蹙着眉，望着我。她也許以爲我在發愁。其實，我却並不發愁。我祇是有點迷惘。我祇想把一切都弄得清清楚楚。

「我們相愛了好幾年，這是你知道的。愛情，我們可以摸到牠，看到牠；那就是說，這些年了，我們擁有了牠，我們確實知道了牠的存在。牠比現實更爲現實。現實在變，但牠却不變。這不是夢，白丹。這是我的感受，或許在別人，又當別論。世界上有許多種愛情，你能說每一對戀人的戀愛都是一樣的嗎？我跟你雖是情逾手足，但我們戀愛時的心境，却未必盡同。你的未婚夫是那位叫立仁的吧？」

「是的。」

「我知道你會跟他訂婚的，是我們的結婚加速了你們的訂婚吧？」

我發覺紀蘭也無法淸楚我此刻的心境，或許，除了我自己，別人都無法淸楚。愛情是自己的事，我可不能責怪紀蘭，紀蘭是幸福的，她有足够的時間去談情說愛，她的愛情的根，植得很深，她不必迷惘。可是，我忽然又想，我爲什麼要迷惘呢？祇要我相信自己並不迷惘，或許就不會迷惘了；我祇要相信自己眞正地在愛立仁，繼續不斷地，越來越深地。我祇要相信這一切，我或許就能慢慢地到達愛的最高境界。

「他馬上要出國去。」我說。我已經不感到煩惱了。連我也奇怪，爲什麼一個人能够立刻變成這樣。不煩惱，不迷惘，總是好的，我不是一個喜歡自找苦惱的人。「那訂婚眞太快了，像你們的結婚一樣！」我自我幽默起來。我對自己說：白丹，你眞了不起！

紀蘭並沒詰問我爲什麼不請她吃訂婚酒，也不探詢我所邀的客人是些什麼人。她巧妙地避免了自己對這件事所能引起的感觸，祇說：「白丹，有你來看我們，我們總算不虛此行了。我們明天就想回臺北去。」

「這麼快就結束了蜜月？」我向紀蘭瞟了一眼。

「他太忙。」紀蘭回答得挺簡短，簡短的後面隱藏着「這次南下，沒有達成目的」的長長的遺憾，但她已不願再提。「白丹，你在結婚之前，打算幹些什麼？」

「打算找個事，一個小差使，來度過這段百無聊賴的日子。我在家獃膩了。以前，自來水廠裡倒有個雇員的空缺，但父親却不要我去。他說，雇員這個名義，就像女工一樣，不好聽。他要我嫁個好丈夫。他們之所以把立仁介紹給我，我想，一定是預先知道他會出國的。」

「當然，他們希望你能成爲博士夫人。我的這位未來的博士夫人呀，你什麼時候能到臺北我家去住一陣？」紀蘭的語氣雖帶點戲謔的成份，眼色却是誠摯的，但我還是回絕了。他們才新婚，我還不至於傻到在這個時候去打擾他們。

「白丹，」紀蘭不放心地。「你看來有點憂悒。」

「不，眞的不，一點也不！」說得這樣堅決，惟恐別人不相信我。

就在那晚，立仁吻了我，一個輕輕的斯文的初吻。

對一個女孩子來說，這初吻來得不算早。很多女孩子，在十七、八歲的時候，已經有了被吻的經驗，而我今年已是廿二歲。我們之間的關係，已然公開，所以在咖啡店裡，他很大方地吻了我。我很快樂，但我却並不激動，因爲他吻得不够熱烈。我希望他再吻我，迫切地、忘却四周一切地吻我。無論如何，吻是傳遞熱情的好方法，但他沒有，我也不好說。我不明白，爲什麼他沒有忘情地再吻我一次？這樣斯斯文文的吻，能滿足他對我的愛嗎？還是我臉上的表情使他不敢盡情呢？總之，這是一個快樂但却令人失望的初吻。

「白丹，你眞愛我嗎？」他忽然問。

「是的，我在慢慢地愛你，比那晚你第一次說愛我時更愛你。」我說的是眞話。如果他能知道我此刻渴望他再吻我，那他該可以知道我是愛得他更深了。

「爲了我們已經訂了婚？」

「或許是。愛人是一種快樂。以前，我們是朋友，我可以慢慢地去發掘你的長處，而現在，我却急想找出你的各種優點。這能够增加我對你愛情的深度。」

「但我又有什麼優點呢？」他瞇細了眼睛。

「譬如，你這樣快地愛上了我，就是一個例子。這是一種冒險，你知道吧。可見你是一個喜歡冒險的人。愛冒險的人，有熱情，也有勇氣，而且，還要有點機智。」

「想不到你倒很會拿一件事來推斷一個人。知道你了解我，我就放心了。你是能够等我一兩年的，對不，白丹？」

「當然。否則，我們又何必訂婚呢！」

「一點不錯。訂婚無非是想使你不能逃開我，使你一定能够嫁給我。我的小精靈，你明白吧？」

說過了這些話，我以爲他會再度吻我。這該是吻的時刻，但他却沒有。難道他是想把他熱烈的吻，給日後重逢時的我？在漫長的一年半以後，在無數封書信的往返以後，想以一個熱吻作爲一個結束和一個開始？我重又感到迷惘。

我說：「我要送你上飛機，立仁，我要看你離開國土，也要看你重踏國土。」

立仁高興地笑了起來，笑着，而且望着我。我也笑了。我們很快樂，沒有一般戀人離別前的惆悵。我開始有另一種想法，或許我們這樣的戀愛最富詩意，這樣的分離才最恰當。不要在愛得最深的時候分離，應該在愛得最深的時候重晤。立仁比我長五歲，他的知識比我的豐富，他的見解也比我的深刻，我不該忽略這些——在任何時刻，在任何地點。

我回到家裡，對父親和榆哥說，以後，我要去臺北送行。他們都說很好。在他們互傳的眼色裡，表示出他們十分安心。我很清楚，在訂婚時，他們並不十分放心，他們祇是想用訂婚來拴住我的感情。從立仁來我家後，他們時時在關心我感情的發展，但這一切，已成過去。如今，在大家一致的快樂裡，我也覺得怡然。

我有理由相信，此時此刻，我在家庭中的地位，要比以前任何時刻都來得高，因爲他們的快樂全是我給予的。我想，我該還有些權利，做件他們不喜歡而又無法怪我的事。

於是，我面對着榆哥，大膽地說：

「前幾天，紀蘭和君實來南部度蜜月，我去看過他們兩次。」

父親因我洩漏秘密而望着我，榆哥因我瞞騙他而望着我。我坦然地說：

「他們是相愛而結婚的，榆哥，你反對人們相愛嗎？如果你反對，你最好先反對立仁。」

他什麼話也沒說，我猜測他一時想不出話來，因此，我又告訴他：

「他們已經回臺北去，但我想，總有一天，他們父女會獲致諒解的，那時候，紀蘭怕不在他父親面前告你一狀才怪！」

榆哥瞿然一驚。他一定從未想到這一方面的結果。隨後，他才笑了笑：

「何必說這種話？她是你的好友啊，那時候，爲了你，她也未必會告我的狀！」

從這點上看來，榆哥的思想途徑跟我的不同；峯廻路轉，他的聰明在任何場合都可能帶他走上坦途。

## 四

終于，立德、立仁和我三人，同時搭乘觀光號北上。我們要在臺北逗留好幾天，因爲立仁還要趕辦一些未完的手續。他們住在旅館裡，而我却歇脚在紀蘭的家裡。紀蘭的住所並不理想，黯舊得連裡面的空氣也泛着灰色。君實是有能力購置一座比這像樣的新樓的，但他沒有。他是出名的節儉的人。在從前，我曾把他當作守財奴。他把一份菲薄的收入安排得毫厘不差，沒有什麼能打破他的定期儲蓄。紀蘭曾告訴我，在她小時候，君實從來不曾買過什麼東西來哄她。紀蘭問他：「你爲什麼這樣看重金錢？而當你說故事時，你又爲什麼常常譏笑那些有錢的人呢？」君實回答：「紀蘭，你問得很對，我要告訴你：一個想做事業的人，有錢對他是好的；但一個貪圖玩樂的人，有錢對他却是不好的。」十年當中，他似乎一直是在實踐這兩句話。他有錢，却不爲自己的舒適打算；不是像紀蘭那樣瞭解他的人，是不容易做他的妻子的。所以，我可以推知紀蘭不會對那個不如她父親宿舍那樣寬敞、氣派的住所有過一句怨言。再過十年，即使君實的財產增加好幾倍，但他的住所或許依然會保持着原樣。

我們從陡窄的水泥樓梯上去，走得很慢，紀蘭也慢慢地走在我的旁邊。她說：

「白丹，你喜歡那列樓梯嗎？」

我沒回答，因爲我不知道她問這話的用意。

「我喜歡牠。」她說，「以前，有一天，我到這裡來看君實，他陪着我，要我一遍一遍地走這條樓梯；等我走累了，他又獨自上下了許多次。他說，他會走過無數列比這更陡更窄的樓梯。白丹。」

我們走到樓上，我拉着紀蘭在沙發上坐下，把高跟鞋撇在一邊。

「紀蘭，別去忙別的，多告訴我一些我所喜歡聽的！」

「什麼是你喜歡聽的？」

「告訴我一些你們戀愛期中的細節。」

「沒有什麼可以奉告的。他不是一個富於詩意的人。譬如這件走樓梯的事，要不是我，多少女人都會給他吓跑了。君實一點也不懂得詩意。」

「是戀愛不如我們想像中的那樣美？」我困惑着。

「不，祇要你愛他，一切又都變得美了。我今天看到了你的立仁，我看得出他比君實更能表示他自己的感情。你是幸福的，跟我一樣幸福。如果你今天怕他太累，晚上不去看他，那末，你不妨撥個電話給他，說你雖然不去看他，但一晚上都會想念他。」

我眞的打了一個電話給立仁，但我却沒有說我一晚上都會想念他一類的話；或許，我也是一個缺少詩意的人。我祇祝他有一夜的好睡。

而我自己也睡得很好，這怕不是紀蘭所能相信的。

× × ×

我對臺北並不熟悉。我是在臺中讀專科的。這些年來，我從未來過臺北；因此，在我的心裡，臺北猶如一顆閃耀的星辰，牠已經發光了十幾年。母親曾說，等我們積了一些錢，全家就去臺北痛快地玩一玩。她所說的臺北，包括臺北四周的名勝。因爲我們飄海來臺時，是從基隆上岸、乘夜快車直到高雄的。那時，我年紀還小，蠢得分不清那些是天上的星星，還是都市的燈光。我祇知道我們已從搖晃的大輪船上回到陸地上。這塊陌生的陸地，在夜色的掩覆下，故意不讓我們馬上看清牠，而要我們慢慢地去發現牠。於是，我發現了高雄；於是，我發現了臺南、嘉義；於是，我發現了臺中以及日月潭。然而，塗上時間的色彩，牠們已不復是「本來」的面目——但一個地方的本來面目到底是怎樣的呢？是無人居住的洪荒世界？唷，渺小的人，我們祇能把自己生命的某一點作爲計算的基點。當然，我們全家並沒有去臺北痛快地玩過。母親說，錢比時間流得更快，但母親還是從時間的夾縫中硬擠下了一些。她笑着說：小丹丹，有一天，我會帶你去，不僅讓你看到星星，還要讓你摸到星星。可是，有一天，她却躺在床上哭了。她的淚珠璀燦得一如星星。不錯，錢比時間流得更快，尤其是在藥瓶與藥粉之間。母親說：孩子，得不到的東西，是星星；現在，我倒不想全家去臺北玩了，現在，我要的東西是健康，別讓健康也變成一顆我得不到的星星呀。不幸，健康永遠是她的一顆星星，牠始終刁猾地在她的頭頂上閃眨。即使在她墓地的上空，星星還是閃眨着。

我並不懊悔到臺北來。我摸到了牠，發現了牠。牠的光華已十倍於從前。我應該有理由眩惑。當然，我的確眩惑，坐在旋轉不已的玩具艇裡，一種失去方向的眩惑。當我接觸到牠時，牠已不復是星星了。牠是一堆斑駁的色彩，一片喧囂的聲響，一種川流不息的匆忙，一股此起彼落的慾望的孳生。紀蘭說，她有空可以陪我去玩。倘使我要趕熱鬧，那末就去衡陽街、中華商場；倘使我要體驗雄偉，那末就去總統府前的廣場；倘使我要欣賞豪華，那末就去圓山飯店、中央酒店；倘使我要領略下層階級的面貌，那末就去圓環。我說，不，我不想去。於是紀蘭又說，如果你喜歡幽邃，那末就去碧潭吧。那裡有眞正的斷壁，那裡有搖晃的吊橋，那裡的水淸而冷。你看過碧潭的水，你就不想看高雄愛河的水。碧潭的水是一種誘惑，情侶們都喜歡到那裡去。但我也拒絕了。這幾年中，在報上，我常常看到碧潭沉屍的消息，那份冷森的感覺，使人難受。當我想到那些死去的人的墓地上空也亮着一顆顆星星時，我更悵惘了。

「你要去哪裡？我想你是哪裡也不想去，白丹。」

紀蘭的這句話或許是對的，我沒有玩的心情。

「你不該老是想着立仁出國的事，弄得心神不定的。」

「我不是全爲立仁，紀蘭。或許，我對臺北發現得太遲了！」

「發現？像哥倫布那樣地發現？」她笑了。

「當然不。祇是，一個人，對自己來說，他清楚了一個地方，就是在他記憶的世界裡開拓了一塊土地！」

「但我認爲以前你已從各種資料上認識了牠。」

「噢，不，那祇是搭拼而成的模型，不是眞的。」

「這樣說來，你更該去看看眞的了。」

紀蘭的話鋒緊逼着我，我無可奈何的笑容，祇表示出我不想在這方面多費唇舌。我跟紀蘭不同。她在這裡已經試煉了好幾年，這裡的好與壞，她自會抉擇。一般來說，耀眼的東西總容易獲得人們的愛好；此時此地，作爲一個「觀光客」的我，我對耀眼的東西的恐懼，也可能就是我對我本身的恐懼。再說，在我剛要去開始體味眞切的愛、而立仁却要跟我長別的現在，我需要慰藉，需要替代，需要另一顆閃熠的星星；但請不要期望我能在任何地方輕易地找到牠，猶如找到一家販賣日用品的百貨商店那樣容易。我不曾向紀蘭說出這一切：不是我不願意，而是因爲我無法表達。實際上，在我心深處，還有許多連我自己也不全然清楚的東西。



## 四

我那不正常的固執，使紀蘭詫異；隨即，她寬心了。她說，我在慢慢地長大。她只比我大一歲，但她却一直認爲她比我大得多，好像她生來就是姊姊，而我是妹妹。

不過，我還是被她拉着，去川端橋畔的堤上逛了一會；然後，我們走到橋上，眺望中和鄉那邊櫛比的房子。我說：「如果在十五年之前，我和母親來臺北的話，我們會發現這裡是一片荒涼。」

「又說從前了，白丹。」

「九年前，我讀初二，我才發現了你，發現你是我的新大陸，紀蘭。」

紀蘭攬住我的腰。橋下的水在我們的脚下、在我們的身畔、在我們的心中流滑、流滑，淸凉而怡適。我們靜靜地站着，恍惚面對着學校的大操場、游泳池、教室的黑板。「我們那時眞正還是孩子。」紀蘭說。

「希望我們現在還是孩子。」

「爲什麼？」

「孩子容易滿足，而現在，我們却不是這樣容易滿足了。」我把幾片撕碎了的紙投入水中，牠像幾葉扁舟似地隨波而去。我忽然對這幾片紙產生了一種惋惜之情，一種不能再次見到牠的遺憾。這是一種不必要的留戀。我笑了起來。

「你有點不正常，」紀蘭說，「你一定有點心煩意亂。」

「不，我很好，跟任何健全的人一樣正常。當然，我有點感觸；一無感觸的人，才不正常呢。我們還是回到堤上去吧，不要問我爲什麼，我祇是喜歡。在這世界上，有許多我們所喜歡的東西，但我們却說不出爲什麼要喜歡牠的原因來。」

紀蘭望着我，沒開口。或許，她並不贊成我這話。我爲什麼要她跟我一樣呢？我祇是把我自己所想的說出來。紀蘭跟我本來就不太相像。紀蘭眉毛粗，額角寬，她臉孔的上半部富於男性的堅強，但下半部却生得很秀麗。她不很美，祇顯得很聰明。以前，我常有一種錯誤的想法，認爲越美的女人就越聰明，後來，我才發覺這定律不能成立。至於我自己呢，別人說我比紀蘭長得好看點；假如是眞的，那我一定要比紀蘭笨。我是說我有自知之明。對於任何事情的看法和做法，紀蘭都要比我高一等。紀蘭常常在無形中影響了我，而我却無法影響她；這是很奇怪的事。而更奇怪的，是她今天竟也影響不了我。她竭力想使我快樂，竭力想讓我去各處走走、看看，但却沒有成功。

在紀蘭的旁邊，我忽然有了寂寞之感；這使我驚奇，也使我覺得汗顏。我握着紀蘭的手，但那份感覺，却仍久久不散……

× × ×

「丹，你會覺得寂寞吧？」現在，不是我自己提起寂寞，而是別人向我提起寂寞。他就是立仁。他揑着我的手，瞪住我。我第一次爲他臉部的表情所感動，因爲在這時，他已然忘了他自己，祇記得我。我眞正觸到了愛，但他却即將遠行。

「……是的。」我半閉上眼睛，避過了他的凝視。他的手握得更緊，我有點痛，便扭動了一下，他放鬆了些。好久，我又說：「即使寂寞，也是美的。」

「寂寞的時候寫信給我，」立仁說：「寂寞的時候，你會更懂得愛情。」他的手又揑緊了，宛如他要讓我記得這痛，讓我記得這痛中的愛。這次，我不再掙扎。我旣快樂，又悲哀。我希望他不是離去，而是回來。那末，那播音機播出來的通知對我無關，那停機坪上的飛機對我無關，那看臺上的送行人眼中的哀悲對我無關；哦，那從喧鬧繁雜的人聲中急遽流逝的時間也對我無關。我願意我們是生存在以前交通阻塞的時代裡，那我將會把他留住。但他却鬆開了手。他還要向親友們握別。他不全是屬於我的。他似乎是更屬於飛機的，因爲不管他怎樣遲疑，他總得走上飛機去。終於，飛機專横地把他載走了。我楞在那裡。在電影裡，我曾多次看到人們在機場送行的鏡頭，在現實中，我也曾有過幾次到機場送行的經驗，但，却跟這次不同。飛機的輪子滾動着，沿着跑道疾馳，然後冲霄而去，但我祇望着牠的尾部。牠使我想起鯨魚，那龐然大物，那「白鯨記」中的無比敵，呑噬了一切。藍天是海？雲朶是鯨魚噴出來的水？我雖依然沒有流淚，但却比流淚更難受。我現在知道流淚對難受的人來說是一味輕鬆劑，因爲淚水分擔了他一部份的哀傷。或許回去後，我會突然啜泣起來。

我側轉頭去。紀蘭一直在我旁邊。她像我的監護人似地在照料我：「不要太難過，白丹。」

立德、紀蘭和我三人，步出機場，走了一段路。我們都走得很慢，對立仁隻字不提，似乎我們有意想忘掉他。然後，立德攔住了一輛計程車，對我說：

「我要馬上乘車趕回高雄去，你呢？」

「我還想在紀蘭那裡住幾天。立德大哥，你回家後，請打個電話告訴我的父親或榆哥。」

立德說，這樣最好。他希望我能在臺北多玩幾天，平息一下情緒。他雖沒有提及他的難受，但他那突然缺少生氣的臉，却正說明了這。在他上車之前，還昂起頭，看了看機場上空。那兒還有一架幻想的飛機盤旋呢！

「我不想乘車，紀蘭。讓我們走一會。」我的語音沉重得幾乎快把自己壓扁了。紀蘭依了我。我們漫無目的地並肩而走。雖然頭上是仍具威力的秋陽，但心裡却是既冷又空。我不知道自己要往何處去。紀蘭瞭解我的心境，停下來說：

「我們不能這樣走下去，白丹，我倒想到一個去處。這裡離我的一位老師家不遠，我們這會不妨去看看他。」

紀蘭說到「老師」兩字時，帶有濃厚的感情，她雖沒說出他的姓名，但我已能猜到她指的是那位教她戲劇的趙天崖教授。我起初覺得紀蘭的提議不錯，但，馬上，大專聯考所給予我的挫折，榆哥調侃所給予我的難堪，混合成一種複雜的情緒，向我撲來。我搖着手說：

「我不去。我算什麼呢？私立專科畢業的學生！他如果問起我來，我怕不臉紅？紀蘭，我有點自卑，你知道吧？我在飽學的教授之前，就會侷促不安，但，這不也是想保衛我那一點可憐的自尊嗎？」

「完全不對！」聽紀蘭回答的語氣，猶如她自己就是那位教授。「你的立仁回國以後，也有資格做副教授；你的自卑要不得。而且，老教授爲人頂好，兩老夫婦身邊沒有子女。一個兒子，去了美國；一個女兒，留在老家，沒有出來。」

我已經屈服在紀蘭的理由之下了。不錯，我該跟自己的自卑搏鬭一番；不去征服，它將永遠聳立在你的面前。

「我看過他的幾個劇本。」我們坐上三輪後，我跟紀蘭就談起那位即將見面的趙教授來，這是我給自己心理的一種準備。「我是從你那裡借來看的。你說，他的劇本雖然沒有奧尼爾那樣有氣魄，用酒店、船艙來代替傳統的客廳；不過，像『榆樹下的慾望』那樣的劇本，在中國也不適於演出，因爲國情不同。我自己很喜歡他的那本名叫『玻璃牆』的劇本，人物突出，意義含蓄，對話風趣雋永，給人不少警惕。」

紀蘭看着我，驚喜地叫了一下。「你還記得他作品的名字，他知道了，會多高興！趙教授不怕別人不知道他是教授，而却怕別人不知道他是劇作家！」

我皺皺眉：「這樣說來，他還是一個愛名的老人！」

紀蘭突然嚴肅起來。「白丹，你錯了。不過，你跟趙教授還沒有一面之緣，這樣批評他，還情有可原。我也聽見過有些跟他有多年交情的朋友這樣批評他，那我可要替他抱不平了。其實，愛名並不是一件壞事，祇要這名跟價值能够相稱。趙教授從事戲劇數十年，也寫了不少的劇本；可惜，出版的不多，演出的更是寥若晨星。圈內的一些人都說他的劇本是書齋劇，不宜上演，而事實是——」

「風格太高，沒有生意眼的庸俗味。」我接下去。

紀蘭緊緊地握住我的手。「白丹，你說這句話，不但是我的好友，而且是趙教授的知音了。他內心受了很大的打擊，這是我們了解他的人所一淸二楚的。」

三輪車停在一座獨院的小洋房前。院門半掩，客廳裡熱烈的談話聲使主人忽略了我們的來到。紀蘭略一分辨，說：「今天，他們在開座談會哩——江教授、朱教授都在這裡。」

「那末，我們回去。」我拉着紀蘭。我的自卑和羞澀又來了。在這種場合，我這個小不點兒，在他們眼中該算是什麼東西？

「慢着，聽聲音，裡面還有朱教授的兒子夢蕉，他們三個老年人，我們三個年輕人，旗鼓相當，誰也不輸誰。」

紀蘭拉着我往裡走，當他們看見了我們，我已無法脫逃了。跨進客廳的刹那，我的雙手發顫，彷彿我是一個新生，剛踩入一所著名的大學之門——而這所大學，正是我曾經夢想進入、却沒法進去的。大樓巍峩，學者如雲。我在矮小下來，逐漸、逐漸地；霍地，我淸醒過來。我面對着的是四個陌生男人。我爲什麼不點頭微笑，不道寒喧起居，而祇讓他們的四雙目光都直視着我？我聽見紀蘭在對我作簡短的介紹：

「今天，我邀來了我的好友白丹，她很愛讀趙教授的劇本。」

我一眼看出那位啣着煙斗的老人就是趙教授。他欣然微笑，擺手叫我坐下，似想對我說些什麼，但他們的舌戰方殷，另一位矮個子的教授不願被打擾，又接下去：

「我不明白天崖兄爲什麼要寫劇本，而若聖兄爲什麼要翻譯劇本？」問的那位矮個子教授，似乎正因爲身材比不過別人，嗓門兒也就比別人的來得高。「以你們兩位的學養名望，編英文教科書、升學指導什麼的，怕不名利雙收？」

「這全在於價值問題，老兄。」趙教授用煙斗打了個圈子，聲音穩沉而緩和。「這些年來，我們老在這一點上兜圈子。」

「但，我問你，價值是什麼東西？」那個反詰。「對一隻飢餓的公鷄來說，一粒鑽石的價值還抵不上一粒穀子哩！」

「那末，你呢？」趙教授問。

「我是教歷史的，還有什麼苗頭？早知道吃這門教書飯的不及一個小生意人，倒不如一開頭就勸爹娘把錢積下來，開爿舖子！」矮個子教授說。

「這話我可不贊成！」那位有着一副冷面孔的教授這時提出了抗議。「學位總是一種頭銜，一種榮譽，而且是謀職時不能或缺的資歷。」

「如果我有錢，辦個大學，那我雖是小學畢業，照樣可以做上董事長。」矮個子教授一定是個每月非買奬券不可的人。「按說，我沒有別的嗜好，祇有抽點煙，但太太還老是嘰哩咕嚕，吵着錢不够用。我祇好把二十年前的一些舊文稿，謄抄一遍，賺點稿費了。」他熄了香煙，站起來。「我還有兩張稿紙要謄，先走了。」

紀蘭和那個叫朱夢蕉的，都送他到門口，祇有我沒有。我懊悔今天到這裡來。那個矮個子教授縱然俗氣，我却更傻得可以。我扭了一會手指，才發覺紀蘭已回到我的身邊，而朱夢蕉也正坐在我的對面。這父子倆極端不同的神態，使我很難相信他們屬於同一個家庭。朱教授像一塊冰，寒氣正噴在別人的身上；而朱夢蕉却像一張棕色毯子，溫熱、柔和。他的服裝很隨便，在別的場合，我可不能保證自己會對他發生好感；但此刻，他的隨便却緩和了我的緊張。我欣賞牠。

這時，趙教授把話題轉到紀蘭身上：

「紀蘭，朱教授和夢蕉正在生你的氣。他們在報上看到你的結婚啓事，却沒有看到你寄去的喜柬。」

紀蘭抱歉地笑着，這笑容使她像個盡責的女主人；彷彿這是她家的客廳，她正向她的賓客們道歉。

「生氣是假的，驚奇倒是眞的。」朱教授說，臉上仍然沒有表情。「我們在看到你的結婚啓事之前，就知道你快要結婚了。那時，還以爲你的對象是大學裡的前期同學。」

「彷彿誰都這樣想。」紀蘭含蓄地。

「我的推測是這樣的：因爲我們知道你熱中於你所學的那門藝術，你需要一個了解你的人做你的終身伴侶。」

「現在，我的丈夫也很了解我。」紀蘭說，「他對藝術或許不太懂，但他却相信我所愛好的是對的。以後，他爲了愛我，或許還會慢慢地讓自己去愛牠、瞭解牠。當然，他很忙，我並不抱這種希望。」

朱夢蕉這時才說：「這話說得對。兩個人，興趣儘可以不同，但了解却是必需的。了解是兩顆心靈間的橋樑。紀蘭，在沒有聽妳說這些話之前，我還以爲你願意嫁給一個有事業基礎的男人，好使自己的生活安定。」

「他的事業基礎不厚，他的學業基礎也不厚。他不是生來有錢的人。事業也好，知識也好，都是他苦苦掙下來、積下來的。」

我坐在一旁，插不進一句話；但這樣也好，正可以讓我靜靜地聆聽別人的高見。

朱教授又用他的冷厲聲音說：

「紀蘭，有一點，妳應該知道。一個人的學歷是很重要的，在某一種場合裡，你會知道一張文憑比什麼都重要。」

朱教授的話對我全然無關，但却使我的心沉重起來。紀蘭到底比我沉着、老練，她輕鬆地笑了起來：

「朱教授，你的話很對。以前，他會碰到過這種情形，但我們希望這種祇認文憑、不認眞才實學的「機會」，以後永遠不再讓他碰到。」

紀蘭會說話，但我也眞恨自己不會說話。有時，說的話並不能淸楚地表達我的意思；有時，說了比不說更糟。我像一個愚弄自己的人，在這點上，常給自己帶來苦惱。譬如，現在，看他們還沒有了結的樣子，難道我就終其局而不揷一句話嗎？但我却想不出有什麼可說的，即使一句也好。

突然，我看見朱教授把目光對着我，烱烱地：

「你也是我們這所大學裡畢業的？」

「不是。」臉上火辣辣的，我竭力想說得輕鬆，但結果適得其反。

「那末，在哪裡讀的？」

「私立××專科。」

他咳嗽一聲。這咳嗽明顯地是用「鼻音」改成的，但改得不像樣，更是有稜有角地刺痛了我。我一直擔心會遇到這情形，現在總算碰上了。我想起了立仁。這時，我不希望他讀完碩士就回來，他一定得讀到博士學位，弄一張眞正有價値的文憑，好跟朱教授比一比。

我的尷尬，在所有的人的目光下都無可遁形。我不是一個老練得能够隱藏起自己感情的人。紀蘭急切地揑住我的手，朱夢蕉把注意力移到他携帶的照相機上，而趙教授呢，他實在是個心地善良的老人，乾脆用言語和行動來支援我，他特地走過來，拍拍我的肩：

「別怕羞，在藝術之前，我們一律平等！紀蘭進來時告訴我們，你是爲了喜歡我的劇本而來的。我歡迎一切眞正愛好藝術的人！」

我這才輕鬆下來，臉上也有了笑意：

「這樣說來，趙教授，你整天怕沒有空閒了，而且，你的客廳也一定得有大禮堂那樣寬廣才行。」

「不必，白丹，今天，在這裡，除了我們這幾個老搭擋之外，你還看到過別的人沒有？」他把煙斗放在玻璃面的小几上。「在這社會上，愛好眞正藝術的人並不多，因爲愛好美麗耀眼的東西，要比愛好藝術容易而快樂。有足夠閒暇的人們，在緊張工作之餘的人們，正陷在愛河裡的人們……不錯，各色各樣的人，他們都需要消遣，需要娛樂，需要刺激，但並不需要藝術。白丹，老實告訴我，以前，譬如說，三、四年以前，你可曾想到過藝術？」

朱教授嘴角透出一絲輕蔑，搶先說：

「天崖兄，你也不要期望那些愛美的女孩子的心目中會有藝術！」說完，眼光故意落在我身上。今天，我因爲去機場送行，穿得非常講究，看來確是像個愛美的女人。

我很不服氣，不得不爲自己辯護：「雖然，我沒有想到『藝術』兩個字，但我從初中開始，就愛看小說。」

「什麼小說？」趙教授問。

「什麼小說都看，常常是，看別人看什麼，我就看什麼，而且看越厚的小說越過癮，看得連好的大學也考不上。」

「白丹的確是這樣，」紀蘭說。「她很入迷，是個小說迷。」

趙教授點點頭。「問題就在這裡。怕她迷戀的，並不是眞正具有文藝價值的小說。你們可曾去藥房裡買過丸藥，小心上當！因爲非但眞貨裡摻有假貨，連堂堂皇皇的假貨也多的是。奧龍的羊毛衫，塑膠的皮鞋，臺灣製造的舶來品，眞正的眞假不分。孩子們，什麼是眞的，什麼是假的？這世界上所有能夠賺錢的，都是好的。」

趙教授停下來，吸着煙斗。奇怪，我看不出他的激動，不論是語調上，抑或神情上。他的平靜，是他對於這一切都太透徹了，還是比激動更爲強烈的平靜？我有一種慚愧的感覺，不，應該說，我有一種贖罪者的衝動，我斜過眼去，朱教授還是露着那絲輕蔑的笑。

「白丹，我說這種話，使你難受了？你正年輕，你所想望的，是芬芳的花，而不是西風。你所追求的是眞正的眞——每一樣東西，每一件事。但這社會却使你迷失了。白丹，我說的是眞話。但有時肯定『眞』可也是一種痛苦，但即使痛苦，我們也得肯定牠。」

大家都靜默下來，彷彿誰都心情沉重。於是，我看見朱夢蕉離開他的座位，坐到我的另一邊來，輕輕說：

「我也歡迎你來，白丹小姐，你看來眞年輕！」

他父親剛才對我的侮辱，我還不容易這麼快地就忘掉，我冷冷地看他一眼：「並不太年輕，紀蘭比我大一歲。」

他淺笑着。倘若他不是獃子，他該會覺出我的敵意。他又說：

「對於藝術，趙伯父、家父、紀蘭和我，觀念都是一致的。你是紀蘭的好友，我以爲我們之間的意見也不會有很大的不同。」

「我淺薄得很。」我的冷意還未消散。「我一無所知。」

「我們不想比賽呀。」

「剛才是紀蘭和趙教授抬舉了我。對於藝術，我或許連『愛好』都不够資格。」我的話裡仍帶着刺。「我唸的是會計，這是一門行業。」

「是的，讀書的目的，常常如此；我是說，你本來就喜歡會計，戲劇祇是你業餘的愛好？」

「喜歡會計？」我爲這句問話而感到好笑。「我祇想有一個學校可以讓我讀，我沒有資格選擇我所喜歡的。」

「那末，你眞正喜歡的又是什麼？」

「我不知道。或許我以前知道過，但現在却迷失了。許多人都跟我一樣。我們讀的是哪一門，我們祇得做那一種工作；不管喜歡不喜歡，終身應該爲牠服務。」

「你不要說得這麼可怕。照你這樣說來，職業豈不成了一個陷阱了？」

我笑了起來，我已經忘了對他的敵意了，雖然，我還不能全然忘掉他父親對我的侮辱。

「那末，朱先生，你一定有個令你滿意的職業了？」

「我讀文學，幹的是記者，專跑藝文方面的新聞，也算是學以致用了。我服役期滿後，在中學裡教了三年書；幹記者這門行業，才不久呢。」

「那末，你眞正的最後的志願呢？想做一個作家嗎？」

「不，我不作這種想望。」他把整個上身側過來，對着我。「我祇想愉快地爲藝術服務。白小姐，我實在有點自私，我不肯全然投身於藝術，因爲做藝術家是一種痛苦。我不是指吃得壞、穿得壞，而是指他們不滿足。他們永遠在追求，在攀爬無形的高梯。且拿海明威做例吧：在我看來，他本身的心臟病、高血壓以及他好友賈萊古柏的死，都不是他『自殺』的眞正原因。海氏是個強者，他喜歡做個不敗的英雄。他自己可能明白，在他的餘年，他已經不再能夠寫出一本比『老人與海』更傑出的作品來，這對他是一種悲哀與打擊。但我們做記者的，却不必有這種顧慮，祇要能把一篇報導完成就行。」

「噢，」我有點驚奇地，「我在哪一方面的見解都很淺薄，我讀書不多，思考不週。」

我幾乎忘記紀蘭坐在我的旁邊了，直到紀蘭開口說：「夢蕉很會說話，你把白丹逗樂了。」

「我在信口胡扯，」朱夢蕉說。「談談比空坐着的好，有助於彼此的認識、了解。」

「朱先生見多識廣，紀蘭，我走進這個圈子裡來，簡直像走進課堂似的。」

「夢蕉很直爽。夢蕉是個值得結交的朋友，我高興你們在這裡相遇。白丹，你是我們這個圈子裡的小妹妹。」

朱教授也站起來告辭。夢蕉沒有跟他父親一同走，因爲他說，他等會還要去採訪一則新聞。我們大家都走出去送他。我躲在紀蘭的身後。我不願意他看見我，不願意他看見我而無視於我這個人。他臨行時，對紀蘭說：

「紀蘭，記住我的忠告，並轉告你的丈夫，叫他設法抽出時間，去讀大學夜間部。任誰也無法保證一個人在什麼時候會用到文憑。而且，一個學歷不如妻子的丈夫，他的心理上，會不好受的。」

「謝謝你的關切，朱教授。」紀蘭說。

朱教授走後，我們又回到客廳裡。「我父親很重視學歷。」朱夢蕉說，「這，聽起來，使人頗不舒服，但他的原意却是好的。他祇是碰到過許多因遺失證件而找不到合適工作的人。他的見解是這個社會的產物。」

我瞅了他一眼。他在爲他父親的話作巧妙的辯護；血濃於水，這話放在哪裡都不錯。我竟沒有紀蘭的大度。我又感到耿耿然了。他似乎馬上發覺了這，對着我說：「第一次的印象有時不是全然正確的。每個人都穿着好幾件衣服，你知道！」

請問，他自己穿着幾件衣服!?

「若聖兄的見解，未始不對，祇是他太咄咄逼人，叫人忍受不下。」趙教授又作了一次兩面撫慰的解釋。「老年人，見過的人生悲劇太多了，替年輕人設想的也太多了。我們這一代——四十歲到六十歲的人，要比任何一代裡的同年齡的人都痛苦，而你們——」他停下來。他把「我們這一代」留給我們去體驗。

我跟紀蘭對望了一眼。我認爲如果這一代的中年人和老年人的痛苦，要比任何一代的此一年齡的人都來得強烈，那末，我們這一代的年輕人的痛苦，也要比任何一代的年輕人的強烈。我們共同擔負着這一時代的痛苦，雖然，這痛苦，在細節上並不盡同。父親在幾年之前，曾對我說過一段話：「孩子，這是我們的家，我們在這裡得到溫暖與休息，你們的母親在這裡逝世，你們的父親在這裡老去，你們則在這裡長大。但，這並不是我們自己的房子，這些也不是我們自己的傢具。眞正屬於我們的，竟是如此地少。我們曾擁有過一個眞正的家，每一樣東西都是自己的；即使是大門邊的老槐樹，也是我們的。你還記得那個家嗎，孩子?」「是的，爸爸，那是遙遠的事了。」我說。「是的，很遙遠了，但對我却永遠不會過去。」說這話時，我們兩個都坐在日式走廊的陰影裡，凉風從小庭院裡吹進來。父親常在走廊上度過早上或黃昏。他又說：「丹丹，在整座房子裡，我最愛走廊，這日式房子的走廊有很多好處，尤其有着洋臺的風味，但我却寧愛故鄉老屋裡的寬濶的廊簷。我愛牠，我愛牠！」父親微側着頭，我也微側着頭；廊簷下風鈴的淸脆的玎玲聲，在我們的記憶裡

父親笑了，
廻盪。「你聽到風鈴的鳴聲嗎，孩子？」父親半晌問。「是的，我聽到。」我毫不遲疑地回答。父親笑了，但我却發覺他是眞正地老了。

紀蘭說：「趙教授，我們不談痛苦吧。正如你以前所說，一個眞正的正常的人，在現時代，都有或多或少的痛苦。我們失落的東西太多了。但此刻，還是讓我們積極地尋找一樣東西——眞正的戲劇吧。最近，你有些什麼計劃？」

趙教授沉吟一下，慢條斯理地說：「計劃倒是有一個。我打算把外國的劇本介紹一些進來。我希望跟朱教授合作，翻譯尤金·奧尼爾的全集。他說，這建議確是不錯，祇是……」趙教授把煙灰磕在煙灰缸裡，磕了好久，所以最後一句無異是向煙灰缸說的。「不知哪家書店肯出版。」

我們面面相覷，不則一聲。

「劇本的讀者向來很少。如今的書商現實得很，一觸到銷路問題，我們的計劃又擱淺了。我們老是紙上談兵，奈何！」

紀蘭說：「旣然這樣，我倒認爲你應該到電影公司去做編導。譬如，到香港，這樣，也可以給國產電影增加一些活力以及一些藝術氣氛。」

「有人到我這裡接洽過，但我拒絕了。」

「爲什麼？」

「很簡單，反正總要搞得不歡而散的。我們的題材老是炒冷飯，不是炒以前傳統故事的冷飯，就是炒外國電影的冷飯，具有獨特風格的，或者說，具有獨立精神的，眞是少而又少。羅塞理尼，要是到我們中國來，怕會混不到一口飯吃：而我去看『紐倫堡大審』的時候，就親眼看到許多觀衆中途退出。我們的製片人有惰性，我們的大部份觀衆也有惰性，這眞是所謂合作得『天衣無縫』！你們最近看過電影吧？」

「是的。」

「但願你們是國產電影的觀衆，祇是，有一個條件：不要三緘其口；把你們對於牠們的意見，把牠們應該改革的地方，坦率地說出來。容忍是藝術的最大敵人！」他停了一停，「所以，夢蕉做藝文方面的記者還是對的，向大衆灌輸，促使他們注意。且由他去做藝術陣地的號兵吧！」

我們這時才能噓出一口氣來。紀蘭微微搖着頭：「這是怎麼搞的？彷彿許多事，做起來，都非得下一番披荊斬棘的功夫不可。」

「這就需要你丈夫君實苦幹的精神了，我由衷地欣賞他，紀蘭！」

到底是趙教授，他這兩句話，又使我們對人生充滿了無限的興趣。

## 五

父親說：「丹丹，你這次去台北，可玩够了吧？」

父親又坐在黃昏的走廊上，穿着一身泛黃的白府綢衫褲，還是從老家帶出來的；多少年沒有穿了，退休以後竟又從箱底找出來，在夏秋之交的時日裡穿。他說，放着可惜；又說，穿着舒服。說也眞可憐，帶出來的東西，所剩已經不多了。我是今天上午從台北乘觀光號回南來的，到高雄不過三點左右。這時，我才猛然記起，空手回來，總不像個樣兒，於是便特地跑到大新公司，在門口的櫃台上，買了支昂貴的口紅，在三樓又買了兩個木雕的小人兒，再想給父親買樣東西，却不知買什麼好。已六十歲的父親，什麼新鮮玩意兒都不能滿足他。假如你能使他高興得得意忘形，那末，最好能把他的老家搬到臺灣來。走出大新公司，我把口紅的包裝紙扯了，權充是在臺北買的。我坐上一輛三輪車，想到到家、把口紅遞給嫂嫂時，她準會問：「什麼地方買的？」「衡陽路買的。」她會笑得很美。我明白，在臺一無親友的嫂嫂，老在擔心：在我們三個姓白的人之中，自己怕是一個被人忘了的外人。這樣，她會知道我在臺北時，也還是記得她。我在撒謊，但這却是一個令人愉快的謊，該不屬於罪惡的。果然，我到家時，嫂嫂確是這樣問的，我的回答使她高興。當我再遞上那兩個小人兒時，她說：「這幹嗎，丹妹？」我說：「給我未來的姪子玩。」嫂嫂嫁來已快一年，雖然還沒喜訊，但爲時也不會太遠的。嫂嫂紅起了臉，但却更高興，悄悄說：「爸爸收到了一封你『那個』寄來的航空信，還沒拆，嘿，秘密！」

此刻，已經是四點多，我坐在父親的對面，嫂嫂則在厨房燒菜，因爲今天我是「客人」，她要特地爲我加菜。我們憩息的走廊很寬，檜木的地板，光滑滑的；小庭院裡，開着一叢一叢的玫瑰花，芬芳處處。這是個可愛而舒適的家，但黃昏的陰影仍在父親的臉上。

「爸爸，我沒有到處去玩。那幾天裡，我去的地方不多。我發覺……發覺臺北……」

「爸爸也去過好幾次了，丹丹，我也沒有到處去玩。」

「爲什麼？」

「你呢，丹丹？」

「我發覺牠並不是我所追求的眞正的星星；星星不會這樣容易追求到。但也許，我去遊玩時，總免不了會昇起一份悼念的哀愁。」

父親閉了一會眼睛。「丹丹，你還記得你媽？」

「記得，爸爸，你也記得。」在一股溫熱的愛念中，出現了一個慈祥的中年婦人，髮網籠罩住那梳理得齊齊整整的頭髮，責任的網也籠罩住她那端端秀秀的臉孔。她開頭爲家裡整天工作，後來却在床上躺了幾年。

「丹丹，你還記得老家那寬濶的廊簷嗎？還記得那風鈴的鳴聲嗎？」父親蒼老的聲音來自遠方。那是幾句重複被提到的問話，一種固執的意念。

「記得，爸爸。」我上溯歲月的河。這祇是幼年的模糊的記憶，父親一遍一遍地描繪，無非是想給模糊的輪廓添上一筆筆的色彩。七色織成的緞質襯墊上，是幾隻青銅色的風鈴，玎玲玲、玎玲玲地一直響着，響在幾十年的懷念的長巷裡。那風鈴永恒得猶如寒尚的「蘋果」。

「我和你媽，兩個人坐在臥室的窗邊，聽着廊簷下的鈴聲，看着廊簷外的天竺。老屋的房間很大、很黯，四口花梨木製的大衣櫃，一字兒地排在板壁邊，在暗紅的光線中，你媽的臉却是白皙而明亮。」

「爸爸，我想念得出那副情景。」我在河裡游泅，我努力想抓住些什麼：老屋的晨昏、青春的甜蜜。

「那時，你榆哥還不到一歲，你媽跟我結婚還祇四年哩。」父親忽然閃過一絲年輕的笑；伴着風鈴的清脆，旋又沉落在黃昏的煙霧裡。

「是的，爸爸。」我爬上來，坐在河岸上，那河對我太遠、太長。

「你媽曾年輕過，你爸也曾年輕過，丹丹。」那條河是父親的，他要坐在長廊的船裡，慢慢遊覽。

「是的，是的。」我回答。我想像得出他們曾年輕過，一如我榆哥那樣，一如我自己那樣。但我所想像的，眞的能像父親所看到的那樣眞切嗎？風鈴搖晃，歲月奔馳。我望着父親。他的頭髮已經全白，而且稀少得祇剩下薄薄的一層，宛似戴着一頂白尼龍絲織成的睡帽；臉雖並不太瘦，却滿佈了褐色的老人斑；牙齒並不太壞，牙齦長長地露出來，猶如玉蜀黍的支撑根。一副老花眼鏡揷在府綢衫的口袋裡。是的，是的，他曾年輕過，他們曾年輕過。我想像得出來，但我眞的想像得出來嗎？

父親說：「現在，你哥哥已經結了婚，你也快了，再過一年半，立仁就可以回來。他信上不是重又提到一年半回來嗎，丹丹？」

「是的，爸爸！」

「他那筆字寫得不壞，但寫得太潦草，我看起來好吃力。他好調皮，寫了兩封信，一封給你，一封給我。他給你的信，還是封得好好的，我沒有看，是你自己拆的，對不對？」

父親也愛說這話！我羞澀地笑了笑，一邊把手伸進洋服的右邊口袋裡去；那裡，就放着立仁的信。我承認，剛才當父親把它交給我時，我有點緊張，帶着無限希望的那種緊張。以我的年齡，以我的容貌，我也曾不止一次地接到過來自不相識的對方的「情書」，濃郁的讚美所噴射出來的俗艷芬芳，猶如廉價脂粉，令人作嘔。那些信全是陳腔濫調，無病呻吟，我也就如扔掉一張花花綠綠的包裝紙那樣，把牠們丢到廢紙簍裡，也顧不得對方包紮時是如何地鄭重其事了。但立仁的信却不同。我把牠拿到房間裡去拆。我對自己說，他畢竟是惦着我的。在一個遙遠、遙遠的陌生地方，有一個人在深深地惦着我；然後，他要帶着這份懷念回來，回到我的身邊。沒有他，我會寂寞；而沒有我，他也會寂寞。他的信實在寫得好，那是我比不上他的。他一開頭就說：「丹：一離開祖國，我的想念便如汽球般地膨脹，塞滿了我整個的心胸。我知道，在我去國期間，這股力量將是我努力求知的最大的推動力。不要以爲我在人海中不會寂寞；沒有你在我的身邊，一切快樂，都不是眞正的快樂……」我停下來，我怕淚水滴在信上，模糊了紙上的字跡。溫馨的悲哀似泳衣般地緊裹着我，幾乎使我暈眩；然後，我再看下去，在另一段裡，他又報導了一些旅途的見聞。一封紮紮實實的信，雖看幾遍，也不嫌多。

「等他到了芝加哥、什麼都安頓好後，我要寫封回信，爸爸，你說對不？」

「當然，那時，要好好用些心。以後有空時，多寫幾封信去。」

我也這樣想，但我可沒有立仁那樣多堪資報導的見聞，而我又不是個抒情的能手。以後，這眞得好好地用些心才對。

「你在臺北，是住在紀蘭家裡吧，丹丹？」父親又提起這個問題來，瞇着一只左眼，睜着的右眼却注滿了笑意。這是明知故問。

「那還用說？這次榆哥該也知道了。」

「我想，他是知道的；他不說，我也不說。其實，除了這裡以外，在別的地方，他也並不反對你跟紀蘭接近。」

我聳聳肩：「爸爸，你說，榆哥這樣的作風是對的？」

「如果是對的，我也會跟他一樣，反對你了！」

「那你爲什麼不教訓他、糾正他？他這種作風，說得難聽些：勢利！爸爸，你現在到底是管不住他了，還是不想管他了？」

父親輕輕地搖搖頭。「丹丹，你把一件事看得太單純了。」

太單純？這樣說來，這件事不是單純，而是複雜？爲什麼許多事都不是我所認爲的那樣？世界上有哪幾件事是單純的？而我又該如何把複雜化爲單純？當然，榆哥是個孝順兒子，榆哥也是個標準丈夫，榆哥也可說是個好兄長；但在這些長處之外，竟有這麼一個短處，或許，這就是並不單純之處。而今天，在火車上，朱夢蕉也說過我是個複雜的女孩子。今天，他去臺中採訪新聞，跟我同坐這一班列車，我們談得很起勁，我已經克服了那天的口拙，說話流利、機智；於是他說：「你是個複雜的女孩，白丹。」「我？」我驚奇地。「是的，白丹，外表的你與內在的你並不相同；那天的你和今天的你也不一樣；那末，明天的你和後天的你呢？複雜該可以這樣解釋吧？」我不知道複雜到底該作何解釋。一個人在各種場合，表露的並不完全相同，或許，這正如他所說，一個人原穿着好幾件衣服吧。

「丹丹，」父親說。「對於這些，爸爸是要負一部份責任的。」

「你？爸爸，楡哥已不是一個孩子了，你還要這樣袒護他？你要負什麼責任？你給他的是正直的榜樣。你一生戰戰兢兢地做個公務員，這樣的父親難道還不夠使兒子成爲一個正直的人？」

父親嘆息了一下。「你的話也不錯，但他過早地負起了家的重擔。丹丹，他今年也不過二十九歲哩。」是的，就某方面來說，楡哥老成得像四十來歲。他老氣橫秋的時候，我就忍不住的問他：「你還記不記得，你讀初中的時候，跟同學打架，被教官罰站在冬日的冷風中？」他就笑了笑，說：「不提也就忘了，彷彿已是幾十年前的事了。」聽那話兒，就如他一下子便跨入了中年似的。

「丹丹，別怪他！」父親又說。「他不是存心不良，你會慢慢知道他。那幾年裡，你媽生病，你和他要讀書，我早已負債，所以，除了正直，爸沒有留給他什麼，丹丹。」

「爸爸，你不是老說正直是最珍貴的嗎？」

「當然，誰說不是？可是，做一個這樣的人，可不容易呀。你知道，他不是居心如此。你知道這一點就好，丹丹。」

我只知道，父親愛楡哥，也愛我。在現在，在他的老年生活裡，我們倆要比他自己更爲重要。他可能比我更懂得榆哥，也可能比我更能容忍他的缺點。

父親站起來，迎着陣陣撲來的芬芳的涼風。他的銀髮顫動着，在空間，閃着時間的光。他的白府綢衫的肩頭已因摺叠過久而呈裂痕。「我很滿足，丹丹，只要你媽晚去世幾年，只要讓她看到你榆哥的結婚和你的訂婚，只要我還能聽到廊簷下風鈴的鳴聲……丹丹！」

在陣陣的涼風和悠悠的懷念中，黃昏在加濃、加濃。黃昏裡跳躍着小麻雀歸巢的細碎的嘰喳聲，廻盪着串串車鈴的玲玲聲。我們也在等待一串響進門來的鈴聲。果然不久，榆哥騎着單車回來了。剛支好車，他就衝着廚房窗口問嫂嫂，我有沒有回來。我從客廳跳到大門邊去，讓我自己去證明我的回來。我想，他總要問我一些在臺北的情形，然後，再對我和立仁開一句親暱的玩笑；不料，他一進門，神色却是惶惶然，聲音沙嗄地說：

「丹丹，快下班時，姚處長叫我到他的辦公室去，他說，今晚要你到他家去吃無子西瓜。」

「他怎麼知道我今天從臺北回來？」呵，原來是這回子事；我又討厭起榆哥來了。

「誰知道？或許別人看見了你。反正是，你這次去臺北，似乎誰都猜到你是住在紀蘭的家裡。」

我的語氣也不和婉了：「榆哥，如果你怕這件事會拖垮你，那我就不去。你乾脆到斜對面史小曼家裡打個電話給姚伯父，說我回來就病了。」

「那怎麼行？而且，說不定他明後天也會來找你！」

「那末，你認爲我在姚伯父面前該說些什麼？」

「我也不太淸楚，總之，要隨機應變。如果姚處長怒氣冲天地提到紀蘭，那末，你就說，你這次沒有碰見她。」

「我簡直是在『賣友求榮』了！」我這句話刺得榆哥低下了頭。我掉過頭去，父親正站在我的旁邊，譴責地望着我。

我吃了飯，略略梳洗一下，換了身衣服，就騎上單車前去。打我跟紀蘭交往以來，姚伯父家，我不知去過多少次了。我還記得第一次去、姚伯父端詳我時的神情，然後他親切地拍拍我的肩：「白丹，好美的名字，人也長得挺可愛。白小妹妹，希望你永遠是紀蘭的好朋友！」多少年了，我眞的也該像父親那樣，感慨那永不停留的歲月了！紀蘭的繼母、紀蘭的異母弟弟，都對我很親昵。那樣的親昵，使彼此都很快樂。榆哥能够輕易地進入這個待遇豐厚的機構以及能够配到一所這樣舒適的房子，無可諱言地，是靠姚伯父在無形中所帮的忙。姚伯父從來不會當面觸及過這，但他、我們以及別人却都淸楚。在漸漸接近的行程中，我被悵惘所縛住；難道那些歡樂的日子將一去不返？

我的單車一推進院門，姚伯父就在客廳裡喚我。我帶着微笑走進去，姚伯母正把一個無子西瓜切開來。姚伯父欣然的招着手：「白丹，我今天買了一個無子西瓜來開開眼界，知道你剛從臺北回來，叫你也來嚐嚐！」他先遞一塊給我。我不能客氣，因爲要是我今天表現得跟以前的不同，那末，他們就會認爲我跟他們之間有了芥蒂。我下定決心，在說話時，得小心點兒，如果姚伯父不提紀蘭，我也一字不提。

姚伯父邊吃邊說：

「在無子西瓜這一品種還未出現之前，我從未想到會有這種東西；在許多新的東西還未發明之前，一般人連想都沒有想到。不過，幸而無子西瓜培植不易；否則，如果像臺糖公司的NCO三一〇甘蔗那樣，全面推廣定植，那末，西瓜本身就要起來反抗，因爲牠們要絕種了！」

「沒有子女當然是不行的，」姚伯母說，「我們中國人也好，他們外國人也好，父母總是愛護子女的。」

大家忽然都不作聲了，只吃着西瓜。我敏銳的觸鬚使我感到他們從子女想到了紀蘭。其實，我認爲，他們一看到我時，就已想到了紀蘭；不，姚伯父邀我去吃西瓜時，他們就已想到了紀蘭。他們忘不了紀蘭。她是嵌在有子西瓜瓜瓤裡的一粒黑子！

大客廳越來越透着冷意。大家對於吃西瓜並沒有太大的興趣，最後還是叫女佣人收了進去。我擦淨了嘴和手，驀地發覺只有姚伯父和我還坐在那裡。姚伯父似想抵禦襲來的涼意，便站起來，關上了向院的兩扇窗子。他捻亮了壁燈，却把中央的大吊燈熄了。柔和的淡黃色的光如一張細網似地撒落在我坐處的四周，把冷意趕到另一個黑暗的角落裡去。姚伯父在我旁邊坐下來。他臉上的表情很複雜：嚴肅、慈和、憂悒。我知道他要跟我談話。我站起身，伸手遞給他一支煙；他接過去，却仍把它放在矮桌上。

「白丹，姚伯父想跟你談談。」

「我知道。」

「你在臺北住了好些天吧，白丹？」

「是的。」

「你知道姚伯父想跟你談什麼嗎，白丹？」

姚伯父眞有一手。我今天來，是打算用「守」來應付他的問話的，我可以以他的語氣、臉色來作爲我答話的準繩；現在，他却突然反過來，竟逼着我，採用「攻勢」了，我不免有些倉惶不安。

「姚伯父，你一直待我這樣好，簡直跟待紀蘭一樣好。姚伯父，我是不會說話的，說錯了，你也別怪。我以前是紀蘭的朋友，現在也是，你想跟我談的，是關於紀蘭的事吧？」

「是的，我就喜歡你的直爽。」姚伯父摸着下頷。他的目光似在找尋一樣東西——或許是在找尋紀蘭留下的影子。

「你想知道紀蘭的一些什麼呢，姚伯父?」

「連我自己也不太淸楚。我想要知道的，實在太多了。除了她自己，我想，你是惟一能够把她的情形告訴我的。」他停了停，這才點燃了煙，猛抽了幾口。「白丹，你是淸楚的，我、以及她現在的母親，全都很愛她。這次，她給了我們一個不算太小的打擊。」

「她不是有意的，姚伯父，她一定以爲你們會同意，她並不是學壞。」我爲紀蘭辯護。

「你這次在臺北，是住在她家裡?」完全是想像得到的問話。

「你怎麼知道的，姚伯父?」我仍然問，因爲除了這句話而外，我想不出還能說什麼。

「是我的猜想。我知道你跟她的交情很厚，你不會因我而跟她疏遠。這，我不會責怪你，你放心好了。我對她誠然不滿，但我可不能叫她的朋友也對她不滿。可是，不瞞你說，白丹，這一陣子，姚伯父爲了紀蘭，心裡眞是煩透了。她怎麼能愛君實?她是在什麼樣的家庭裡長大的?我不說君實是個壞人，但他勾引了我的女兒，這點，便是罪大惡極!」

我望着漸漸激動的姚伯父。這幾句話，該已在他心裡重複了許多次。對於君實這個人，很多人的看法都不相同，因之，對於紀蘭的婚姻，很多人的見解當然也不相同。做父親的，都會站在姚伯父這一邊；而做女兒的，却未必會站在紀蘭這一邊。在女兒婚姻上所表現的固執、冷酷，幾乎是一般做父親的通性；而我從姚伯父的激動、痛苦的神色上，却發覺：固執、冷酷，有時不就是愛的變形嗎?我站在雙方的立場上，我同情姚伯父，也同情紀蘭。

「姚伯父，或許，你還不太了解君實這個人。」

「我不了解？他在我底下做了這許多年，不是我可憐他的話，哼，那時，他怕要走投無路了。」

「我是說，姚伯父，你可能並不了解現在的君實。」

「現在的他？在他跟紀蘭結婚之前，我也看到過他。還不是這麼一副模樣兒；只是，他多了一些臭錢，多了一些臭膠鞋。但我姚某人不是那類見錢就拜的人，我相信我女兒紀蘭也不是那類人，一定是他用什麼方法勾引了我的女兒！白丹，就你所知道的，告訴姚伯父！」

我知道什麼？我只知道，紀蘭愛君實，君實愛紀蘭；我只知道，現在的君實，跟以前低微的君實不同，或者說，他以前就不低微，他不願也不肯屈服在低微之下；我知道，他的節儉、勤苦，不是有些人所能比擬的；我也知道，在本質上，去美留學的立仁也遠不如他。但我知道，這些都不是姚伯父所願聽的。我知道什麼？

「姚伯父，我不知道。或許你以後會慢慢知道的。」這是我的回答。

「你在她那裡住了好些天，她的家究竟是個什麼樣兒，白丹？」

「很好，只是光線差些。」

「但是，她在我這裡，我給她的臥房却是光線最好的一間，因爲她喜歡看書。她現在不看書了？」

「她仍舊喜歡看書，姚伯父。」

「我不喜歡她在那裡安之若素，我不要她跟君實來看我，我要她懊悔、懊悔！白丹，你再看到她時，就把我這句話告訴她！」

姚伯父站起來，又把懸在中央的大吊燈捻亮了。

# 六

我常在寫信，寫給立仁，寫給紀蘭。立仁給我的信中，談及美國的許多情形：忙碌的生活，舒適的享受，不計一切地攢錢以及不計一切地揮霍，滑冰者的矯捷，夜總會脫衣女郎的胴體的誘惑。他寫得不太詳細，因爲有些是別人告訴他，而不是他親眼目睹的，但他已把他的感想從千里迢迢的異國傳達給我。「我喜歡你跟我一同享受我的思想。」他說。當然，他是爲充實他的思想與技能而去的，想像他一天一天地進於博大淵深，想像他回來後能跟朱夢蕉的父親朱教授相比而毫無愧色，我是多麼地驕傲。看他像汽車那樣地在快速前進，我也自感汗顏，因爲我是始終站在原地上。於是，紀蘭的信就成了我的一種安慰。她以姊姊的口吻，告訴我該看些什麼書以及怎樣安排時間，但我始終不敢把姚伯父要我轉告的話告訴她。親口跟她說，似乎比較妥當些，這樣，我就可以添上一些解釋，而對有些事，解釋却是必需的。這倒不是想替姚伯父掩飾什麼，也不是想給紀蘭安慰什麼，而是我自己確確實實地相信那些話乃是姚伯父在氣頭上說的；如果，那時他是處在平靜中，他要說的，該不是那幾句話。但什麼時候，他才能平靜呢？我不知道。在紀蘭信中，她也避免觸及這，但最後總說，有空代她去看看她的父母。我有時簡直認爲他們是在捉迷藏，不是採用一種有趣的方式，而是採用一種痛苦的方式，而我竟是這一遊戲的旁觀者，那可眞不好受。

除了這些，我還給趙教授寫過兩封信。這是我大膽的嘗試。我是在訓練自己。我先從和藹的趙教授那裡開始。這將是個好的開始。我的揣測不錯，趙教授的回信來了。他說，我是個好孩子，跟紀蘭一樣好。他還送了我一本他的劇本。我把立仁的信、紀蘭的信以及趙教授的信，統統放在一起。我想，我應該覺得快樂，因爲除了家人之外，還被這許多人所愛。

有一天上午，我接到了朱夢蕉的信；那是在本市發出的，以限時專送寄來，裡面還附了三張戲票。他說，今晚，臺灣戲院上演的平劇很不錯，他是記者，弄到了幾張優待劵，或許我和我的家人會喜歡去看。這信可有點兒意外，但實際上却也算不得意外，因爲他曾說過，他來高雄時要來看我。我把信和戲票拿給了父親看。

「朱夢蕉是誰？」父親扶着老花眼鏡，問。

「紀蘭的同學，我是在趙教授家裡碰到他的，他的父親是×大外文系的教授。」

「外文系的教授……」父親喃喃地，雖說得很輕，但那幾個字在他心中的份量却是很重的。我知道，「教授」兩個字，對他，總帶着幾分權威性的尊嚴，同時還給他以往昔的夢的誘惑與興奮以及夢碎後的悲哀。透過眼前年老的父親，我似能看到求學時代的父親。一個孜孜向學的男孩子，他想當個苦幹實幹的工程師，這是他那時所追求的一顆星星；但他沒有追求到，因爲祖父死了，家的重擔落在他的肩上。當時，他的悲哀是雙重的。而今，歲月如片片樹葉般地飄落，在只剩下孤零零的椏枝的冬日裡，那青色的希望，還令他顫慄！

「爸爸，朱夢蕉是個很熱心的朋友，人頂好，紀蘭說的。」

「當然，出生在這樣一個家庭裡的年輕人，該是十分可靠的。」父親緩緩地說。

我同意父親對夢蕉的讚譽，但我心裡却不贊成父親對朱教授的欽慕。朱教授那種目空一切的神態，我可受不了。或許父親還沒有想到，即使是做學問的人，有時也有勢利之見吧。不過，我對這却隻字不提。我明白父親嗜愛平劇，我這會兒所該做的，就是使他能够安心地接受夢蕉的餽贈。

「怎麽，爸爸，這是難得的機會。你多少年沒看平劇了！」

「也不久，十幾年吧了。」父親笑了笑。

「十幾年。」我也笑了笑。父親是故作輕鬆，我也不妨陪他輕鬆一下。我望望客廳裡的收音機，他也望望牠。忽然，我們的目光接觸了。無數個炎熱的夏夜以及無數個寒冷的冬夜蜂湧而出，簇圍着父親。在那個難忘的凜冽的冬晚，玻璃窗外，夜空深沉，我悄悄地站在客廳門口，在收音機紅色小燈泡的投影下，我凝視着父親隱約的面容。他正帶着藝術欣賞者的沉緬以及對往日歲月的懷念，收聽平劇，聲音低得透不出這小小的客廳。我不動地站着，不想讓他發覺，却讓無聲的苛責來洗滌那份我曾劇烈地反對他愛聽平劇的罪疚，因爲在我和榆哥的少不更事的日子裡，我們曾專横地佔據着收音機，專横地使流行歌曲流行在我們的客廳裡。我們反對一切不屬於年輕人的東西。我們不懂含蓄與膚淺、永恒與時尚的分野。我們不懂每個人有他的青年，也有他的老年。在那令人感動的夜晚，我對自己說：啃，年輕人，你們不要太驕傲，讓你們的老爹享受他應該享受的一份。他的世界跟你們的不同，而每個人之重視一個屬於他自己的世界，比重視他的財富更甚！

「爸爸，我們當然要去。」我把戲票塞在他的袋中。

「丹丹，你願意陪我一起去？」父親把老花眼鏡收起來，那赤裸的眼睛所表露的過分的驚喜，又令我意識到我們以前曾深深地刺傷過他。他的驚喜使我有一種泫然欲泣的感動。啊，多少次的驚喜透出父母們對子女的愛：出生時的驚喜、牙牙學語時的驚喜、開始學步時的驚喜以及送入學校時的驚喜……而現在，僅只爲了我「願意」陪他去，而他竟會如此驚喜。啊，父親！

「當然，從現在開始，我要慢慢學習欣賞平劇了。」

「是不是因爲最近你在研究戲劇，丹丹？」

「這不過是好幾個原因當中的一個，爸爸。」

「可是，還剩下一張票，請誰去看？」

「當然是請嫂嫂一起去看了，我想榆哥是願意犧牲的。」

現在，新年已過，冬天却還未遠去。我們屋子的門窗緊閉，我們不讓風進來，但空氣還是冷森森的。縱然這樣，我在外出時，却也沒裹圍巾，沒戴手套，連父親也沒有。父親說，這種天氣，有什麽可怕的，如果這麽一丁點兒冷，就要這麽鄭重其事，那以後怎能適應老家的嚴寒？不是父親提醒，我幾乎要忘記家鄉的雪了。純白的雪，用凍紅的小手去捏。套一雙雨鞋在黑絲絨的棉鞋外，在大天井裡一踩就是一個深陷的脚印子，然後跟那些從屋子裡湧出來的友伴打雪仗、堆雪人，於是再用銅質火爐的熱來恢復手、脚的靈活。那串白色的日子裡，洋溢着彩色的歡笑，把冬日點綴得熱鬧萬分。呵，我喜歡眞正的冬日！

晚上，風吹得很有勁，我們還是毫不猶疑地上了路。我們仍只兩個，我和爸爸。榆哥和嫂嫂互愛着對方，一再推讓，結果誰也不願去。走出門時，父親幽默地說：「這樣也好，讓他們兩個親熱親熱。」

「榆哥和嫂嫂眞恩愛。」我說。彷彿是我那次買來的木雕小人兒功勞似的，嫂嫂已經有了喜訊了。

「你和立仁也愛得很深呀。」父親側着頭，避開迎面吹來的冷風。「你瞧，這是你們年輕人的世界。」

「爸爸，我們年輕人走的路，也是你們長輩開闢的。」

「不，你們繼續在開闢，你們富於活力，能够勇往直前，我永遠不會妒忌你們，但平劇已在開始沒落，孩子。」

「但是，爸爸，話劇也沒有興起來呀。」

「現在，一枝獨秀的是電影，連平劇也向牠表示合作了。然而，那些由平劇改拍成的電影，動作是寫意，背景是寫實，弄得不倫不類；原先是想迎合觀衆的，結果反叫他們越看越糊塗。早年，在上海，我曾看過周信芳演的平劇電影「斬經堂」，那部電影所給予我的藝術感，眞遠不如他在舞臺上的演出。」

「所以，爸爸，在外國，舞臺劇仍有他獨特的價値與固定的觀衆。」

「當然，丹丹，但你再要跟我談外國的什麽，那我可不懂了。我只知道平劇在開始沒落，我爲牠痛惜。牠也在竭力自我挽救，但藝術演員是需要生存的，他們抓不住大量的觀衆，而跟我們同時代的人却又越來越少。」

父親悵愴的聲音在冷風中飄散。他是在爲一切從極盛走向沒落的事物哀悼，同時，幾乎也在爲他自己傷感。他把自己跟他所愛好的事物結合在一起，一如一個孩子之跟他的玩具結合在一起，當有一天他發覺他的母親已把他珍愛的玩具送給了別人時，這才憬然悟到自己的童年已悄然溜逝。冷風吹着，從海港那邊吹來，使我們被包圍在牠廣濶的陰鬱的氣氛中。電影院門口的廣告畫，矗立如五色的屏障，半裸的胸脯以及全裸的大腿，是冬夜中一堆堆紙剪成的火。風和火互不相關地並存着。哦，這世界！

「爸爸，我們這樣，等於白白損失了一張票。」我說。「我們出來時，怎麽沒有想到去邀斜對面的史小曼？」

「呃，眞的沒有想到，全給楡兒這小兩口子攪昏了頭，不過，丹丹，這會兒，我們打個電話去，也還不遲！」

我說好的。史小曼家裡有電話。我們跟小曼一家的友誼，是全靠那架電話建立起來的。這兩年來，沒裝電話的我們，有時不得不向她家借用電話，日子久了，兩家也就熟了。在這一點上，我們一直欠着她家一筆人情債而無由報償。小曼喜歡看戲——各色各樣的戲，從最新的新藝綜合體電影到最原始的全由幕後人操縱的布袋戲，她都能看得笑口大開。現在，這張別人餽贈的戲票，既能使她享受一個快樂的晚上，又怎不令我感到歡慰呢。

我看見在光亮與幽黯交錯浮盪着的路面上，電話亭佇立在一盞路燈之旁。我拉開門，走進去，把風和聲音關在玻璃門外，丢下一個五角銅幣，撥了號碼。

「喂，小曼嗎？」我說，「我是白丹。」

史小曼一定是在吃晚飯，電話鈴聲才使她從飯桌邊站起來的，因爲平日口齒淸楚的小曼，這會兒口裡似塞着東西，語音含糊不淸。「白丹……你……有什麼事？」

「請你看平劇！」我對着話筒，眨了眨眼睛。

她準在狠命地把口中的東西嚥下去，因爲語音突然變得非常淸晰了。「嘿，再說一遍，白丹！」

「看平劇。怎麼不相信我的話？」

「眞了不起。我馬上來。」心急的小曼立刻擱上了電話，也沒問問上演的是哪家戲院，我眞氣她。幸虧皮包裡還有一個銅幣，我又丢下去一個。

「喂喂，請小曼聽電話。喂喂，小曼，你怎麼啦？」

「喂，我要問你怎麼啦？我正在換衣服，你又來電話了？」

我又氣又好笑。我彷彿看到她一邊在拉剛套到身上去的衣服，一邊在接電話的狼狽相。「你是不是存心想花一個鐘頭去找那家戲院？」

她的回答好神氣。「我才不呢。我早就知道了。報上登着廣告，而且，有一家報紙的藝文欄上還有一篇預介這次演出的短文。我是不是可以專心一意地穿衣服了？」

「好，好，恕我多事。」

我走出來，把這告訴父親。父親說：「小曼可比你伶俐呢。而且，她還喜歡化妝，出門時，那簡直……

……簡直……」

「簡直很成熟了，對不對？」我替他接下去，「但她有時又年輕得像個十六七歲的女孩子。」

小曼就是這個樣子，或者說，小曼具有多變的外型。她想打扮成什麼樣子，就準像什麼樣子。我忽然覺得，這怕不僅僅是因爲她擅於化妝，而且是因爲她還有一份演戲的才能！她喜歡舞蹈，喜歡唱歌，却不愛那些在她看來是枯燥無味的學科；這就使她在初中多讀了一年，然後毫無怨尤地進入了高級家職。

「爸爸，你認爲小曼適宜於演戲不？」

「我不太贊成女孩子去演戲。」

「爸爸，你這觀念不合潮流。現在，大家都不抱這種思想了。」

「不管怎樣，我還是不贊成。我對女兒的最大期望，就是願她有一個幸福的婚姻。」

「可是，爸爸，如今，女人也該有她自已的事業。」

父親不響。我承認父親有點落伍，而他又固執地堅守着他的落伍。我不必一定要去攻陷他的陣地，這對他是痛苦，對我却未必是快樂。

「我什麼都知道，」半晌，父親說。「我什麼都知道，丹丹。我活了這麼久，看到過世上許多許多的事情，看到過許多離婚的夫婦，看到過許多孤苦伶仃的小兒女，所以，我也不怪自已的不幸，因爲我和你媽是很恩愛的，而現在，你們又都這麼大了。我只知道惟有才智雙全的女人，才能對自已的事業與自已的家庭兼顧並管。」

「你是說這太難了，爸爸，但我却以爲這多半是因爲做男人的太自私了。」

「當然，男人也該負一部份責任；總之，這是個難題。當一個人自己面臨牠時，就知道並不簡單。」

我仍舊覺得父親是固執的，或許，父親認爲我才是固執得不願接受他對人生眞理的闡釋。我們誰都認爲是站在「對」的一邊，因爲我們畢竟是兩個時代的人啊。

我們繼續前進，冷風迎面撲來，我忍不住把短大衣的領子翻上了；看看旁邊的父親，穿着藏青色假嗶嘰棉袍，頸子半露在領子外，倒毫無瑟縮之態。我們只管說話，竟忘記抄近路，此刻已然衝到愛河邊上了。向左轉彎以後，就聽到鑼鼓聲在冬夜中嘶啞地呼喊。平劇，已經無法跟電影爭奪鬧區中第一流的戲院，只委屈地退居到二流戲院裡來。一個遲暮的美人，牠的黃金時代是在三、四十年之前；而曾在上海住過三年的父親，却正好趕上這一時代。

快到臺灣戲院時，後面不正常的車鈴聲使我們驚慌地讓到一邊。一個女孩靈活地跳下車來。「我追上你們了。」史小曼笑着說。

「這樣最好，我就不必站在戲院門口等你了。」小曼的機靈、敏捷，使我由衷地佩服。我拍拍她車子的坐墊。她憑着一騎單車，竟已閱遍了整個高雄市，而我，在高雄住得比她還久，却老在幾條熟悉的街道上兜圈子。

「報上說，這次演出的是復興戲劇學校的學生，他們都是十幾歲的孩子。」小曼眞的什麼都知道。

「我想是的。那可眞不容易。」

觀衆並不太擁擠，但也賣了七成的座。我開始用目光找尋朱麥蕉，但却沒有看到他。或許他還沒有來，也或許他在後臺，反正總會看到他的。戲臺兩廂，坐着或站着幾個中學生模樣的男女孩子，他們就是復興劇校的部份學生。要這些孩子肩挑這副挽回平劇頹勢的重擔，該是一種悲壯的舉動。

「他們是些勇敢的孩子。」父親說。「或許正因爲他們是孩子，不知道現實生活的咄咄逼人，也或許，他們本來就是被現實生活所逼的人。」

「爸爸，說些輕鬆的，譬如說些三十多年前平劇的一鱗半爪！」

一片美的掠影使父親臉上的皺紋舒展了。一個二十幾歲的年輕人，從小城轉到上海做事，而且，還在生意上賺了一些錢，於是，晚上，他携帶着新婚的妻子，乘車到丹桂第一臺、大舞臺、共舞臺、天蟾舞臺去看平劇。啊，爸爸，你的敘述開始了。你的往事，在這家戲院又要重演一遍；那是一齣「戲外戲」！哦，爸爸，鑼鼓在響。對你，牠們是響在徐徐展開的今天，還是響在業已凋萎的從前？我多願意跟隨你的敘述奔馳，在那個對我全然陌生却又似曾相識的世界裡。爸爸，鑼鼓在響，或許，對你，過去的日子永遠是朶盛開的紅茶花；你佩着牠走過一段長路，你的襟上永遠留有一股芬芳！是的，是的，鑼鼓在響，但你的敘述却響在我們耳畔，把我和小曼都迷住了，連你自己也迷住了。梅蘭芳和金少山的「霸王別姬」，言菊朋的「讓徐州」，馬連良和胡碧蘭的「硃砂井」，李萬春的「林冲夜奔」，蓋叫天的「鐵公鷄」，林樹森的「走麥城」，麒麟童的「追韓信」……名角中的名角，平劇中的平劇！啊，是的，爸爸，我看過「紅樓夢」，我知道什麼是黃金時代。是的，爸爸，抓住牠，不要讓牠沒落。但是，爸爸，去抓住牠的，是你，還是我，還是臺上那些勇敢的孩子？

父親的那齣「戲外戲」，已經結束，因爲那個年輕人在上海住了近三年，就帶着妻子回到老家去。而此刻，臺上的戲也眞地開始了。是「轅門斬子」。我發覺右臂被人戳了一下，轉過臉去，不知什麼時候，朱夢蕉已經坐在我旁邊的那個空位上，腿上放着一架連有閃光燈的照相機。

「很好，你們都來了。」他悄悄地說，悄悄地笑着，那淺淺的笑表示出深深的喜悅。

「謝謝你，」我也輕輕地說，輕輕地笑。我不知道我的笑容是什麼樣子，我只知道，我很高興。這份高興乃是植根於前兩次跟他晤談的融洽。在家居的這些日子中，我也憶起過趙教授客廳中的他以及車廂中的他；那兩個畫面總是重疊着出現，然後又像一張沒有對準焦點的底片所印出來的相片那樣，模糊、模糊、最後則消失在火車的輪聲之中。今天，他從歌聲與琴音中出現，穿一件松綠的鷄心領羊毛衫，披一件鐵灰色的尼龍夾克，外加那抹遲遲不退的笑容，湊成一張清晰的照片，倒像故意叫我在記憶中不要沒有他。「你怎麼知道我的地址的？」

「從紀蘭那兒抄來的。」

「哦！」我竟愚蠢得連這都沒有想到，同時，也使我明白，他到底是個記者，探聽、採訪，原是他那門職業所必需具有的本領。

「什麼，白丹？」

「驚奇你是一個貨眞價實的記者！」

他帶着一絲得意樣兒，點點頭——讚賞了我，也讚賞了他自己；而其實，此刻，我們更該讚賞的，却是臺上的那個楊延昭。我們把臉轉向舞臺。這個還未成年的孩子，酷肖地扮演着中年人的角色，努力地攀爬那聲音的高峯，一句「叫焦贊將寶劍懸掛帳外」，贏得觀衆的滿堂彩。夢蕉拿起相機，走到舞臺邊，挑了一個適當的角度，替他拍了一張照。他走回來時，我趁機把朱夢蕉介紹給父親和史小曼，但是他們爲了不願妨碍觀衆，竟連客套話也說得支離破碎。直到這齣戲演完的時候，夢蕉才又傾側着上身，向着父親說：

「白伯父，我想，你該很愛平劇的。」

「不錯，我們是那個時代的人，」父親回答。聽父親的語氣，彷彿那個時代的本身，就是一個郵戳，已用黑黑的油墨，在他心中留下了年、月、日、時的痕跡。「但我很慚愧，我已跟牠久違了。」

「你是說，你已很久沒聽平劇了，白伯父？」

「聽倒是常常聽的，我是說「看」，所以，今天，我要謝謝你惠贈的票子。」

「我也不過是借花獻佛。史小姐呢，你對牠還有興趣吧？」

「我總共只看過兩次平劇，連這次在內。」小曼天眞地晃晃頭。「只是剛才那齣戲，我有點不懂。楊延昭要斬他的兒子，這表示他鐵面無私、執法如山，但他的心裡總不免有點難過，那他爲什麼竟有心情在案桌上打盹呢？」

朱夢蕉笑了笑。「很抱歉，我也不太明白。我想，這是寫意，寫意的藝術，總不是一個人看了一次、兩次就能完全了解的；而瞭解了以後，總也不是一次、兩次就會感到厭倦的。這說法對不對，我們以後再討論、再研究！」

第二齣戲又上場了，是「長板坡」。朱夢蕉轉臉向我：「白丹，那位史小姐的嘴好利，簡直把我難倒了。」

「那是說，你對平劇還缺乏深入的研究。」

「當然，做記者也很難，是不是？開始，我以爲只要能夠運用文字，撰一篇報導或特寫，眞是輕而易舉；但一觸到藝術，問題就來啦！藝術不是一塊薄冰，不是一目瞭然、一擊即碎的。藝術是各種文化、各種思想的綜合建築物。我發覺自己接觸得越多，就知道自己懂得的越少，這可眞苦惱。」

「嗯，我們又何必自尋苦惱，只要盡力而爲，也就於心無愧了。」我安慰他。

他感激地笑了笑。一會後，他湊近我，說：

「白伯父爲人很好。」

「怎麼個好法?」我逼他一句。

「這話問得很有趣。」他說。「白丹，你還是很俏皮；要我把令尊的好處具體地說出來，這就難了。」

「權且把他當作你訪問的對象，」我說，「由你來個特寫，你會怎樣寫法?」

「噢，你簡直比我的上司還厲害。」他說。「你簡直在考我……」

「當然，要時時訓練你才好。」我挑起眉毛，看着他。

他又向前傾着上身，又去望望正在凝神觀看、一面用手指擊着拍子的父親，然後，非常輕微地對我說：

「白丹，如果我要給你父親來一個特寫，那開頭的第一句將是：『他是我們這一時代的老年人。』」

我的幽默感全然溜走，寒意似乎全然集中在我的鼻尖上；我掏出手帕來，揩了揩鼻子。「謝謝你，下面的不必說了，你會是個好記者，夢蕉。而且，你以後也可能會成爲我父親的忘年交。」

我們了解地互看了一眼。這兒是鬧哄哄的戲院，但一抹寒月的白光以及幾根枯枝的暗影却從遙遠的地方移近來，蓋在我的心頭。爲了要趕去這些，我又忙把目光放在舞臺上。我們不再說話。事實上，對於平劇的欣賞力，我並不比小曼高明多少。我們是流行歌曲統治下的女孩子。我眞該學學夢蕉的謙遜呢。

小曼突然挨近我，說：

「白丹，瞧你的記者朋友生活得多愜意，一年裡可以看多少趟白戲！」

我向她眨了眨眼。可愛的小曼，她老羡慕別人這，羡慕別人那，而却不知道，逍遙自在的她，或許正是別人羡慕的對象哩。只見和尚吃肉，不見和尚受戒；她哪裡知道夢蕉在散場之後，還得趕寫評介呢。

「小曼，除了看白戲以外，你還羨慕別的什麼？」

「當然，我羨慕別人所能享受到的東西，許多許多美好的東西。看，這世界有多好，漂亮的東西越來越多，祇要有錢！」

「當然，」我笑了。爲什麼笑，承認她的話是對的？當然，我似乎祇有承認，因爲許多人都這麼說。小曼是個比我更爲年輕的女孩子。如果許多比她年紀大的人都這麼說，你就不能說她說得不對。「眞的，許多人都這麼說。」我含糊地。

「你呢？」

「我嗎？我現在並不希望有許多許多美好的東西，也不希望有很多錢，我的慾望不大，或許因爲我知道自己太平凡。」

「嘿，不要老跟搞學問的人在一起，否則，你就會瞧不起自己，以爲自己眞的是微不足道的。」

我又笑了。小曼的理論好有趣。她的理論包圍着她、支持着她、裝飾着她，所以，在鬧街上，她是快樂而美麗的；所以，在人多的場合裡，她也是快樂而美麗的。她選擇她所需要的。你能說她不聰明嗎？

「朱夢蕉呢，你把他歸到哪一類裡，小曼？」

「噢，我祇想，他的人像一定拍得很好。」史小曼心不在焉地回答。她的紅呢短夾克在燈光下眞鮮艷，對比之下，我的那件穿了四年的短外衣，就顯得格外陳舊了。

戲散場後，戲院子就成了潮退後的沙灘。我們沒有馬上離開，父親要去看看後臺，朱夢蕉却要對成排的空座位拍照。他選了兩個角度，拍了兩張。我起先不懂，覺得他有點古怪，等我聽到自己對成排的空座位發出嘆息時，我才恍然懂得他的意思。

「夢蕉，這倒是一個很可貴的鏡頭——寂寞！」我說。

夢蕉看了我一會，彷彿我也將要成爲他攝取的對象。

「白丹，你也懂得不少。」

「請別誇獎我——我祇懂得一點點；過早的獎譽將會摧毀一個年輕人的進取心。」我輕輕說。

夢蕉不答，但他的眼睛却亮了一下。在成排的幽寂的座椅之前，我欣賞那一瞬間的閃耀。

小曼這時走過來，說：「朱先生，我剛才想，你對攝影一定很拿手，能替我拍一張嗎？」

「當然可以，不過，拍得好不好，却沒把握。你希望站在哪裡？」

「我希望你能替我拍一張有藝術價值的人像，請你指點姿勢。」

夢蕉考慮了一下，叫小曼站在戲臺前的右首，望着戲臺。他選好了角度，我要求讓我看看對景框內的畫面，他答應了。他以戲臺爲背景，用近距離拍小曼那晶亮而夢幻似的眼神、那微啓的有慾望的嘴唇——明日之星。

剛拍好照，父親就從後臺回來了。父親剛在史小曼的身後站下，夢蕉就連忙獵取了他們兩個人的鏡頭。

「過去與未來，」他對我說。

我深深地嘆息着：過去與未來——無限大的宇宙，無窮盡的森林；陳子昂站在幽州臺上的蒼涼！

## 七

我睡在戲院的椅子上，還是睡在家裡的床上？鑼聲、鼓聲、琴聲、歌聲……混合在我的夢中。這裡是上海，還是高雄？這兒是浙江路的天蟾舞臺，還是愛河邊的臺灣戲院？一切全攪在一起，我分辨不出。什麼是我親眼見到的，什麼是我父親告訴我的？我也弄不明白。我聽見金少山的洪鐘般的聲音，一句「力拔山兮氣蓋世」，震撼了屋樑。於是，一根大樑索索地搖晃不已，許多孩子都合力去支撐牠。父親說，抓住牠、抓住牠！夢蕉却用照相機的鏡頭去抓牠。

我接連看了三天的夜戲，迷迷糊糊地，又覺得自己行走於架在兩個山峯之間的纜橋上。架在過去與未來的兩個山峯之間，這是一座不太穩固的橋樑，在上行走，必須謹慎，必須勇敢。大鑼的噹噹聲敲出了牠的警告；噹、噹、噹、噹，毫不留情地，告訴人們以「一失足成千古恨」的悲劇。

這三場戲，給了我一個新的啓示：有人不惜一切，在力挽狂瀾。我讀了在報上的朱夢蕉的報導，除了從純藝術的觀點上作了一番評介之外，他還說，他要淸楚地表明的一點，就是他想扶平劇之將傾，不是因爲牠「老」，而是因爲牠有牠本身獨特的藝術價值；當然，在內容方面，牠還該有更新與充實的必要。他不贊成全然揚棄固有的傳統，但也反對「鬎鬁頭的兒子自己的好」的固步自封的倔强。我很欣賞他的文筆與思想，而且也感到，他還有許多話要說，不祇對平劇，還有其他。

## 七

第四天下午，他第一次到我家來。他說：「我傍晚回臺北，現在來向你們辭行。」他還是那種隨隨便便的樣子。他的隨便，在各種不同的場合，給了我各種不同的感覺；而現在，則是表示他跟我們之間已經非常熟稔了。他的那件棋盤的格子呢襯衫，令我憶起兒時「跳房子」的遊戲；一種孩子般的歡欣與輕鬆，湧自我的心中。

「你該在我們這裡吃了飯再走，夢蕉。」父親說。這三天裡，父親也跟他混得很熟了。父親穿了一套藏青嗶嘰的中山裝，那樣子，還是三十年前政府機關裡一個小科員的派頭。

「爲什麼該在這裡吃飯？」夢蕉說。那語氣至少有點俏皮。他的臉上，笑意躲躲藏藏地蠕動着，完全是個站在老師面前的淘氣孩子的臉。我學會了跟他抬槓，他也學會了對父親幽默。在陰沉沉的冬天裡，這些便是我們自製的陽光。

「啊，這很簡單，」父親說。「我們希望以後你再請我們看戲啊。」

「原來白老伯的算盤好精！」夢蕉的笑意衝破了雲層，臉色顯得非常明朗。「白丹呢，你學的是會計，怕更精明，或許還希望我馬上就走呢。」

「我希望你根本不必來。」我挺挺眉。「但你既然來了，就不妨在這裡吃便飯。我們希望以最低的代價，換取最高的報酬，怎樣？」

「好，好，我今天太孤單了，沒人能爲我幫忙。」夢蕉用笑聲說苦話，連靜坐在一旁的嫂嫂也笑了起來。夢蕉又說：「我晚上走就是，只是一定得隨便吃，幾隻便菜就行。我想看看白大哥，這幾天，總是緣慳一面！」

「要再看看史小曼吧？」我又說。在那三個晚上，史小曼也是一個角色，夢蕉沒提她，簡直是有意忽略她。

「眞的，還有那幾張照片，我得交給她。」

史小曼曾叫夢蕉替她拍了幾張照：不同的衣飾，不同的髮型，不同的姿態。夢蕉的照片顯示出史小曼的「開麥拉非司」很不錯。眼睛和雙唇很能表達各種感情。

「史小曼既聰明，又美麗。」夢蕉說。

「她既能歌，又善舞。」

「嘿，了不起，不是明日的中姐，就是明日之星！」

「或許兩者都是。」嫂嫂也挿上了嘴。「小曼有種吸引力，而且，她自己也知道有這種吸引力。」

「我不喜歡史小曼。」父親說。「夢蕉，我知道，我老了。我跟你們年輕的一代脫了節。歲月對我，眞如那些疾馳而過的車輛，很快就逝去了。」父親咳嗽了幾下。冬日的寒冷在走廊邊徘徊。他那頭髮稀疏的頭頂閃着一種悼逝的遲鈍的光。

「人生本來就是這樣。」夢蕉接下去。「但逝去的車輛總也錄下一些輪轍、播下一些塵沙、留下一串廻盪在風中的悠揚的轔轔聲。」

我讓父親跟夢蕉去談人生。人生是什麼？衆說紛紜。在我認爲，人生就是這樣：由每個日子串連而成，而每個日子，在現在的我看來，是這樣地確實。我跟嫂嫂退到厨房去做菜。厨房裡的人生？我想着，啞然失笑。或許，一個在鬧街的飯館裡當厨師的人，最懂得人生吧？人們因飢餓而憂慮，却因飽暖而歡笑！

我看到開始在忙碌的嫂嫂，也兀自在微笑。她笑什麼呢？當她注意到我在望着她時，她說：

「丹妹，見了面，我才確認夢蕉爲人挺不錯，但你想到吧，他今天來這裡的最重大的任務是什麼？」

「我倒沒有去推測。」

「再來看一次小曼，他對小曼一定有特別的好感。」

「你怎麼知道？」

「只是想想嘛。單憑小曼這幾個鏡頭，一個男人就能很容易地愛上了她。」

「或許，」我說。「或許一個男人有時就會有這麼快地愛上一個女孩子，猶如立仁之愛上我。間接的曲折的訪晤當然是一種高明的戰術。夢蕉跟任何年輕人一樣，正是需要愛情的時候。誰能說不是呢？我自認沒有嫂嫂細心，否則，在前幾個晚上，我倒可以細細觀察一下夢蕉的那種隱約的感情。我站在水槽前，水盆裡漂浮着洋菇，一朵一朵的小白菊花，一個一個的小白絨球，空中的降落傘……嫂嫂的猜想真的沒有錯嗎？如果能夠直接問問夢蕉，那該多好！不，那是不能問的。問那種微妙的感情，不能像問一個數學上的問題那樣直截了當。夢蕉也一定在不由自主地漂浮。有時，一個人的心情就和一片浮雲那樣，這裡盪盪，那裡飄飄，然後隨着風，飄向一方。不論怎樣，我們有讓他們再次晤面的責任；而且，我眞願看到他們開始戀愛，像夏日下午那樣悠長的、有蟬奏的音樂、有快樂的慵懶的戀愛，不要像我和立仁那樣的陡然而來的戀愛，令我措手不及。我把洗淨的洋菇盛在碗裡。我說：「嫂嫂，我叫小曼去！」

史小曼正在院子裡跟她的弟弟打羽毛球。一隻白色的小鳥在他們之間的上空飛來飛去，他們跟着牠東跳西躍。小曼的象牙黃的毛衣跟冬陽溶成一色，而紫蘿蘭色的燈芯絨長褲則在陽光下更臻鮮麗了。她眞敏捷，球拍在她手裡輕盈得宛似一柄團扇。

「小曼！」我叫。

小白鳥撲落在地上。史小曼停了下來，雙頰瑩潤得可以擠出甜汁來。「白丹，你來得正好，我們正希望有個人來參加，兩人不換手地打，太累，也太單調了。」

「好啊，但，不是現在。」我說。「你喜歡看看你的藝術人像嗎？」

「人像？朱夢蕉寄來了？」

「人，也在我家，等着你去『相』呢。」

小曼把球拍一丟，拉着我就走。小曼什麼都是快旋律，而這也正是她的可愛之處。「拍得怎樣？先告訴我，白丹。」

「好極了，比本人還美；本人原就够美了，照片更把你的美誇大了。」

小曼愉快地打了我一下。「看你是不是在開我的玩笑？假如眞是這樣，我眞高興死了。」

我和小曼走近我家門前，一句顫巍巍的搖板使我們不由得停住了步，是父親在唱平劇；「打魚殺家」裡的蕭恩。蒼邁的聲音倒很能表達落魄江湖的老英雄的心境。他很少在我們兄妹面前露過，想不到在夢蕉面前，他竟願把一切都傾瀉出來。我有一份愧對父親的遺憾。顯然，小曼並不知道我這心理，推推我，說：「快進去呀，白老伯又不是怕羞的女孩，吓不倒他的。」可是父親在這一點上却比一個女孩更怕羞，一見我們進去，馬上勒住，抹抹頦子，再也不肯唱了。

夢蕉把照片交給小曼時，小曼仔細地一張一張地看，於是，瞟了他一下。「眞要得，文章寫得好，照片又拍得好。」忽然，又回過頭來。「白丹，我忘了問你，怎麽你不請朱先生爲你拍幾張？」

我？眞的，我從來不曾想到過這。我每次跟夢蕉見面時，只感到又可以跟他談一會了，却從未想到從他那裡獲得一些有形的東西。我瞧夢蕉訕訕的，也似乎在爲他的疏忽而抱歉；其實，我倒爲他這樣的隨便而對他更加信任呢。

「以後有的是機會，夢蕉，對不？」我說。

他笑了，那樣地互相了解的笑，比成叠的照片還可貴。或許，他對父親也有過同樣了解的笑，消除了他們之間的距離。不過，此刻，我渴望的是夢蕉對小曼的笑，我要把這笑好好地分析一下，濾出他的感情與他的喜悅，然後把牠們蒐在一起，有一天再告訴他，他對小曼的一切，我全知道。可是，一會兒後，夢蕉雖然又笑了，但他的笑却是對着大家的；彷彿一個明星之對着記者們的照相機，並不是專爲某一個人而展露。我有點着急。如果夢蕉眞的愛上了小曼，他現在這樣躲躲閃閃，可眞要空手而回了。讓我幫助他一下，讓我使他們衝撞一下，激出一陣火花來。

我突然又說：

「夢蕉，小曼確實很佩服你。我看是，你佩服她的美麗，她佩服你的才華！」

「史小姐的美麗有照片爲證，而說我有才華，呵，那可不見得。」夢蕉這次倒眞是對着小曼笑了，瀟灑而風趣。

而我呢，應該笑的，竟沒有笑。望着灑脫的夢蕉，我竟想起了立仁。是我的懷念隨時跟踪着立仁嗎？還是立仁跟夢蕉有什麼類同之點？但，除了年齡相仿之外，我委實看不出他們之間有什麼共通之處。在某方面來說，夢蕉比立仁可愛。不過，我是愛着立仁的。可不是，我們已經訂婚了？立仁的想法不錯，訂婚是好的；否則，我跟他或者我跟夢蕉，有什麼不同？否則，小曼跟夢蕉或者我跟夢蕉，又有什麼不同？而現在，我畢竟能以局外人自居了。

我聽見小曼在說：「我最近怕要上臺北。」

「什麼？」我問。我想，一定還有幾句話我沒有聽到，因爲我正在胡思亂想。

「我要上臺北去，」小曼說，「媽媽和我都認爲我應該上臺北去。」

「應該」兩個字給人的印象很强烈。我一如站在雪上，兩眼猛然遭受到向陽的碎鏡片上反射過來的白光。我有點暈眩與震撼。

「爲什麼是『應該』？」我多餘地問了一句。

「爲未來。」

「爲婚姻？」

「爲婚姻或事業。」

我淸醒過來。「你適合於大都市。」我說。「你淸楚你自己。」

我一邊談話，心裡却在等着榆哥，爲他遲遲未歸而着急。父親終於忍不住了，說：

「丹丹，你該打個電話去催一下，你榆哥或許又要陪客人了，不知道自己家裡也有客人要陪。」

我正要跨出客廳，夢蕉拉住了我，說不要去催；他總是有事才不回來的，不要叫榆哥左右爲難。

我們一直等到七點才吃飯。榆哥仍沒有回來。父親和夢蕉喝着酒。夢蕉的酒量不錯，他說他是練出來的，他怕在宴會上一喝酒就會醉得失態，所以，現在，雖有「一瓶」酒量，總只喝四、五小杯。享受一點喝酒的樂趣，却不承擔迷糊糊的後果。

「我也在學習喝酒！」小曼拿起酒杯來，跟夢蕉碰了碰，一仰頸子就喝了下去。名女人的派頭。

「世界是你的！」夢蕉讚嘆着。「世界是屬於美麗的女孩子的。」他又添上一句，隨又跟小曼互乾了一杯。

夢蕉非得趕回臺北不可，我和小曼送他一段路。分別時，他站在一根電線桿邊。灰白的水泥柱子上掛着慘白的棍形的光。兩樣都是冷的。他這會兒容光煥發，雖有些微酒氣，但只這麼一絲絲地，透着一點燙熱的溫暖，正好可以用牠去抵抗冬夜各色各樣的冷；所以反而覺得這股酒氣倒頗可親了。

「我上臺北時去找你。」小曼一本正經地說：「反正你是記者，到報社去找你就是。」

「你呢，白丹？」

「我嗎，在報上讀你的報導就得，因爲我怕最近不會上臺北去。」

「可是，大家都希望你來。」他的鄭重超過了剛才小曼對他的；道別時一下緊緊的握手，更强調了他的願望。於是，我們終於離開了。我和小曼並肩回來。住宅區的夜，很冷靜，星星仍然毫無縮瑟之意地亮在我們的頭上。我又想念起立仁來。最近立仁寄來好些照片，總是龐大的背景，渺小的人像。我知道，他是要想讓我見識見識這世界，但我却只想看看整個的他。其實，有些著名的背景，我在電影上也早已看到過，比照片上的更龐大、更美麗。立仁當然沒想到。我不知道小曼在我身邊說了一些什麼話。我沒有在聽她的。我的思想忽然很紛雜，幻想着他在美國的寒窗苦讀；幻想着在成群活潑歡樂的美國青年中間，點綴着幾個蒼白的肩負重擔的中國青年；幻想着他在異國的種種感受……有人說，年輕人應該盡量歡樂，但見識越多的現代年輕人，歡樂總被囿在一個範圍之內。有限度的歡樂。說穿了，那種歡樂，簡直是「苦中作樂」。然而，一個人，有時是這樣地不能滿足，有時却又這樣地安於現實。這該怎麼解釋？我自己就是這樣：有時候，我只願靜靜地等待立仁回來，别無其他；有時候，又想跳躍一下、衝刺一下。小曼要上臺北去。而我既不喜歡臺北，也不喜歡老待在高雄。我簡直不知道哪裡是我最喜歡的。眞的，我這會兒確實有點煩惱，一個突然形成的漩渦，使你站在哪兒都不是是處。小曼是在什麼時候跟我道別的，我也不太淸楚。夜色很重，什麼都很重。我回到家裡，榆哥還是沒有回來。我不知道榆哥陪客人的時候，是否也感到很重。

「眞不湊巧，榆兒今晚沒回來。」父親說：「我倒眞的有點喜歡夢蕉，到底他父親是個有學問的人；夢蕉雖然很隨便，却仍顯出他父母給他的教養。跟他談什麼，他都懂。」

嫂嫂站在父親的斜對面，似乎也感到遺憾。我把大衣擱在沙發上，倒了一杯溫開水，一口喝了個光。剛才身體是一塊旱土，焦渴得很，此刻才給潤濕了。不過，我還是什麼都不想說，又拿起大衣，掛到嫂嫂臥室的衣橱裡，然後走到隔壁自己的臥房裡，躺下來。五支光的小電燈亮在那裡，讓粉牆上粘上了一層酸溜溜的檸檬黃。我聽見嫂嫂在喚我，我沒答理。只一會，嫂嫂走過來了，俯視着我。

「怎麼，你想睡了，丹妹？」

「有點兒睏。」

「剛才出去時，還是精神滿好的。」

「自己也不清楚，好像心裡有點煩。」

「煩什麼呢？」她坐下來，拉着我的手。

「也不太清楚，就是覺得一切都很重，一切都很亂。」

「想念立仁了？」

我不作聲，閉了一會眼睛，才說：「也不全是。我不太清楚。」

「什麼都不清楚？」

「就是這樣。」我說。「你也躺下來吧，嫂嫂，我們擠着躺一會兒。」

嫂嫂躺下來。我們兩人和衣躺在一張單人床上。然而，只幾分鐘，她又不安起來。「丹妹，我得告訴爸爸，我們要睡了。我還要把大門關好。」

「楡哥呢？」

「剛才你出去送客時，他打電話到史家；他說他今晚陪客人要陪到深夜，客人在打牌，他走不開。他決定睡在公司的招待所裡。」

「好的，」我說。「一切總是又好又亂。」

嫂嫂走了出去。或許我是在注意聽，父親的咳嗽聲很響很沉重，嫂嫂的關門聲也很響很沉重。聲音是條鞭子，揮在堅硬的冬夜上。於是，父親的步子走向他的臥室，嫂嫂的步子走向這裡來。

「丹妹，我想，爲什麼你不睡到我的大床上去？」

「小床不也是挺好的，嫂嫂。我在讀書時，就時常跟同學擠在一張單人床上。譬如，我跟紀蘭。」

「我也有過。我確實也有過。」嫂嫂認眞地說，檸檬色的燈光把嫂嫂的臉色也染得蒼黃不堪。

「兩個人擠在一張床上，也怪有趣的。」

她迅速地換上睡衣，我也跳下床來，忙着換睡衣。於是，我們兩人搶着鑽到同一個被筒裡。雖然夜很冷，但我們互挨着，一點也不覺得。

「嫂嫂！」

「丹妹！」

「我們爲什麼不像以前那樣，大笑一陣呢？」

「是的，爲什麼不大笑呢？但笑也得有個引子，丹妹，你先笑吧！」

我笑了幾下，但總不對勁，因爲我這會兒不想笑。我只得照直說：

「嫂嫂，我笑得不好。」

「那我們不要笑，我們來談一會。丹妹，你說，夢蕉對小曼有意思嗎？」

「確不定。小曼對他說，她上臺北時要去看他。」

「這就好了，這就有希望了。」

我們停了片刻。我打了個呵欠。

「你要睡了，丹妹。你打了呵欠，我也要給你傳染上了。」

「我們睡吧，」我伸手捻熄了電燈。嫂嫂靜靜地躺了分把鐘，又說話了，幽幽沉沉的：

「丹妹，在這樣的夜裡，你榆哥坐在牌桌的桌角上，替人敬煙遞茶，眞不好受。」

「那他爲什麼不回來呢？」

「他不敢怠慢客人啊。他是總務處的一個股長。」

「他爲什麼是個股長呢？」我迷迷糊糊中想提出這一句問話。忽然，我發覺不對，便忍住了這話，同時也淸醒過來。「嫂嫂，他們會有熱騰騰的點心好吃的。」

「你睡吧，丹妹，我也要睡了。」嫂嫂雖然這樣說，但每個字都淸淸晰晰的，如排列在一起的方塊字，可以一個一個地分開來。那打牌聲定已趕走了她的睡意。

我忽然衝動地說：「我明天要很早起來寫信，給趙教授也好，給紀蘭也好，給立仁也好，如果不寫信，我一定要看書，看很好很好的書。」

嫂嫂不響。或許她仍在聽着打牌聲。她怎麼聽得淸楚呢？在每個夜晚，同樣的聲音有無數、無數……

我對着黑暗，閉上了眼。眼前是重重叠叠的人影。

## 八

我現在知道，我是快樂的，同時也是苦悶的；牠們並存於我的心中，好像一個雙面鏡，映照出前庭，也反映出後院。景物在鏡面上呈現着牠們的自我，雖相互交叠，却仍有牠們的獨立性。牠們彷彿很神聖，不允許我移去一些。有時，我想，最好把鏡面抽去，換上一張白紙。那末，就既沒有快樂，也沒有苦悶，空空的，一種什麼也沒有的單純，如一色藍天，那該多舒暢。但眞如那樣，是空虛呢，還是靜的境界？空虛和靜，本是一線之差，而苦悶和快樂，不也祇有一鏡之隔。我那種漸趨複雜的心情，誰也不知道，連給立仁的信中，我也毫未提及。我不想擾亂他，祇願他獲得了學位，早點回國。但我在給紀蘭的信中，却把這告訴了她，相信她能給我一點指示。

反正有空，我直接把信送到郵局去，但投出後，忽然又感到那信不夠快，需要掛一個長途電話給她才好。我急沖沖地跑到隔壁的電訊局裡去，連步子都亂了。

「紀蘭，兩分鐘前，我把給你的信投在郵筒裡，可是，我這會兒又要找你說話了。」我抓着話筒，情緒的激動，使我的語音波盪不已。

「眞想不到，白丹。」紀蘭可能在皺眉。「你不是這種人，這樣浪費！」

「我正是這種人，並且正在浪費我的感情呢！」

「什麼？說淸楚點，白丹！」

「我好煩。」

「關於立仁的？」

我想不到她問我的話，跟嫂嫂那晚上問我的差不多。我笑了，笑聲無顧忌地從話筒裡透過去。

「剛才說是煩惱，現在却又笑了，白丹，我簡直認爲你是想叫我煩惱。」

那副大姐的語氣，勾劃出她在聽電話時心境的困擾。想着南北相隔，雖祇半日路程，但這會，她抓住那隻黑亮光滑的話筒，却如面對黑夜，看不見說話的人，那有多焦急。我爲她的薄怒而感動了。

「紀蘭，我確是在煩惱。我是說，我又快樂，又苦悶。那種心情，我以前從沒有過。」

「我要知道原因。」

「我說不出眞正的原因。我沒法作一種清楚的分析。就是這樣，紀蘭。」

「你眞叫人心煩。」

「眞對不起，紀蘭。我是說，我不完全是爲立仁。我是爲每一件事——每一件事：有些叫我高興，有些叫我苦悶。就說是爲我生活中的一切吧。」

紀蘭說：「是我不好。我叫你看了許多書，叫你去觀察，又叫你去思想。」

「也不完全是。如果竟是這樣，那你爲什麼不像我這樣呢？」

「白丹，這不是我們在電話上說得清楚的。什麼時候你能北上？」

「我不知道。」

我步出電訊局。那份浮躍的衝動，此刻已經沉澱下來。我畢竟跟紀蘭說了，如果連她也不能爲我指點什麼，那我自己最好不必再去尋求什麼。我在冬陽下走路。我浴在金燦燦的暖流裡。現在，我跟大部份的人都相差無幾了，匆匆忙忙地，泛着迷惘的、隱約的笑，祇欣賞着白日下美好的一切，把昨夜的煩惱丟到一旁。然後，我走到騎樓下，我看見兩個跟我年齡相仿的女人在買一件瑪瑙色的長大衣；然後，我又看見，一對夫婦在買一隻新款式的黑皮包；然後，我自己則被一件天鵝絨般、純白色的羊毛短外套吸引住了。我忽然覺得，人們常常在鬧街上興奮地買下了他們所深愛的，却在晚上去懊悔——擁有那種東西，幾近於擁有莫泊桑的那條「項鍊」。

我從另一條路走回家去。我不想對父親和楡哥提起打電話給紀蘭的事。他們不了解我，會說我是胡鬧，胡鬧的背後，會隱藏着浪費，浪費的背後，又會隱藏着艱苦；事情環環相連。我現在也已知道什麼是應該瞞着不說出來的。每次，榆哥陪伴過、或侍候過什麼以後，他總很疲倦。我怕他日久會抽上烟，喝上酒。當然，錢是不容易賺的，我做妹妹的正在剝削他。我幾乎沒有權利去輕視他的作風了。

我在穿越十字路時，看到騎車的小曼正離我不遠。猩紅色的呢褲子，套頭的淡茶色毛衣。我走到馬路對面，她用車輪劃出一條對角線，也就來到我的旁邊。騎在車上，她先用鈴聲招呼我：鈴、鈴、鈴、鈴……倒引來好幾對的目光。

「好幾天不見，剛才上哪兒了，白丹？」

「剛從郵局回來，我今天寫了一封信給紀蘭。」

她霎霎眼，彷彿我還瞞着她什麼似的。從我有了一個未婚夫之後，宛似就只配給他寫信。我知道，我願意跟紀蘭談起立仁，但却不願跟小曼談起他，可見我們只是一個普通的朋友。我們還是談些穿的、看的好。

「小曼，你那身裝束，色調可配得眞好：美麗、大方。」

「那毛衣還是我的一個嬸嬸從英國寄來的，到底是英國的毛料。」

「當然。你打算幾時去臺北？」

「正在準備。夢蕉可有信？」

「沒有，可有給你的？」

小曼搖搖頭。「白丹，我也不想去逛街了。你坐在我車後，我們一起回去吧。」

我坐在小曼車後。我們談着話，她慢慢地騎。一路過去，人們看着小曼，也看着我。我想，大家一定以爲我們都很快樂。從各方面說來，我不應該比小曼不快樂。

「小曼，我們應該去學打毛線什麼的。」

「爲什麼你想到這，白丹？」

「你看，許多跟我們這樣年齡的女孩，都不是在做這工作？她們都很快樂。」

「我不滿足，你也不會滿足。」

「看來，我是吊在半空中，不上不下。」

「我不這樣想。」

「當然，你不這樣想，是我在這樣想。」

「說這種話最乏味了。」小曼說。我不再則聲，因爲我也認爲說這種話是最乏味了。

小曼拉我到她家裡去坐一會。小曼興致勃勃地告訴我，她最近又買了幾張唱片，她又看過什麼電影了。她眞會找樂趣，不愧年輕人。我只聽她說話，欣賞着她那豐盛的歡樂。好久，好久，我突然問了一句：

「小曼，這幾天內，你大概還不會遠行吧？」

「總不至於這麼快。」

「如果，如果以後有什麼好的工作的話，小曼，我倒也想去試一試。小曼，我是說，如果你去工作以後，發現有別的工作……」那突然昇起的、尋找工作的慾望，巨大而熱烈，竟使我不願意去分淸什麼人該是我要求的對象。

小曼茫然地望着我。她不了解我。我苦笑着，然後離開她，回到家裡。

接着下了幾天細雨，天氣很壞。我染上了感冒，喉頭發痛。循着慣例，我吃了阿斯匹靈，躺在床上休養。在那小病的日子裡，書，再度成爲我的良伴。我重讀蕭伯納的「華倫夫人的職業」、金斯萊的「愛國者」、奧尼爾的「霧」、「遙遠的歸程」以及馬賽爾的「羅馬不復在羅馬」。我暫時又忘記了自身的一切，連疾病在內。第四天，雨停了，陽光特別鮮麗。嫂嫂走進來，輕輕地把一樣東西放在我的枕邊。「信。」

信是趙教授寫來的。他以靜雅的幽默，先祝賀我患了流行性感冒。我一驚，他怎麼知道的？然後，在「感冒」二字下面的藍色破折號的指引下，我發現了「苦悶」兩個字。「孩子，」他說，「成長是痛苦的。任何健康的孩子在風風雨雨的環境中，都得經過幾次疾病的襲擊，才能長大。我祝賀你已到達成長的階段。我不喜歡你老是一個孩子，迷惘地站在鬧街上，迷戀於色彩與玩具。除了這些，還有其他更值得追求的。不要以爲你最近的心境在使自己陷入泥淖，我倒以爲你已在找尋方向，想爲目標開步。」

我坐起，披上毛衣，走到窗畔，在明亮的陽光之前，再度研讀。我站在十字街頭，我陷在沼澤之中，我瀕臨漩渦邊緣，不，不，我什麼也不是，我只是在尋找自我——尋找價值，尋找明天的自己！我感到微風，感到暖陽，感到藍天的澄淸與綠樹的繁密。我感到兩頰舒展，一個笑容在成長的痛苦中形成，但我相信牠是一個眞正可愛的笑容。

「我已經爲你找到一個工作，相信我，儘快到臺北來。」趙教授最後寫道；這兩行字跡較小，宛如他要掩藏起他爲我奔波的一番辛勞。

我如期去了臺北。到火車站來接我的，除了紀蘭，還有夢蕉。夢蕉叫我站在火車站前，一連替我拍了幾張照片。我說，這樣急幹嗎？他回答說，他要把前次欠下的債儘快還掉。

我們三人趁上一輛計程車，離開車站。車子馳過幾條最熱鬧的馬路。我以後就要在這個熱鬧而擁擠的地方住下來，並且去適應牠。來臺北，是小曼所盼望的，想不到我倒比她早來了。我以後也要抱着像小曼那樣攀爬摩天大樓的希望？呵，不，我不是小曼。紀蘭在我的旁邊，夢蕉在我的前面，趙教授在我要去的地方。

我絕不是小曼。我本來就不是小曼。我只想用工作來抵消那「成長」的痛苦！

紀蘭在跟我說話，夢蕉也轉過身來跟我說話，他們跟我說的，似乎都是關於我的工作的，但我却沒有注意去聽，我甚至不想去理會；奇怪的是，我這會兒甚至不急於想要知道我的職業是什麼。我對這非常泰然，因爲我這時覺得祇要是正當的工作都行。我的心胸很坦然，我積在胸中的小石子，在車輪過處，已給輾平了。

「你這是幹嗎，不說話，儘是笑？」紀蘭說。

「我也不知道自己在笑。笑總不會錯吧！」

「笑總是好的。」夢蕉回過頭來，也向我微笑。

到趙教授家，趙教授還沒從學校回來。上次去他家時，趙師母不在，今天倒可以趁這機會，跟她閒聊一會。趙師母對我有好感，我想這是由於紀蘭的關係。不久，趙師母便談起她的唯一的兒子，也是一個在異國土地上的年輕人。在母親無微不至的寵愛中長大，却在異國土地上，洗碗碟、做零工、學習技能，也學習「不容易」的生活。我聽着，恍惚以爲她是在談立仁，又恍惚她是在談許多身在異國的年輕人。我似乎看見無數的年輕人，在只能進、不能退的狹谷中蹀躞行走，把自己鍛鍊得更爲成熟。我想，趙師母一定很疼她的兒子，而且擔心着他會把碗碟稀哩嘩啦地打得稀爛；就像以前我那纏綿床榻的母親，聽見我在廚房裡嘩嘩地放水，就嚷着叫我小心碗碟那樣。但，人，苦着，堅着心，也就活下來了。到底，他們是去讀書，而不是專去幹這份職業的。趙師母最後寬慰地說，她現在已不太擔心他的生活了。

這時，趙教授從外面走進來，他邊掛風衣，邊說：

「白丹，高興你來了臺北，我那時就有預感：你總要來臺北的。」

「有什麽根據，趙教授？」

「年輕人待在家裡總會受不了。令尊雖爲你好，但他的見解却並不正確。即使做個臨時雇員，又有什麽關係呢？」他不讓我接話，又說下去。「當然，我替你找到的工作可不是雇員。」

「謝謝你，趙教授。」

現在我是在注意聽「我的職業」了：一家照相器材行裡的會計。在照相機、三脚架、閃光燈、膠卷、放大紙與藥劑等的圍繞中，一心一意地記帳。那類店鋪，沾着了現代科學與現代藝術的一角。現在，我在心中已經非常喜歡這工作了。

「哪天開始工作，趙教授？」

「過兩天吧，讓你息一息，讓你在各方面爲自己安排一下。去的那天，我會打電話給老闆，並且叫夢蕉陪你去。」

## 九

照相機的對景框中四條黃亮的線條，囿限了一角人生；我生活在這裡面，並透過對景框去看鬧街，去看人生。一角一角的人生很美——即使悽愴也含有一絲美。有一次，我正拿着照相機這樣看時，馬路斜對面倏然發生了一場車禍，我的鏡頭的焦點剛落在現場的中心，輾爛的肉與湧出的血，兩隻碩大無比的半疊着的黑色輪胎，做了牠的背景。我一驚，隨即不自覺地按了一下快門。我想，如果我是記者，這會是一張出色的新聞照片，但我的照相機裡並沒有膠卷。於是，人群、警察蜂湧而來，像那黃亮的線條一樣，把這塊地方團團圍住。我把照相機放進玻璃櫥窗裡，轉身走向我的寫字檯邊，坐下來，閉上眼睛。黃昏，我又拿起照相機去找人生的剪影。在原地上，沒有生命的人早被搬走，血汚了的路面也早被沖刷得乾乾淨淨。於是，一對挽着手的年輕夫婦，神采飛揚地走入我的對景框內，脚踩在我記憶中的顫慄着的臨死前的人的身體上，然後又滑出了對景框；隨即，別的人又踩了上去，最後，又回復了乾燥平滑的路面。我把照相機收回櫥窗裡。人，到底是健忘的動物，否則，又怎能快樂呢？也幸而有這健忘的藥膏，一遍一遍地塗抹那些創痛的傷口。呵，人，即使可以依賴照相機來記錄，但又能減少健忘的百分之幾？

我也是健忘的，而且，我也沒有眞正把這些攝入膠卷。只要我注意，歡樂的鬧街總在我的視域之內。我們這家照相器材行的生意很好。近年來，喜愛照相的人很多，隨之，買膠卷、放大紙的人也很多，更多的是沖膠卷與印照片的。爲了彌補健忘，人就想把値得紀念的保留下來。我們店裡經售的照相器材，日本貨佔壓倒性的多數。照相機更是種類繁多，從一·四單鏡頭的照相機到小型的電影攝影機等，都是精巧美觀，表示出戰後日本工業復興的迅速。富麗堂皇的圖片上，是完全西化了的日本女性，淺淺地媚笑着，並凝視着她們國家的製品。

我的會計工作很輕鬆，我開始茫然於多年來的苦讀。我是住在店舖三樓的一個小房間裡—隔壁是女傭劉嫂的臥室—但紀蘭有時却要我到她家裡去住上十天、半月，趙師母有時候也要我去住幾天。我在這三者之間愉快地游蕩，我是一隻蝌蚪。

我對我的老闆徐佑侃，已經非常熟悉。這熟悉不僅是關於他的現在，而且是關於他的過去。他的過去壓僵在他書桌上厚厚的玻璃板下。從他進大學開始，一連串的兩寸大的生活照。有幾張是跟趙教授一起在校園裡攝的。他那滿懷壯志的微笑，永遠留在照片上，做他的紀念。那張方帽子的照片是整排照片的押隊。那帽子猶如一塊黑色的驕傲與黑色的憂悒混黏在一起的磚瓦，他是想用那張瓦作爲他以後日子裡的躲風避雨的屋頂；但一塊瓦蓋成的屋頂卻太小了，風風雨雨的生活，吹毀了他的理想。在生活的蛻變中，他做了商人——一個成功的商人。

「現在，這是我的驕傲與理想，」他昂然站在櫥窗前，對着那黑晶晶的錯落有致的照相機的隊伍，像樂隊名指揮那樣地用力一揮手，說：「你說，怎樣，白小姐？」

「我很羨慕。」我說。

「我的朋友都羨慕我，只有一個人不羨慕我——趙教授。」三十出零的佑侃，紅潤的兩頰上有了笑影。笑趙教授？笑自己？還是笑這世界？或者是笑我這個進去只兩三個月的職員，就這麼容易地給牠迷住了？

「可以讓他羨慕的東西不多。」我說。「徐先生，你怕傷了他的心吧，他一定對你懷過期望的。」

「我知道他對我期望殷切，但我卻不知道他是否傷心。他從來不會責備過我，從來不會說我應該鍥而不捨地寫劇本，來換取生活。有一天，他到我店裡來，環視我店裡所有的東西，然後說，很好，很好。」

「那他還不是羨慕你？」

「不是。我問趙教授，你說的是什麼『好』呢？他回答說，你生活得很好，這不就是證明嗎？對的，我現在生活得確實不算壞。」他又用名指揮家的手臂對他的商品指揮了一下，然後說：「白小姐，你是由趙教授介紹，又是由夢蕉陪來的，我本來就不把你當作職員，而是把你當作朋友了，希望你把這店當作自己的那樣，除了會計方面以外，業務忙碌時，也請你略爲帮忙，招待招待顧客。」

「當然，」我說，「這還要你關照嗎？」

「先把照相機的牌子、性能和使用方法，搞個淸楚，這也是一種知識，對不對？來買相機的人，很多都看不懂英文說明書，但他們却有錢，我們就得告訴他們，並說服他們。我已經完全愛上這門行業了。幹一行怨一行，是不對的；幹一行愛一行，才對。這樣，你的業務才會蒸蒸日上。顧客至上，最後的利益還是屬於自己；說穿了，一文不值。對不對，白小姐？」

「你的經商之道，好高明哦！」我笑着。

他很得意——我是說，他很快樂。現在，在這透亮的三面橱窗之前，他的快樂是三面梳粧鏡中的人影，投射再投射，以至於無窮無盡。他毀了一個理想，又建立起另一個理想；他失去了一種驕傲，又獲得了另一種驕傲。誰能說，什麽是眞正的理想與驕傲？趙教授是對的，他沒有責備他什麽。人總是人。人可以做各色各樣的人。

「我這家照相器材行是這條街上最大的一家。我計劃以後到高雄去開一家分行，以後再到臺中去開一家分行。」

我望着他。未來的商界鉅子！只要用他以前寫劇本的那副熱誠去幹，我相信他是會實現他的理想的。

他也望着我，點點頭。那種無意識的點頭，彷彿默認了我那不會表達出來的思想的正確。然後，他陡然建議：「最近上映的一張『昨天、今天、明天』的影片很不錯，你知道嗎？」我說，我約略知道；不過，我來臺北後，還不曾看過電影。他那平和的臉部肌肉立即向左右兩邊裂開，驚愕得幾乎有點過分。隨後，拉緊的肌肉就放鬆下來，一種勸慰的柔和，使人感激：「不妨去看一看，我是說，你有興趣的話。我自己喜歡電影，那是我硏究戲劇遺下來的愛好。啊，現在提起來，該是笑話。我窮時，看一場好電影，就得餓上幾天早飯。那是不値得的。現在，只要有空，我每天儘可以選擇好片子去看。啊，你窮時，連愛好的權利也喪失了，連跟人說話的權利也沒有了——別人老要掉頭他顧。如果你要給人瞧得起，那你就窮不得！」

我沒有回答。跟有過這種經驗的人說話，我那沒有經驗的話，便顯得膚淺。這是生意淸淡的早上九點鐘。他那負責門市的族弟，在擦亮櫥窗玻璃以後，正抽空躲在一角看報，這時，便抬起頭來，看他一眼。在那一瞥裡，帶着尊敬與臣服以及他對無法實現的理想的渴念；在那一瞥裡，猶如在看一篇新聞報導——一個人的奮鬪成功史。那裡面，當然還漏掉了一些；但那漏掉的，却是人們所不關心的、不重視的。

晨光在逐漸褪色，大街在逐漸熱鬧。櫥窗裡所有相機的鏡頭，都針對着鬧街；牠們似無數只無形的手，在獵取人生的片段。

一天，紀蘭來印照片。「每張印三份。」她把一二〇號底片遞給我，說話頗有顧客的味兒。我拿起底片，往亮處一看，鑴在牠上面的背景是小院、客廳、書室、臥房、工廠。有幾張只有她一個人，有幾張是她跟君實合拍的。片子全拍得灰濛濛的，實在不必印。我把底片推還給她。

「算了吧，紀蘭。」

「怎麼，你不肯印？」

「不是不肯印，而是——太差勁了，犯不着印。」

紀蘭的臉色嚴肅起來，但突然間又綻開一臉歡欣的笑；探過頭來，湊着我的耳朵說：

「白丹，有人捎口信給我，說父親對我已經軟化了；因此，我巴巴地拍了這些生活照片，要寄給他。」

我把底片謹愼地收在書桌的抽屜裡，並且報她以一個慶賀的笑。

紀蘭說：「我聽說，你最近在英文方面下功夫，無怪乎你好久沒去我家了。」

「下功夫！倒不如說是爲了要應付現實的生活，紀蘭。」

「那也不錯，有時，一條路會通向另一條路。」

「……」我沒開口。

「如果你的立仁不回國的話，你的那條路，或許還要伸長，伸到更遠的地方。」

那條通向異國的路，我沒有想到去走，我只怕將來像父親那樣坐在走廊上，懷念屋簷下的風鈴那樣地懷念一根油條的鬆脆、一塊乾菜烤肉的甜美以及那會載過懷念的走廊……

「紀蘭，這是你思想的路，我倒不願意去走。現在，我們還是上樓去吧。」

我們走到三樓我的臥室裡，在單人床上坐下來，背貼着牆壁，雙腿伸直。紀蘭輕輕說：「白丹，我昨天去了醫院。」我握住她的手。「是我一個人去的，是我一個人去的。我沒有吐。我眞不相信。」

「你要小心，紀蘭，走樓梯時，尤其要小心。」我的聲音非常老練，幾乎像個助產士。

「我一點也沒有吐，眞奇怪。白丹，我想這不是眞的，可是那位婦產科大夫說……」

「當然，這是眞的，一定是眞的。」

「如果這是眞的，我希望你以後也不要吐。昨天我上醫院，看到一個女人吐得好厲害，聞到藥水味也吐，連臉也給吐黃了。她好像在船上，不是在陸地上。那怎麼辦呢？我希望我不要吐，也希望你以後不要吐。」

我覺得很荒謬，紀蘭竟也要做母親了；但這實在又不荒謬，因爲他們結婚已經半年多。荒謬的，是我們還像讀初中時那樣，橫坐在單人床上。那時，穿制服的紀蘭說：「女孩子可以不結婚嗎，白丹？」我回答：「當然可以，我看見男生就頭痛。」「白丹，以後，我們倆住在一起，不要別人。」現在紀蘭倒說，希望我以後也不要吐。她想得比我遠。她一切都跑在我前面。

紀蘭用手推了我一下。「你怎麼不說話了，白丹，你爲我高興嗎？」

「紀蘭，我眞有點糊塗了，我一直以爲我們正是最年輕的一代；而現在，我們這一代人，又將有第二代了！日子是怎麼過去的？」我望着前面──前面彷彿就是一條奔流不息的溪澗，奔流，奔流，夾帶走泥沙，也夾帶走青春……我驀地打了一個寒噤。

「你冷了？」

「不。」我說，我自己也聽得出我的聲音是疲乏的。

「那末，你一定感到寂寞了。」紀蘭出其不意地下了這句斷語。「你雖然一切都很好，但你是寂寞的，是嗎？」

「我不知道。」

「你知道的，白丹，你靜下來的時候就知道，那種冷冷的淡淡的滋味。白伯父，或者我，或者趙教授，甚或一個滿意的工作，都安慰不了你。立仁去得太快了。」

「立仁……」我喃喃着。難道突來的寒意，只因爲我身邊沒有一個用熱吻與擁抱來溫暖我的愛人？多麼奇怪，一個人需要各種各樣的愛，而一個異性的眞實的愛，又不是其他什麼所能代替的。立仁眞的去得太快了，我才開始愛他時，他就離開了我，讓我的回憶貧乏而稀薄，積不起厚厚的一叠，除了那逐漸加厚的信札。信，畢竟不是人。我是落寞的，面對着鬧街，我等不到立仁的身影。

「如果我是立仁，我決不會這麼匆促赴美，把等待丟給你和他自己。」

「噢，不能這樣說，紀蘭，如果立仁爲了我而拋棄前途，他和我都會永遠懊悔。」但一個問題冒了上來：倘如他不出國，父親是不是會這樣快地就同意這個婚姻？這點，我在信中一直沒敢跟立仁提起，怕會刺傷他的自尊。但另一個問題，我却始終不敢在自己心中提出：如果他不出國，他是否會這樣快地跟我訂婚？他或許會有更充裕的時間去選擇；或許，他之選擇了我，正因爲我是一個太可靠的女孩子。

「不要老躲着寫信、看書，白丹。你覺得太悶時，不妨出來逛逛。我家裡和趙教授家裡你最近都很少來。你知不知道，趙教授被我們說動了，打算着手組織一個業餘劇團。」紀蘭曲起雙腿。提起戲劇，連她的語音都嘹亮了。

「好極了，紀蘭！」我不由得歡呼了一聲。我自認是屬於他們圈子裡的人。這計劃帶給我的欣慰，正不下於牠之帶給紀蘭的。事情並不如我想像的那樣靜如止水，牠們在默默中醞釀、變化，然後在一塊剷除了荆棘的土地上萌芽、成長。

紀蘭說：「現在，是春末夏初了，還能不播種嗎？」說了，望着小樓的窗外。小樓的窗外只有一條狹長的藍天，還有一堵更高的牆。牆上有幾個窗子，一個窗口放着一盆發育不良的含笑花。過一會，她轉過臉來，又說：「這次，說服趙教授的，我雖是其中之一，但夢蕉出的力却最多。夢蕉能說能寫，很快就能成為一個名記者了。」

我埋下眼皮，不作聲。我對夢蕉一直有好感。但自從他把我交給這家店舖後，幾個月來，他竟不會來看過我一次，連一個電話也沒有。我在他的記憶中已經消失了嗎？

「怎麼，夢蕉常常來嗎？」

「『常常』？連一次也沒有。我跟他，到底只有幾面之緣啊。」我的話裡隱藏着不滿。紀蘭看了我一眼，我又說：「我無意責備夢蕉，他沒有來看我的義務。」

「白丹，他很忙，你不能怪他。」

「是呀，所以在你說到他時，我也不想提起他。」語氣滿不在乎，可是，語意却全不是這麼一回事。紀蘭又瞪了我一眼，我却故作輕鬆地笑了。

九

「白丹，臺北是個複雜的都市，你怕也染上複雜了！」紀蘭突然跳下床來，兩手撑着床沿，望着我：看我虛偽的笑怎樣損傷了我臉部的樸眞。我用雙手捣住臉。

「紀蘭，誰是眞正的單純？誰又是眞正的複雜？」

「你好像還是不快樂？」她避免回答我的問題，却反而向我提出一個問題。

複雜？不快樂？我放下雙手，似乎有點對，又似乎不對。這些日子來，看起來，我什麽都好，但平靜下面總有一點什麽在蠕動。我也跳下床來。

「紀蘭，何必探究這些，我旣沒有病，也沒有哭泣和憂慮，這表示我很好，你好久不來了，我請你看電影去。」我挽起她，走下樓來。

× × ×

從電影街回來，瞧見我的桌上放着一張紙。翻過來一看，竟是幾十個「白丹」，排得很整齊，每一個下面都有驚嘆號，好像是無數聲的喚呼。這不是佑侃的筆跡，會是誰的呢？我把紙條塞在口袋裡，上樓把剛買來的一些小東西放到臥室去，順便想躺下來略略休息一下。這時，却聽見有人跑上樓來，而且輕叩着我的房門。我拉開門，原來竟是夢蕉。我驀地笑了起來。那幾十個「白丹」，原來是他寫的。

他楞住了，宛似這突然爆發的笑，就像一場驟雨，沒頭沒腦地淋昏了他。我拉他進來，說：

「你那次在戲院裡向成排的椅子拍照，這次又向成排的「白丹」叫喊，你的新鮮玩意兒可眞不少哩！」

他尷尬地聳聳肩：「我早想來看你——這是眞的。那幾十個「白丹」，只是表示：我原打算幾十次來這裡看你，而糟的是，臨時總發生意外——」

「——以致未能成行。」我替他接了下去。

「事情或許比這更糟，」他說。「因爲發生意外的，常常是自己的決心，而不是由於外來的因素。」

「這不就結了？記者先生，今天，你的決心沒發生意外，是工作逼着你的吧？」

「希望是這樣。」他回答。「我想借用一下佑侃的暗房，來放大一張照片。以前，在大學唸書時，佑侃雖比我高兩班，但我們却都是攝影研究社的社員，常常有機會一起在暗房裡工作。眞沒想到，他現在幹起這一行來，而且過得挺不錯。」

「你也羨慕他？」我帶着一絲他覺察不出的諷笑。

「我？噢，不，我不羨慕別人。」他回答得很快。「我認爲羨慕跟妒忌只有一絲之隔，所以，羨慕幾乎也是一種心理犯罪。」

「啊！」我被他的理論吓倒了。

「羨慕別人有錢，就是希望那些錢最好是你的；羨慕別人有漂亮的女友，就是希望把那個漂亮的女人據爲已有。」

「你說得太過火了。那樣極端的說法，每個人不都成了罪犯了？」

「是這樣嗎？我說這些話，只是表明，我並不羨慕別人，如此而已。我喜歡佑侃，他具有各方面的才能，所以在這裡受到了壓抑，却能在那裡冒出來。他應該出人頭地的，我常常對他說：你不成名，就該致富。他笑了。」

「你很了解他？」

「也很難說。我只知道，什麼是他的悲哀，什麼是他的快樂。他是不幸中的幸運者，我是幸運中的不幸者。每個人，幸與不幸，總是摻雜在一起，誰能全然幸運呢！我很明白這一點，因而，我也只談他的快樂，不提他的悲哀。我們很合得來。現在，我們下樓去吧，佑侃該可以把暗房讓給我了。」

到了樓下，佑侃已從暗房中出來。在暗綠的光線中摸索，在秒與秒之間數計指針的躍動，在悶熱的斗室中呼吸着含有定影液酸味的空氣，他已疲乏得像跋涉過遠路的人，只是坐在沙發上喘氣。

夢蕉跑過去，拍拍他的肩：

「佑侃，怎麼累得這樣？以前，我們一鑽進暗房，不就是半天？從未看到過你出來時是這副模樣！」

「這嗎，夢蕉，」佑侃苦笑着。「這很簡單：以前，完全是基於興趣，而現在，却完全是爲了生活！」

「佑侃，你不是說過你已完全愛上了這門行業？」我問。

「當然，當然，」他期期艾艾地。「可是湯有濃淡，愛也有濃淡。現在，我想上樓去休息。如果我在六點鐘還未下樓，就請你把那些照片烘乾吧，白丹。」佑侃打着呵欠，上樓去了。我們兩人看看他的背影，都若有所失。

「白丹，除了烘照片之外，你還學會了一些什麼？譬如，配藥水、冲洗、晒印或放大？」

「我沒有想到去學這些，佑侃也沒指點過我。這些彷彿都需要技術和技巧。」

「但技術和技巧不就是學來的嗎？讓我帶你去上暗房的第一課，白丹。」

我們兩個鑽進四席大的暗房裡，仍是綠沉沉的朦朧，悶鬱鬱的燠熱。這裡是不允許有風進入的小天地。風會擾亂纖塵不染的一切。

夢蕉把一張底片夾進兩片玻璃裡，插進放大機後，一捻亮灯泡，對準焦點，出現在下面白紙上的正是車站前的我。風塵僕僕，就如去茫茫的大都市裡尋親的鄉下姑娘。我說：

「眞的，我幾乎把這照片忘了。可是這實在不值得放大，你還是放大小曼的那張『明日之星』吧。」

「她的，我們慢慢再說。我且問你，你這次來台北，是不是另有企圖？譬如，尋找愛情！」

「唷，當然不是，我不想尋找，因爲我有一個未婚夫在美國。」

「你以前沒有告訴過我，」他停頓了半晌，隨又把燈熄了。房間裡又是綠沉沉的朦朧。我看不見他的臉。

「我們先放小曼的那張。」

他換上了小曼的那張，把玻璃片插進去，然後又拉高鏡頭，映出來的小曼的臉，跟她本人的臉一樣大小。他仔細地把焦點對準。

我說：「這張照片才像話，你瞧，小曼不僅在幻想她輝煌的未來，還在幻想她的愛人呢。這一點，你有沒有想到？」

「我沒有想到，我留下她的底片，本想把她放大成十二吋，參加攝影比賽。現在，我又打消了原意，我準備放大了，送給佑侃，讓他掛在櫥窗裡，或者連底片送給她本人。」他又捻熄了燈，摸索着從大紙袋裡取出一片試紙，把牠放在小曼眼睛的那個位置上。

「爲什麼你自己不留一張？」我接上剛才的話。

「爲什麼要留？」

「難道你不愛她？」

「愛她？白丹，你一直這樣想？」

「當然，我一直這樣想，而且一直這樣希望。你爲什麼不？爲什麼不？」我向他反詰。他向後緩緩退去，退到水槽邊，站住了。滿室是綠沉沉的朦朧。我們誰也看不淸誰，但誰都明白，沒有在這時更知道對方的存在。

我們隔着那片濃濃的空間，對峙着。空氣好熱，濃濃的燙熱的黛綠的空氣。難道我們呼吸的是釅茶？我應該越來越清醒才對，怎麽我反而越來越暈眩了？我還是出去吧。那些技術和技巧，且等秋涼時再學也不遲，但我一移動，夢蕉却霍的從綠霧中躍上一步，抓住我的手臂：

「白丹，如果你要知道我爲什麽不愛小曼，那很簡單……」

我輕輕地笑了起來。「我是無意的，我並不想探究你內心的秘密，請原諒我剛才的失禮。我只是這樣想，小曼很美，她有很多男朋友，這表示跟她接觸過幾次的男人，很少能不愛她。」

「然而，愛上像她這樣的女孩子，是一種冒險！」

「然而，冒險不就是你們年輕男人的事業？」

他把一隻一百支光的電燈捻亮了。一屋子的綠，馬上遁走，只留下一個圓形的綠球，但熱仍從四壁反射出來。我看見他額上的汗珠；但，這，與其說是源於外來的因素，倒不如說是起因於內心的激動。他有我無法明瞭的躁急與焦切。

「但我却不願冒這個險，因爲她太膚淺。白丹，再不要說下去了；否則，你也變得跟她一樣膚淺了。」

這句話刺得我閉緊了嘴，面對在見識上强過我的人，我遲早會受到這種傷害的；我爲此難過。他又把電燈關上了，我們重又沉淪在一片濃郁的綠霧中。他把那片感過光的試紙丟了，又從紙袋裡拿出一片來，然後校定曝光時間。他再度捻亮了電燈，他用竹夾子從定影液中鉗出那條試紙給我看，那上面正是小曼的一對眼睛。

「好美的眼睛！」我忍不住說。

他又把試紙扔掉了。「我今天已沒有興趣，隔天請佑侃代勞吧。」他順手捻熄了電燈。我沒有說話，因爲這裡實在太悶熱。

我現在明白佑侃的辛苦了。每天在這兒工作兩三小時，有時，在節日以後，還得延長到五、六小時呢，但話得說回來，忙碌不正是「生意興隆」的同義詞！

「白丹。」夢蕉喚。在綠霧中，夢蕉對我忽然顯得很神秘，他的聲音是像浮萍一樣地飄過來的。

「噢，」我應道。

「我想，我還沒有告訴你，我不愛小曼的第二個原因。」

「不要說了，夢蕉，我委實無意逼你去愛她。我相信你是對的。她不是一個太値得愛的女孩子。外表的美，在有學養的人看來，並不是一個女孩子的全部。愛她或跟她結婚，都是很大的冒險。」

「白丹！」夢蕉又喚，聲音仍舊是飄過來的，如鳳凰木的輕盈的葉子。

「噢，」我說，「你是對的，夢蕉，別爲我的話難過。一定還有其他比小曼好的女孩子値得你去愛。」

「白丹，我不愛她，也不愛別人。」他突然跨前一步，用兩手抓住我的肩頭。「我愛的是你！」

濃郁的綠流滿一室。我看不淸夢蕉的眼、的鼻、的嘴，他整個的臉溶解在綠液裡，我有輕微的恐怖。

「啊，夢蕉！」

「爲什麼我沒有從紀蘭和你父親那裡得知你已訂了婚？爲什麼大家都沒告訴我？讓我這幾個月來，一天一天地加深對你的愛！」

「因爲……大家都沒有想到。夢蕉，你是一個很好的朋友，你是……讓我們做朋友吧，夢蕉！」

他仍舊激動地說：

「我多麼、多麼不滿足！爲什麼你不能把我跟他放在同等的地位，讓你自己平心靜氣地來衡量一下你的感情？」

「夢蕉，還是這句話，讓我倆做朋友吧。」

「你眞是一個可靠的未婚妻。但是，你的那位在美國的未婚夫，是否能够像你這樣可靠？」他放開我。「這裡的綠色太濃，我們都迷失了。白丹，如果你無法愛我，就請你忘記我剛才所說的話。再見！」他拉開暗房門口的黑幕布，衝了出去。

濃郁的不散的綠，使我窒息，我僵立在那裡，有好一會兒，幾乎分不出自己是在哪裡。是在光線黯淡的咖啡店裡嗎？立仁曾在類似的半透明的灯光下，向我訴說他對我的愛情，而現在，則是夢蕉。我喜歡夢蕉，但我却不願說愛他。當我已是立仁的未婚妻、而在信上又重複地說是我愛他時，那種念頭，會使我有種罪疚之感。我跟夢蕉在一起時很快樂，而且，那種快樂也比跟立仁在一起時來得深。因爲立仁的談話，僅能使我瞭解他；而夢蕉的談話，却能使我旣瞭解他，也瞭解我自己。我很喜歡他，啲，請不要讓我發現我也愛着他。灯光，你儘量綠吧，像碧潭的水，像愛河的水，像凝結着青苔的厚重的水。我願意窒息過去。放大機的玻璃夾板上，仍放着小曼的照片，而我的那張「風塵僕僕」的底片，却給夢蕉帶走了。

## 十

鬧街的黃昏，很亂很忙，煙似地昇起的涼風，被人們和車輛從街的這一端趕到街的那一端。

我走出暗房，站在橱窗邊，眺望街心。我決定不再去回憶夢蕉所說的那些話，讓牠們關在暗房裡；當綠色的小燈熄滅以後，暗房的黑色四壁也會替我好好地收藏。但想到夢蕉或許不會來了，我便感到非常難過。

佑侃已經下樓，在烘他剛才晒印的照片。他問我夢蕉是否沒有把照片放大就回去了，我說是的。我不想在這時跟他談論任何有關夢蕉的事，因爲我怕洩露剛才我跟夢蕉之間的一段不尋常的談話，因之，連夢蕉要他代放小曼照片的事，我也忘了。

事實上，我不祇忘了這，而且還忘了別的，忘了緊接着的是五一勞働節。那天，店裡有一天假期。早上，佑侃問我準備作何消遣，我木然地回望，然後說，我已把牠忘了。他露出詫異的目光，彷彿他在密封的玻璃櫃裡發現了一隻耗子。

「你心裡是否還有更重要的事，白丹？」他說。他笑時，像一個成功的商人，而嚴肅時，却又像一個沉思的藝術家。這時，他的臉是嚴肅的。

「沒有，我祇是忘了。在有些事情上，我是個健忘的人。」

他笑了。藝術家又變成了商人。

「啊，沒有心事最好，今天想留在店裡看書呢，還是想出去玩玩？」

「我還不知道。」

「那末，就出去玩玩算了。天熱了，我們去游泳，怎樣？我倒很想趁機把心靈上的塵垢洗滌掉，我有時的確覺得很累。」他疲倦地淡笑着，比不笑顯得更疲倦；臉上的線條都向下彎。疲倦的藝術家與疲倦的商人合而爲一。

「每個人都有累的時候，」我說，「只要工作有成績，也就有了代價。」

「我的代價，就是那些逐漸加多起來的照相機，」他指指橱窗；可是，今天的橱窗却是空空的，照相機全給放進保險箱裡去了。「還有這座房子，我也已經把牠買下來了。我們去福隆浴場吧，白丹！」

事實上，我也有一身的煩惱，需要藉游泳來洗滌一下。我們乘車到福隆。海很平靜，上面舖着一層細微的皺紋，更增加了牠的嫵媚與誘惑。一看到海，我的悒悶就褪落了大半。我們急切地換了泳衣，向海灘跑去。軟熱的細沙輕吻着我們的裸足，海灘邊鑲着純白的浪花，美得像雪，那些融化了，這些又湧起來，永遠是又白又鬆軟的一條邊。佑侃拉着我。我們先讓碎浪濺得我們滿身水珠，然後才慢慢地游起來。我們什麼也沒說，我們先要享受一下清水的撫慰。多麼柔軟，多麼清涼，像緞子一樣，在我的身子四周滑過去。我伸開雙臂，擁抱着牠，綠玉似的滿滿一懷。我放開牠，牠隨即就從我臂彎中溜走。我輕輕地嘆息，然後是輕輕地歡呼。我在海水中誕生——完全是一個鮮活的人。我來自都市，但都市已離我很遠。

「白丹，」佑侃在喚我。他離我兩碼，掛滿水珠的臉迎着陽光。異常年輕的臉。他也在海水中誕生了。

「白丹，我沒想到你游得這樣好，游得這樣悠然自如。」他划到我的身旁。我相信我現在是年輕而美麗，因爲我是這樣地健康而快樂。

「這是因爲我已跟海融爲一體：我們在海水中誕生了。」

「誕生？啊，這兩個字用得眞好。我們在都市中消耗生命，却在海水中補充活力。」他不由自主地笑了。早上的疲乏，早已洗滌殆盡。我愛看這種明朗的笑。稚齡的我們都曾有過這種笑，然後慢慢地被染污，被侵蝕，變成了各種不同顏色的笑了。

我們在海水中泡了一個多鐘頭，又回到岸上來，回到我們的彩色大傘下。我披上海灘裝，讓佑侃替我拍了幾張照，然後躺在椅上休息。初夏。亞熱帶的初夏的海濱。我可以看到大花蕈開在沙灘上，葱翠的鋸齒形的山崗，永恒常青的海，伸展到天邊。陽光流瀉着，但海水却一定更涼了。

中飯很豐盛，我們邊吃、邊談起來。

「夢蕉昨天跟你拌了嘴？」佑侃問。他很認眞。談到朋友，他的態度從不輕飄。他是個重視友情的人。

「誰說的？」暗房裡的細小的爭執，是誰洩漏的？

「我的本能告訴我。夢蕉從不對我不辭而別；而且他是爲放大照片而來，結果却一摔走了。」

「他說要請你代放。」這時，我才惦起了這件事。「而且還說，放好了，把這張照片掛在你的店堂裡。他不預備帶回去。」

佑侃移動一下坐姿，望着我，搖搖頭。在有艷麗圖案的大傘下，他整個臉部的明暗度並不一樣。他的鼻尖上剛貼上一塊淡紅色的投影，看來挺像一個酒糟鼻子，這使他的嚴肅顯得有點可笑。「我看準你跟他鬧了彆扭，你不必瞞我。夢蕉是個很好的人，不過，我說這些幹嗎？我時常看到你收到從美國寄來的信。你有個愛人在美國，是吧？現在，我要勸你早點回去，給他寫封長信才對。」

這實在是不必要的，但我們還是提早回店。留着管店的女僕劉嫂顯得很着急，說是有兩個人打電話找我，留下了電話號碼、地址與姓名；我一看，是：立德和小曼。

當然，我要先去看立德。他到臺北不忘來看我，是表示關懷，還是察訪我的行徑，暗示不信任？唷，我怎麼把人家的好意當成了惡意？我眞該死，但是，今天，不湊巧的是，我跟佑侃一起去游了泳。我試着揣摹立德打電話來時的情況；立德說：「喂，光華照相器材行嗎？我要找白丹小姐聽電話。」「白小姐不在。」劉嫂回答。「去哪兒了？」「一早就跟我們的老闆去游泳了！」好了，這是事實，而牠落在立德的心裡，或許就不是這麼一回事了。

我從海濱帶來的輕鬆全然消失。

我換了一襲旗袍，馬上趕到立德住的旅社去。那旅社雖不是第一流的所謂觀光飯店，但却已十分上等。而且，要比立仁出國前、他們兄弟倆所住的旅社好得多。單身的立德，這次住着一個兩人用的套房，這是否意味着一個秘密？

那種想法剛好拉平了我那不安的情緒，使我能面對立德，而無侷促之感。立德親切地把我迎進去，說：「白丹，我只想問問你在這裡好不好，沒有別的事。」三十五、六的立德，比立仁老練得多，開門見山地就表明他的態度，見出他對我的信任，也顯出他的精細。

「不像在家裡那樣無聊。我的工作是一位教授介紹的，所以我有一種安全感。」我說。「立德大哥，你什麼時候來臺北的？」

「還不過兩三天。或許這次在這裡要多待幾天。」他抽着煙，那派頭，很像有錢的紳士。然後，他指指這套房，又說：「住在這裡，比住在機關宿舍裡舒服多了。」

這是很明顯的事，所以我無需回答。一種改變在開始，不論是他的眼神、手勢、語氣以及他住的旅社。這種顯現在表面上的改變，該是他經濟情況轉好的證明。我有一份不算太小的驚異——一個全賴固定收入的公務員，怎麼一下子會富裕起來？

我的表情定已透露了我的疑慮，他忽然笑了：

「白丹，你是不是覺得我跟以前不同了？」

「有一點兒。」

「俗語說，人無橫財不富，而在這個社會上，我要說，人不冒險不富。我的改變，是因為我冒了險，而且贏了。」他站起來，從四樓窗口看鬧街。忙碌的人們，平庸的人們，永遠運行在自已軌道上的人們。他的笑聲又爆裂開來，彈到我的耳膜上，使我有被炸傷的恐懼。「近二、三個月來，我幸運地在股票上賺了六、七十萬，要是一心一意地做公務員，怕一輩子也積不上牠的一半呢！」他得意洋洋地坐到沙發上。又是一個成功的商人！

「我已經寫信給立仁，」他又說：「叫他好好讀書，錢的事，不用他操心。我跟他說，乾脆得了博士再回來！」

「噢。」

「雖然時間延長了，但總是値得的，是不是？或者得了碩士後，先回來跟你結婚，然後再出去！」他瞟了我一眼。「就怕你等得太久了，會寂寞。」

「我會等。」我說。這是一句沒有選擇的回答。

他滿意地點點頭，一邊按鈴叫侍者送來兩杯鮮菓汁，然後瀟洒地揮一揮手：

「白丹，你瞧，我現在已有能力在有些事情上舖排一下。譬如說，以後你們的婚禮，我可不允許你再堅持什麽『簡單節約』這一點。」

我笑而不答。對那種純然的好意，似不該斷然拒絕。立德在談吐與儀表上，顯得很高尙，但他在急於想炫耀一下自己的財富上，却跟所有的暴發戶同樣庸俗。我吮着鮮菓汁。沒有多久以前，我浸在淸涼的海水中，現在，我又浴在有着冷氣的房間內。生活是這樣舒適——這就是金錢的價値！牠以無數的化身來征服人，我似乎也快落在牠的掌握中了。

「立德大哥，」我說，「何必先談我和立仁的婚禮，你自己的，才最逼切！」

「我的——婚禮？」他聳聳肩。「我還沒有找到對象呀。」

「快找一個，你發了財啦。」

「糟的是，我沒有想成家的念頭，白丹。」

「可以培植啊。」我掃掠一下客廳，想從那裡獲得一點他的秘密的痕跡；但在這個臨時的客廳裡，竟也沒有女人化妝品的芬芳。而一個以製造秘密爲能事的女人，她的芬芳，在她走後，總仍久留不散，使她本身就成了秘密的洩露者。至於我自己，那唇膏的淡淡香味，別說未能揚帆遠方，連自己的鼻尖也聞不到哩。

立德用指彈彈沙發的扶手。「好主意，白丹，但在生活上，我是崇拜無拘無束的。我太喜歡自由自在了。我只喜歡戀愛，不願結婚，因此，我不願騙取那些女人的感情。我只希望我疲倦了，有個憩息的地方，那就是立仁和你組成的家！那時，你不會討厭我這個兄長吧？」

「不會，絕不會！你待我們這樣好！」我說。

「那末，你何必勸我，白丹？以後，只要你們有個溫暖的家，我自己也就等於有了一個永久的避風躲雨的處所了！」

「想不到你竟是個獨身主義者。立仁可知道？」

「當然。因此，我認爲他不能獨身，他非得先有個女友不可，非得先訂婚不可，非得先……」

一種突然閃進來的恐懼，使我驀地站起來。我顫抖地問：「那末……那末，你是說，他之願意跟我訂婚，完全是你一手安排、促成的？」

他驚奇地望着我。「你怎麼會這樣想，你完全誤會了我的意思。我只告訴你，我重視你跟立仁的婚姻；你一個人，繫着我們兩個人的希望。」

我喘着氣，仍像懸盪在半空中。「我只想知道，立德大哥，你跟立仁之間，是否有個雙邊協定：他爲了你的心願而跟我訂婚，而你，却爲了完成他的學業而供給他費用。」

「簡直是胡思亂想，白丹，這簡直是個可笑的想法！」他突然大笑，使室內刮起了一陣風。我有點愕然。他眞的覺得這樣可笑？他難道不知道，訂婚對我是種約束？是種負擔？而且，也是一種冒險？那末，他更不會想到，對我，那恐懼常常突然昇起，又突然消失！

「現在，時候不早，我們還是去吃晚飯吧。」

我們趁車到餐館。立德點了六隻菜，這簡直是浪費，使我覺得除我倆之外，該還有一、兩個客人才對。於是，我想起了小曼。

「立德大哥，可否讓我邀一個女友來，她剛從高雄來，上午曾打電話來找我。」

「是不是那位史小姐，住在你家斜對面的？」

「你怎麼知道，你也認識她？」我倒吃驚非小，是不是小曼比我更早地拜訪過他住的那家旅社？

「唷！」立德機智地微笑着，右嘴角神秘地往上微翹。「在高雄，我去看過令尊好幾次，每一次，總看見斜對面有個漂亮的小姐無所事事地站在院門口。我想，這樣漂亮的小姐，她早晚要上臺北來的。」

「你猜得不錯，就是她！你願意不願意認識她？」

「我無所謂願意不願意。她是你的朋友，如果你想跟她談談，就請她來吧。」立德神秘的微笑變成了淡漠的冷靜。他不愧是個獨身主義者，他對美麗女性的那種淡漠態度，在現今的一般男性中，是少有的。立德的超脫不凡，在某方面來說，也是我的驕傲；因此，我更覺得該邀小曼來。

於是，我撥了一個電話給小曼，小曼高興地答應了。不久，小曼如一股風似地飄了進來。不是我想像中的能灼人的艷麗，而是以一襲白色嫘絲料的洋服，托出她的秀雅與輕逸。從牡丹變爲百合，在她是這樣地容易。立德和我，在歡迎她的來到時都不禁感到驚異。一個捉摸不定的善變的女人。

「噢，原來是唐先生在這裡！」小曼毫不遲疑地伸出她的手，然後側過臉，向我嫣然一笑。我讓小曼坐在我們兩人之間。

立德表現得够大方，既不慇懃，也不冷漠，祇說：「我知道白丹邀請的朋友是你，但我不得不說，今天你穿着這身洋裝，要是我在路上碰到你，倒會認不出來。」

「但是，我却能在任何地方一眼就認出是你。」小曼眨了眨眼皮，露出她右頰上那個隱約的酒渦。

立德笑了。就一個女孩子來說，小曼的話是大膽的。立德的笑應該是種欣慰的表現，但是，立德是個獨身主義者，他的笑也可能反射着另一種的意義。

我也笑了起來。我的笑在此時此刻，是可有可無的點綴；如頭上的髮夾，沒有誰會去注意它。

可是，一種輕鬆的氣氛却在開始慢慢漾開。小曼很自然地成了這席小宴的主客。她說：

「我昨天才到臺北。現在還是無『事』一身輕呢。我想先到各處玩玩，唐先生，你對這裡或許比較熟悉，你是否有空作我的嚮導啊？」

「很抱歉，我還有一些公事要辦。」立德說，「或許有一天……」

「有一天是多久？」

「至少，今晚立德大哥願意陪我們逛逛。」我說，向立德暗示地瞥了一眼。

「恰巧相反，」立德說：「八點鐘我還有一個約會。」隨後，他就摸出一張名片，遞給小曼。「以後有空，仍希望你來看我。」忽然，又摸出一張來，遞給我。我一驚，難道他眼中的我也是外人了？他笑着補充：「看看地址，白丹，我並不糊塗。」

地址是新的，服務機關是新的，名片也是剛印的。

「你就要遷到臺北來？」

「是的。這次回南部，是去辦理離職的手續，然後回到臺北來，開始新的工作。」

「你喜歡臺北的舒適繁華？」

「我喜歡臺北，因爲牠更適合於我的冒險事業。在這裡，股票的行情比較靈通，你忘記這是我眞正的職業。」

「啊，你原來有兩個職業！」小曼吃驚地說。

「兩個有什麼稀奇，有人還一身兼十來個差事呢。什麼董事長、董事、理事、總經理、廠長……一大串，只看你如何去追求，如何去冒險，史小姐。」

小曼諦聽着，兩眼又蒙上了夢幻似的色彩，彷彿她又站在舞臺之前，凝視遠景。

立德離去後，我陪着小曼逛了一會街。回到店裡，發覺佑侃已經把小曼的「明日之星」放大成十二吋。我告訴他，小曼正在臺北，想謀個事情。佑侃一聽，便要我馬上跟她連絡，請她來當女店員，因爲他的那個負責門市的族弟已決定到工廠去做工了。

我幾乎說不出對這件事的感受。因爲我對小曼，既無好感，却也沒有惡感，而佑侃的當機立斷，一面固然是出於事實的需要，一面也無非是想用一個漂亮的店員來招徠生意吧了。

外面，大街上，夜市正濃，人們追逐着，復追逐着。夜空上，星海燦爛，無數無數的星星，亮在無數無數的人的頭頂上。

# 十一

小曼從床上躍起，淺綠睡袍在柔和的晨光中抖動；她一掠頭髮，向着照片，送上一個飛吻，然後轉臉對我說：

「太美了，我眞深深地愛上了她。」

我笑着。小曼的活潑有時的確叫人喜愛，她的飛吻姿勢更美。我退後一步，站在適當的角度，對她的照片與她的本人作了一個仔細的比較。

「不值得對她這樣深情嗎？」她裝模裝樣地側着頭。「或許，在你的心目中，只有立仁才是最美的。」

「立仁比不上你美，所以，我因不是一個男人而感到遺憾。」

她笑了，笑得這樣快樂，高興自己的美麗在這社會上已經獲得一次小小的勝利；隨後，她躍過來，勾住我的頸子，說：「白丹，這些天來，我心裡滿懷感激：感激你、萝蕉以及我們的徐老闆。我簡直不敢相信，只爲了這張照片，工作就有了着落。」她又朝着照片，送了一個飛吻：「啊，寶貝，我愛你！」

我似乎聽見小巷對面的高樓上，有一扇窗子被格勒勒地推了上去，想像中一定有一張好奇的臉出現在窗口；幸而，在我們還未穿戴整齊之前，我們是從來不把那扇毛玻璃窗打開來的，但我還是警告她：

「小曼，不要太過熱情了，要讓外人聽到了，說不定他會大吃一驚呢！」

「幹嘛吃驚？以爲我們鬧同性戀愛了？嘿，見鬼，只有生來醜陋的女人才同性戀愛的！」她賭氣似地順勢往床上一躺。

我們兩人同住一室，快半月了。我的整潔清靜的小室，由於她的加入，已然改變了往日的「風格」。有時候，近乎淩亂；有時候，又像樣得很。小曼帶來許多行李，興致一好，她的臥床，連帶我的臥床，都給鋪上了紫羅蘭色的床罩，彷彿這是兩片盛開紫苜蓿的田野。褐紅色的籐編小花籃中插上一些塑膠製的玫瑰、水仙、晚香玉、大菊——這是一個四季不分的暖室！有時，我輕易地退在一旁，讓小曼去控制這小室的氣氛。

「喂，白丹，你怎麼不說話了？聽到同性戀愛就嚇壞了嗎？」

小曼的話開始帶着一些野性的味兒。我不願跟她在這方面多費唇舌。我坐到她的床邊去，拉着她的手，說：

「小曼，你需要一個愛人。」

「我有很多、很多。」她興致勃勃地坐了起來。「我一點也不誇張，白丹。媽媽說，現在社交公開，女孩應該多交些朋友，在他們中間挑選，所以，你看得出，我的行動是非常自由的。」

「我希望你有一個眞正的愛人。注意，小曼，我說的是『眞正的』！」

「眞正的？什麼是眞正的，白丹？今天你覺得小趙比別的男人更值得去愛；明天加入了一個小王，而他的各種條件，又比別人更爲優越……」

「不是這麼說，小曼，我說眞正的，那裡面有一點不變的意思。」

「那種自始至終的不變？」

我思索了一下。「大概可以這麼解釋。」

「那末，你是說，你如果童年時愛上了一個友伴，你就得永遠愛他，不管他一直在變，而你的愛情却不能變！」

「啊，小曼，你爲什麼要對不變作這樣的詮釋？是你不相信不變的愛情，還是你不需要眞正的愛情？」

小曼瞇細了眼睛，詭譎地淺笑着，對我認眞跟她談論的話題，表示一種嘲弄的態度。我不願這樣地被揶揄，怫然起身，小曼却出我不意地躍前一步，擋住我，兩臂如翅膀似地張開着：

「白丹，我太愛自己了。在我，男人並不是絕對重要的角色；但，我想，眞正的戀愛，一定是非常地幸福。白丹，你幸福嗎？」

「我不知道。立仁離我太遠了。我一開始戀愛，就嚐到了別離的痛苦，但我仍要說，戀愛是美妙的。」

我半閉上眼睛，回味看立仁登機前跟我握別時我的感受。立仁走後，我一遍一遍重複着這，甜蜜中不免透着一份凄涼。

小曼非常老練地說：「你現在已經在恐懼了，怕立仁和你自己會有什麼改變！」

「不，不！」我竭力否認，「立仁不屬於你那一類的朋友，我也……我也不是你。」

她噘噘嘴，似嫌我過早地下了判斷。我忽然顫慄了一下。我和立仁的愛情，眞的穩定得猶如石柱嗎？我對立仁的了解，比對夢蕉與佑侃的，又能多上多少呢？隔着千里迢迢的路程，他眞如小曼所說的是個一直在變的男人？我床下的手提箱裡，有一叠摸得到的立仁的愛——一紮信；但有些印成書的名人們的情書，也常常都是碎夢，那信又保證得了什麼？

小曼幾乎有點勝利似地笑着。「你在怕，是不是，白丹？如果你像我那樣，不把愛情看得這麼嚴重，你就不會怕了。我把愛情看作是一輛計程車，需要時，我招手要牠來；不需要時，我揮手叫牠去。這樣，你才不會因牠的離去而痛苦。」

「那不是愛情，那是在玩弄感情。聽你這樣說，我更怕。我怕愛情在變，但牠畢竟存在過；更怕你的那種論調，因爲我將永遠看不到愛情這樣東西。」

「是嗎，可是別的東西不是很多嗎？」小曼說。「不過，我跟你說過，或許我太愛自己了。」

「然而，對於立德大哥，你却似乎野心勃勃，這又將如何解釋？」我還沒有忘記那天她向立德的大膽的進逼；換了另一個年輕男人，怕不已經成了她的俘虜？

小曼忽然發出一陣大笑，笑得像個喝醉的酒女。「呵，我只是向他刺探一下，沒有別的目的。不過，我的確喜歡像立德那樣的男人，衣着、儀表、談吐，沒有什麼可以挑剔的。你的立仁也像他？」

「有一點兒，他們畢竟是兄弟。」

「希望他對女人不要像立德那樣冷淡才好。」小曼揚起右眉，說：「不過，話又得說回來，立德是個僞君子。」

「小曼，你的話，太過放肆！」

小曼走過來，瞇細着眼睛。「放肆？我對男人的觀察，比你的深刻。一個三十多歲的未婚男人，對女孩的大膽話語，能够泰然自若地應付，這並不是表示他的高潔，而只表示他跟女人已有許多交往的經驗，在這方面修煉得爐火純青了。」

「小曼，別信口開河，至少，立德不是這種人。」

「當然不是，因爲立德是立仁的哥哥。」

小曼的話是片兩邊都挺鋒利的刀片，在承認自己的錯誤中，又輕輕地分別對立德和我刮了一下。我知道小曼那種不肯屈服於人的個性，跟她辯論，總是一種沒有結果的浪費。幸而，我自己還不是一個在任何事情上都倔强得無理可喻的人；尤其是在早晨，我更不願因一番無謂的爭執而使一夜甜睡所換來的淸爽盡付東流。因而，我什麼話都沒有說。

我催着小曼換上衣服，下樓去。睡在隔壁的劉嫂，一早就下去做事了。現在，在這幢房子裡，酣睡未起的，或許只有睡在二樓的佑侃了。他白天工作多，晚上又喜歡睡得遲，所以平時總要到七點才起床。不過，現在也快七點了。

「昨天晚上，誰打電話給你？」小曼的嘴不肯停，剛跨出臥室，話又來了。

「趙教授。」

「噢，原來是那個專談學問如何如何重要的老頭兒？」小曼不屑地把眼珠一轉。「查問你一些什麼？」

「小曼，你說話的口吻似乎要改一改。」我憎恨她的那種流氣。閉着眼，祇聽她的聲音，該可以把她歸納到「不良少年」那一類。

小曼笑了一聲。「我最怕說話枯燥無味。我不想改，倒是你的口吻哪，値得商榷一下。如果染上了老教授的說話方式……」又輕笑了一聲。

她對趙教授的揶揄，激怒了我。她不該把一個老教授作爲一個「枯燥無味的教條」的代名詞。一個沒有眞才實學的人，才會把學問看得這樣一文不値。

「小曼，趙教授只說，他有一個偉大的計劃，要告訴我，希望我到他家裡去一趟。」

「偉大的計劃？」小曼閉了一下眼睛。「開一家百貨公司？造一座觀光旅社？辦一所專科學校？還是只不過想寫一本書？」

「什麼也不是。他在着手組織一個業餘劇團。趙教授是研究戲劇的，小曼。」

「演戲？嘀，這還像一件能跟年輕人談談的事。他計劃排演哪個劇本？」她立即眉飛色舞。在她心目中，一個刻板的老教授彷彿突變成一個聖誕老人。

「我不知道，以趙教授的水準……噢，以趙教授的修養，還會選那拙劣的劇本嗎？」

小曼在我的肩上猛拍了一下。「好極了，我也喜歡話劇。我在讀書時，也上臺表演過。那才是眞刀眞槍，一點馬虎不得。無怪乎有人說，經過嚴格訓練的舞臺演員，不難成爲一個成功的電影明星。白丹，你帶我去看趙教授好嗎？」

「你也想去看趙教授？別忘了老教授的口吻哪……」我模仿她的語氣。呃，小曼眞是一個深諳「變」的哲學的女人。在這滴滴可數的時間內，她對趙教授的態度，已轉了一百八十度的大彎了。

小曼在我臂上揑着、搥着，「人非聖賢，孰能無過？白丹，原先我對趙教授還不了解，早知他是搞劇團的，啊，那當然又當別論。」

「當然更希望他是搞電影的，對不對？」我瞅了她一眼。

「那還用說？女人最大的夢，是揚名天下，被無數的男人讚美、崇拜、追逐。白丹，難道你就不願意？」

「我可沒有這種才華，這是屬於你的夢。如果你誠心要向趙教授請教，我願意介紹你跟他認識。」

「那還用說？白丹，我當然是誠心誠意的。你眞好，趙教授也一定非常好。我們哪天去，白丹？越快越好！」

「今天下午吧，只要佑侃能答應我們。」

「我們跟徐老闆去商量！」

我們邊走樓梯，邊談着。現在，我們正好站在二樓的梯口。小曼拉着我，轉過身，我才看見佑侃正站在他的臥室門口，微笑着。

「兩位早。怎麼，今天你們想去看趙教授了？」他先開了口；顯然，我們剛才的談話，他已聽見了。

「可不是，就想知道你答不答應？」

「沒有問題，」佑侃慷慨地一揮手。「是去聽聽關於劇團方面的計劃？」

「他也告訴你了？」

「不，他沒告訴我，是別人對我說的。」他的目光順着樓梯的扶手滑下去，滑向遙遠與黝暗。「我已經沒有這資格。我已經不是以前的我。他知道我對這已經沒有興趣。」

「不要這樣委曲自己和趙教授，佑侃。趙教授了解你，你也了解他。現在，我想知道的是，趙教授這樣做，眞的值得嗎？」

「這還有什麼疑問？趙教授有勇氣，而我却沒有。」他悽然地搖搖頭，從遙遠地方回來的眼光還是沉在幽暗中。「我們這一代年輕人較重現實。他有一次說過，我們在課堂上、圖書室裡時，或許浮現過許多不凡的理想，但一到鬧街上，理想就被千光萬色所割裂。要保住自己，可眞不容易。」

「但這也可說是我們這一代年輕人所要提出的抗議。爲什麼要把我們安置在這種觸目都是誘惑的環境裡？你說對不對？或許，你會說，這是一種卸責任的說法。」

「那是一種有趣的說法，只是——」

「如果你們要這樣長談下去，爲什麼不到裡面去？」小曼却不耐煩了，而她眞正不耐煩的原因，或許只是爲了她沒有插嘴的機會。「徐老闆，我是否可以參觀一下你的臥室，裡面可有秘密？」

「最大的秘密，就是不像一個臥室。」佑侃說。

佑侃的話不錯，他的臥室不像臥室，却像一間貯藏室。在成堆照相器材的盤據下，那單人床、衣櫃和小桌，全顯得微不足道。那裡沒有他自己的照片，也沒有他自己的地位。他是各種物件的侍役，而不是主人，而要在那裡找出兩把待客的椅子，也很困難。

「這就是前臺與後臺之分，許多人都只看到堂皇的店面。」他說着，從角落裡搬來一隻凳子，但我們兩個都不想坐。

「徐老闆，」小曼說：「我始終不明白，你爲什麼要這樣苛待自己?」

「也說不上苛待，我只是在這裡睡覺，別無用處。其實，一般光棍的臥室，總是不堪一覩的。」

這話說得我們都笑了起來。凌亂無章，原是光棍的特徵之一，然而，這裡，從床舖到小零件，却都井然有條。凌亂無章，對於佑侃，似乎並不適用。而從另一方面去看，他用這些去塡補臥室的空間，不正是想去塡滿他心靈的空白?因此，我從笑聲裡讓自己靜止下來。

「如果光棍的臥室，都是同一類型，那我就建議你趕快結婚。」我拍拍那些硬紙箱子。「其實，佑侃，爲了節省開支，你更應該趕快結婚才對。我是這裡的會計，已替你計算過了，結婚以後，你至少可以減少一個職員，每月節省一、兩千元錢的開支。」

「嘿，白丹好精明。但你說這種話，簡直在砸自己的飯碗。而且，這口吻，不僅顯示出你是市儈，而且也把我當作眞正的市儈了。」

「這樣嚴重?」我霎霎眼睛。「我不以爲這話有什麼不對。我到處可以舉出這樣的例子，前後左右的店舖……」

「舉例子，那倒不必，因爲我也知道。不過，你總該記得我的『從前』。從前，我跟夢蕉一樣，跟年輕時的趙教授一樣。」他的聲音在塞滿物件的窄小空間中低廻撞擊；被壓死的從前，又在振翅欲飛。我感到歉然、疚然。我不該觸及他的這一薄膜。「當然，我沒有把『以前』留下來很多，但至少，我總留下來一點點，譬如：我不願以純粹經濟的觀點去處理婚姻。」

「當然，我的意思只是——只是，彷彿你對婚姻沒有興趣，或許你是把事業放在第一位吧。」我訥訥地。

「這，」他說。「我讀大學時，曾經有個愛人，像你們那樣年輕、美麗。」他走到窗前，突然轉過身來，兩手向後抓着窗柵。我們望着他。「你們是喜歡聽故事的女孩，但我這個却簡單得不像一個故事。」

「我們只是關心你，佑侃。」

「夢蕉知道這件事，」他說。「一個年輕的女孩，很可愛。我很愛她。那時，我有兩樣愛好：她與戲劇。但，她不能嫁我，而寫劇本又不能養活我，所以我兩樣都失去了。」

小曼動了一下。我仍靜靜地望着他，但他却側過頭去看那成堆的照相器材；然後，慢慢地走過去，伸出右手，輕掠過那排低低的紙箱。

「後來，我開了這家照相器材行，她居然走來看我了。」

「多久之前？」我岔了一句。

「去年春天。我是去年春天才把店面擴大的。她對我說，她仍愛我。」

「啊，有了事業，不怕沒有愛情，眞是一點不錯！」小曼嚷了起來。

「但我却無法愛她。我發覺我心中沒有了愛。我試着去拉回我倆共處時的片片段段。我試着去吻她，然而，我的嘴唇是僵硬的。她哭着走了，她說我變了，說我以前對她的愛情是假的。這事情就這樣結束，有點可笑，是不？」

這件事當然並不可笑。我無法安慰他，也無法以笑去洗刷人生的悲劇。愛情是多變的；各種不同的變。佑侃的變與佑侃戀人的變，意義並不相同。這樣說來，一個人，在任何情況下，都保住不變的愛情，那或許只是一個傻瓜！

我跟小曼互看了一眼，我們眞的沒有想到會引出他這樣的一段往事來。牠使我有片刻的沉默去思索，並讓我淸楚，在這社會上，愛情、人、事件，樣樣都呈現着多面性的複雜，甚至連我自己也免不了。

好久，我才說：「佑侃，我們說什麼好呢？我們比你年輕，從某一點上來說，也許比你幸福。我希望你以後會找到一個眞正愛你的女人，那末，這裡將是一間佈置得雅緻的臥室，嫂夫人會在這裡招待我們；那時，我們縱然不在這裡工作，但却仍是你們的朋友。」

「謝謝你，白丹，你比我設想得完美。」

從佑侃房中出來，我的心情並不愉快。我無法像小曼那樣，在五分鐘內，把別人的哀樂忘得精光；跟小曼相比，我是善於感光的三X膠卷。那末，在以後的時日中，到底還有多少光影要投射到我的心上？

店堂裡，電話鈴撞碎了淸晨的寧靜。我走過去，拿起話筒，是夢蕉打來的。

「白丹，我一直覺得難過。」

「不要覺得難過吧，夢蕉。」

「希望我們仍然是朋友，希望我仍然能看到你。」

「當然，爲什麼不呢？我下午去看趙教授。」

「那末，我也去，白丹。」

沒有冗長的對話，但對着掛斷了的話機，我知道他費了很大的勁，才掩埋起他的鬱悒，再度回復清朗。

我欠了他很多、很多。我嘆了一口氣。我並不想欠別人什麽，但我却在無形中欠下了：對紀蘭、趙教授、夢蕉、甚至佑侃、或者立德……

## 十二

去趙教授的家之前，我又去看了立德，因爲他最近已回到臺北，並買下房子。他曾打電話給我，希望我去看看。小曼跟我同往。她要證明立德對她的冷淡是否已經融化。在這一點上，小曼是個善戰的勇士，而我却是一個膽怯的懦夫。我對別人的冷淡有異常敏感的反應，在不止一次的經驗中，我很明白，那種觸鬚，不僅不能自衛，而且常常刺傷自己。只有不怕冷淡的人，才能征服冷淡。那末，小曼這次去的任務，該是去征服了。

我沒有通知立德。我相信午後一點左右，他總該在家。汽車駛到敦化南路的一排高級公寓前，他住在三樓的右首。我們踏着樓梯上去，就知道這排公寓設計與所用的材料，與一般國民住宅，逈不相同。在他門口，我按了電鈴。他大概在電眼中看到是我們，便笑着開了門。他還是穿得這麼整齊，白色的香港衫，深灰的西裝褲，永遠是一個有條不紊的人。

「我知道你今天會來。」他說得這麼確鑿，猶如我會告訴過他似的，然後，他把目光從我的臉上移到小曼的臉上。「我也知道你會來，史小姐。」

「有何根據？」小曼倒對他的親切，冷淡起來。

「很簡單，你既然願意做我的朋友，當然不會放棄這個機會。」他狡猾地眨眨眼睛，阻止了小曼的反駁。「如果這是事實，請你不要掩飾；如果這不是事實，你也犯不着生氣，以後我們不見面就行。」

小曼的勇敢，抵不過立德的老練精明，她終於屈服地笑了：

「我常聽見白丹說起你的長處，你是位値得結交的朋友。」

「我相信白丹沒有說過，但聽見你這樣誇獎，我很高興。」立德今天軟硬兼施，舌鋒銳利的小曼根本招架不住。他趁小曼尙未生氣的時候，忽然輕扶着她，走向沙發坐下，然後，又轉臉向我：「白丹，你看得出，這房子對我是太大了點；但，回國後的立仁或許會喜歡牠。你不妨到處看看，我陪史小姐坐一會。」

我的確是來看房子的。這房子，一進門，就向人展示牠的豪華、高尙。打蠟的拼花地板、透亮的落地窗，大客廳足可以容納下十來對舞伴。我走向屏風後面的小飯廳，然後轉向潔白磁磚砌成的廚房，再從廚房走向又是全白的浴室。於是，我從另一扇門走向一間有着兩扇窗子的書房，最後是寬敞的臥室，又是像在旅社裡看到過的那樣的一張講究的雙人床。我開始嘲弄自己的愚蠢。立德既有這麼大的空間來安頓其他的一切，當然也要用一張大床來安頓他舒適的睡眠。我站在窗邊，盼望一下街景。忽然，我從語音中聽出立德就在不遠——就在客廳的窗畔。

「我希望你以後常來看我，小曼。」非常溫柔，完全不同於剛才的冷峻。

「可是，每次剛見面的一剎那，你的那份冷淡，我受不了。」

「那是因爲有白丹在，白丹以後是我的弟婦，我需要一點尊嚴。」

「那我就不要尊嚴了，是不是？」

「不是。在有些地方，我會把尊嚴讓給你。」

小曼的笑聲很細、很碎，像濺起的一串水花。「追求我的男人很多，我可沒有碰到過像你這樣又冷又熱的男人。」

「所以，我就特別引起你的興趣了，是不是？其實，你知道，我要白丹來看房子的目的，完全是爲了要你跟了她來。從這一點看來，你就知道我並不是一個『冷』男人了。」語音低落下去，他們似又回到座位上去。

我呆在窗前。一切都很冷又很熱，悲哀也是很冷又很熱。立德欺騙了我——不必要的欺騙。眞的，他實在不必這樣。我無權反對他的行動。如果他要去接近小曼，或者說，如果他要去看小曼，甚或說，如果他要以一個獨身主義者的身份、去跟浪漫的小曼維持一種不正常的關係，他儘可以這麼做，不必把我拉進去做個偏。

什麼人的話才是完全眞實的，我無法分辨。

立德的這一番話，徹底地推翻了我對他的信任，我甚至懷疑起立仁對我的眞誠來。這當然是一種風牛馬不相及的聯想，但我却由此而感到沉重。我悄然回到浴室，却以很大的聲響放了一盆水，洗了一個臉。出來時，我的臉是乾淨的，但聲音却是低沉的。

「這房子眞好，立德大哥。」

「希望立仁回國以後，你和他能住在這裡。」他笑着，站起來，拍拍我的肩。「你們是我的希望。我一切都爲你們着想。」

「謝謝你。」但我已沒有出自內心的感激，因爲對於立德的話，我還要留待時間來證明。

我們在立德上班之前出來。在汽車裡，小曼一直微笑着。笑我被他倆作弄了嗎？我默然地把臉朝着車外，小曼却把嘴湊近我。

「白丹，你已經聽見了嗎？」

「什麼？」我猛地回頭。

小曼的眼睛神秘地瞇細着：「當然是我跟立德的一段談話。立德並不是一個想像中那麼正經的男人，我今天可以向你保證這一點。我很容易地就把他征服了。呃，征服人是一種快樂。叫他愛你，而你呢，却未必要愛他。」

我望着小曼那張洋溢着勝利的年輕的臉。這念頭雖然並不純潔，却也可以看出她那未泯的稚眞；而立德，圓熟含蓄，也未必甘被征服。在相互的虛假的感情中，小曼不一定是立德的對手。我站在女人的立場，不得不向她提出警告：

「小曼，你要小心，不要讓你自己被他征服。立德是個三十多歲的男人，不像你以前那群二十左右的小夥子。而且，我還要告訴你，立德是個不預備結婚的男人，而男人又無所謂失身。作爲一個女孩子的你…」

「你放心，白丹，我眞會這樣愚蠢嗎？你瞧，我交了這許多朋友，幾曾失身來着？」

「這樣就好。」我不耐地結束道，把頭倚着窗口。又輕又柔的風，從窗口吹進來，我願牠拂去加在我記憶上的那些汚跡。

夢蕉站在趙家門口等我，故意讓陽光落在他的臉上，去掩蓋這些天來悲哀所給予他的陰影。他看到我從車上下來時，無意中顫慄了一下。這顫慄馬上傳給了我。在這一刹那，我知道，即使我們如何防止，我們之間的友誼，還是隨時可被衝破的。

「我怕你們太忙，走不開。」他匆匆地握了一下我的手，不像以前那樣自然而洒脫。「今天，趙家有很多年輕人哩，連紀蘭也來了。」

這倒是出乎我的意料之外的，但在生人很多的場合，我的膽怯就會乘虛而入。我在門口遲疑着，小曼却挽住我，說：

「我不怕，要認識人，就得越多越好。」

今天，趙家的客廳裡，確有人滿之患，除了紀蘭以外，還有四個年輕的學生，加上我們三個，眞可說是濟濟一廳了。趙教授抬起一隻手，拍拍我的肩頭，聲音很響地說：

「白丹，我特別需要你的助陣！」

「爲什麽要說『特別』呢，趙教授？」

「因爲他們都是我以前或者現在的學生，學生擁護老師是天經地義，但我更需要局外人的眞正的愛好，因爲，幹這件事，除了勇氣，還需要一點信心和支持。」

「趙教授怕失敗嗎？」

「我想，趙教授不怕失敗，但無疑地更欣賞成功。」小曼雖第一次開口，但却語驚四座。她口齒伶俐，儀態大方，在許多雙陌生目光的集中下，始終保持着最美的微笑。酒渦、翕動的睫毛、流亮的眼神，使自己一刹那成爲客廳裡的主要人物。

「孩子，你說得很對，」趙教授滿意地回答，而且開始端詳她。「啊，孩子，你將成爲我們的一份子！」

這是一個不是我所能安排的最好的開始。小曼有本領來顯露她的才華。我讓小曼跟趙教授詳細談談，看她在戲劇方面是否是塊可造之材。隨即，我就被紀蘭拉去，坐在一起。

「小曼眞了不起。」我說。

「她快要脫穎而出了。」夢蕉也走過來，跟我們擠在一起。

「或許是你替她拍的那張照片給了她什麽啓示。你看得出，這半年來，她更成熟了。」

「我第一眼就看出了她的夢想，白丹，別以爲我看人只看一個表面，我的職業使我有很多機會去接觸明星；小曼的舉手投足之間，已經很有明星的味兒了。」

「趙教授不知是否會欣賞她？」紀蘭說，「趙教授不喜歡太慕虛榮的女孩。」

「但趙教授更需要戲劇的人才，我們只希望他能訓練她、改造她。」夢蕉用目光詢問我。「無論如何，你不能否認小曼是個聰明的女孩！」

「啊，當然，」我說。「在抓住她的前途與利益上，她實在比誰都聰明！」

「夢蕉兄，我還不知道趙教授想排演的是什麽劇本？」夢蕉旁邊的一個黝黑的青年突然插了進來。

「也還沒有確定。但不論是蕭伯納的『華倫夫人的職業』也好，奧尼爾的『安娜·奎絲蒂』也好，或者他自己寫的那本『玻璃牆』也好，史小姐的加入，女主角人選，該沒有問題了。」

我吁了一口氣。這樣說來，小曼將是大家盼望的一顆星星了。

「但即使這樣，還是沒有成功的把握，」夢蕉又說。「演話劇比演平劇更冒險，平劇畢竟還有一部份固定的觀衆，但是話劇呢？」

我拉了夢蕉一把，怕他的話給趙教授聽見；然而，夢蕉却毫不介意地笑笑。

「白丹，對於這點，趙教授比我更清楚。失敗對他已經算不了什麽，雖然，他現在是滿懷希望的。」

「我認爲最大的困難可能是演出經費，」那個黝黑的青年又開口了。「趙教授不失書生本色，他對劇本與人選一再考慮，但却忘了開步第一件事——錢！」

我們又互相望着。在許多事情上，我們總想把金錢撇在一邊，把價值放在前面，但馬上，我們發現牠已抄了近路，跑在前面了。

「或許佑侃能在這方面出點力。」我說。

「他的錢得來不易，趙教授是不忍叫他出錢的。」夢蕉說。

「我想，也許君實能够把這筆費用承擔下來。」紀蘭認眞地接了下去。

然而，他的錢又何嘗容易得來的？而掙錢容易的人又誰肯把錢花到這種「事業」上去？

趙教授還在跟小曼談話。看來，他正像招考演員那樣地在對她考試。我和紀蘭、夢蕉，趁機去院子裡待了一會。

「我父親最近來了信。」紀蘭說。

「啊，那些照片畢竟拍得不壞。」我高興極了。「不過，我願意替你們拍些更好的，我已經學會了照相，以後還想在暗房裡學一手呢！」

「以後，你或許又會向小曼學會演戲了。」夢蕉在旁邊打趣。「如果小曼今天不闖進來，趙教授很可能把『玻璃牆』中的女主角派到你頭上！」

「我？」

「難道你這樣低估自己？即使你不做明星夢，但演『玻璃牆』中那個遷到都市來的有錢的鄉下姑娘，我想，也不會差到哪裡去。她爲了要結交一批上流社會的人士，而惹起了種種猜忌與誤會。這種情形，近半年來，你或許也親身經歷過吧？」

「沒有，因爲我既不有錢，也不想結交什麼高尙之士。我只想結識你們，但你們是不是高尙之士，就請你回答吧。」

夢蕉和紀蘭都忍不住笑了，而在客廳裡，另一串笑聲也淸越地揚起，那是屬於小曼的。無論怎樣，這回，小曼又勝利了。

## 十三

趙教授毅然地選中了小曼做「玻璃牆」一劇的女主角。對別人來說，或許不免感到意外；但對夢蕉和我而言，却是一種預言的初步實現。趙教授不愧是這方面的老手，我們送了他一句老話：「慧眼識英雄」。那天，小曼帶回來一本「玻璃牆」來研讀，我也帶回來趙教授跟佑侃的情商：是否可以把小曼的晚上時間捐獻給他？

我把趙教授的話告訴了佑侃，佑侃遲疑了。

「你看，白丹，有些事情看似簡單，但實在却很複雜。我在讀書時，趙教授給了我不少物質和精神方面的支持，如今，要我作一點小小的犧牲，當然是應該的。只是晚上的店面誰管？這又不是一天、兩天的事，而要拒絕他，那就無異是破壞他的計劃；我再怎樣，怕也沒有勇氣這樣做。」

我點點頭。佑侃的話說得有理，但趙教授的要求，你也不能說牠過分。那末，事情不就像一輛拋錨的汽車了？

佑侃注視着我。注視越久，我就知道關鍵轉移到我的身上了。

「你還有什麼話要跟我說，佑侃？」

「我想，請你把晚上的時間捐獻給我，好不好？」

「噢，原來如此。那太容易了。」我不禁嚷了起來。

他仍然注視着我。卸去重負後的快樂，使他的目光閃爍有神，嘴角微動着，似笑非笑；整個的臉泛着一層和善的光。

「你眞和善，佑侃。」我說。

「但，有時，我是很殘酷的，尤其對自己。」

「我只知道一個人對自己應該是很仁慈的。」

「那是在快樂的時候；在痛苦的時候，就不是這樣。譬如，昨天早上，我告訴過你們：當我不能愛那個女孩子時，我對自己以及對她，都是很殘忍的。我丟下了工作，去阿里山住了兩天，然後又去日月潭。我在那裡的一家出售紀念物品的店舖裡買了一隻五彩鳥標本，但我一回到旅社，却又把那些斑爛的羽毛拔了下來，再剝去襯在裡面的破蔴布；剩下來的，只是幾根鐵絲而已。我帶着這幾根鐵絲回到這兒。」他指指擱板上的那個我懷疑已久的一件擺設——一小塊菊花木上豎着幾根彎曲的鐵絲。「這就是實質，白丹。」

「但這不是鳥的本身。」

「那是一隻徒有羽毛、沒有靈魂的鳥。當然，我這樣做，是很殘酷的。你以後怕永遠不會再欣賞這類標本了。」

「我本來就不喜歡。活的鳥比死的鳥動人。」

他過了一會，又說：「白丹，我不妨再告訴你：三、四個月後，那女孩子又來店裡看我。」

「啊！」

「她已經結婚了，她丈夫是一家觀光飯店的老闆。她是來買相機的，那樣的結局，該又可以稱爲喜劇了。有時候，我簡直分不清楚什麼是喜劇、什麼是悲劇了。」

我沒有答話，因爲我也分不清楚。我不想再跟他閒談「過去」。我只問：

「你以後是否會重拾你的興趣，做個業餘的劇作家？」

「不會。」

「如果環境改變，牠成了一門一本萬利的行業，你或許又會躍躍欲試了。」

「那就更不會了。那時，自有另一批人會出來。我將永遠是個鼓掌的觀衆。白丹，這是一種無法解釋的心理，或許，這只是惰性。」

他站起身，取下那隻徒有美名的五彩鳥。我望着那幾根扭曲了的鐵絲；在某種情況下，牠猶如現代雕塑家雕造的一個細長的人。佑侃願意扯掉自己層層的外表，向我坦露他的本質；但他畢竟不是那個他曾經愛過的女孩子，他的誠懇率直，却反而表示出他有一個令人尊敬的可貴的內在。

幾天後，我發覺五彩鳥的空架子已從擱板上消失。佑侃告訴我，他決定買一對鳥來飼養。於是，他邀我同去鳥店挑選。在彩色繽紛的鳥群之前，我們徘徊觀賞，幾乎不知如何選擇。最後，我們買了一對孔雀藍的小鸚鵡，連着一隻髹着藍漆的鐵絲籠。我們沒有坐車，提着鳥籠，沿着騎樓，慢慢地走。鳥籠裡那兩隻受驚的鳥，在橫檔上跳躍不停。

「我第一次養鳥，」佑侃對我說。「對鳥而言，我們是牠們的朋友呢，還是牠們的敵人呢？」

「我不知道，」我說。「養鳥只是一種娛樂。如果爲鳥而引起什麼感觸，那無異是在虐待自己了。」

「這話不錯。而且，我已經是一個商人，原不必有什麼感慨了。」但，這句話本身就是感慨。

然而，難道我自己就沒有感慨嗎？剛才在彩羽與婉鳴間，自己曾一度回到林邊、溪畔、郊野；但在這些消失了之後，我又似乎看到一排一排待價而沽的出賣勞力和智慧的人。都市把人們吸引進去，而且用彩網把他們罟住，但是，人們却是這樣地心甘情願。

佑侃小心翼翼地提着鳥籠，然而，我們的悠閒與歡欣，却如鳥羽那樣，片片漂落在鬧街上。我們在延平南路拐彎處歇了一會，因爲鳥籠裡有着有生命的東西，佑侃不禁有沉重之感。過去不遠，是一家證券公司，喧鬧的人聲透到門窗之外。我曾不止一次地從這些證券公司的門口經過，但往日，這些公司對我的重要性，跟一般的店舖並無二致；只是當我獲知立德跟證券公司有了關係之後，牠才從行列中躍了出來，顯得突出、神秘、而有力。

「佑侃，你可去過證券公司？」

「當然。」

「爲什麼要說當然呢？」我不滿意他的話。

「我是商人。」

「呀，我不願意聽你這種話。不過，如果你同意，今天，我倒想進去看看。我有一個熟人常常往證券公司跑，說不定還會碰到他！」

佑侃說好，我們就提着鳥籠，走進證券公司去。我們在椅邊站下，面對着大黑板。成排的椅子上雜坐着男人和女人。很多人在交頭接耳，傳遞消息或商討什麼。煙草味兒濃厚得令人喉鼻發癢。喜悅和失望，都使人有抽煙的慾望。會的，抽得更多；不會的，不妨來支試試。慾望在這兒不受人的控制，但數字却在這裡控制着人。

「最近，臺塑和亞泥的行情看好。」有人在說。

「臺糖的時代已經過去了。」一旁邊那個精力很充沛的男人說。「以前，我太太買進一千股的臺糖股票，當時，每股只有六十幾，她是想撈進一些，以後供兒子讀大學之用的。等漲到一百六十多，我就逼着她脫手；不料，最後竟漲到三百多。她哭着跟我吵，說我害了她！」

「這件事，你跟我說過兩、三次了。」另一個說。

「可是，她跟我已經說過幾百次了，每天總要跟我說上一、二十遍，眞不好受。我怕她要一輩子說下去。」

「別聽她的，你從別的股票上賺來補足她就是了。」

「為什麼臺塑不這樣來一下，只要還有這種機會，我相信我決不錯過。」

「我也是。我老夢到自己發了財，不再幹這撈什子的差事。」

「那你準備幹什麼？」

「開貿易行，或者投資工廠，做個董事、顧問一類的掛名差事，每日去應應卯，領一點乾薪。」

我們在四周走了一圈，不料，我竟眞的發現立德也在人群中。他當然也跟其他的人一樣，對本身的工作，不再感到興趣了。在這裡，金錢已不是工作的代價。

我走到他面前去。立德認出是我，皺了皺眉。

「白丹，你怎麼也到這裡來了？」

「我跟佑侃一同來的，我們只是進來逛一逛，你放心。」

他急促地推着我出來。「那末，這樣好了，你們先在門口等我一下。我戴了兩個鐘頭的『帽子』，快賺進萬把塊。這會兒，我去跟經紀人說一聲，把那股票賣了，馬上回來陪你們。」

不一會兒，立德就走了出來。他跟佑侃緊緊地握手，感激他對我的照顧。等他的客套話說得差不多時，我便把小曼抬了出來：

「立德大哥，你知道小曼不久要上舞臺了嗎？」

「誰說的？」

「趙教授組織了一個業餘劇團，選中小曼做女主角。依我猜想，不消半年工夫，小曼就是一個炙手可熱的名女人了。」

「是這樣嗎？」他假惺惺地，「那末，一切都已經開始了？」

「可以說已經開始，也可以說還沒開始，因爲角色雖已分派妥當，而經費却還沒有着落。」

佑侃馬上插了進來。「白丹，你沒有對我提起這件事……」

「趙教授、紀蘭和夢蕉，都認爲不該跟你提起這件事。」

「他們眞把我當成局外人了！難道我連出點錢的權利也沒有？」佑侃提着的鳥籠，劇烈地晃動起來，裡面的鳥，驚懼地飛撲着。

「完全不是這回子事，佑侃。他們太了解你，所以不想使你蒙受損失。他們對紀蘭的丈夫也是。但是，趙教授毫不遲疑地動手幹，這表示，如果他眞的沒有辦法可想時，他會找你們幫忙的。」

鳥籠又平穩下來。一顆汗珠自佑侃的額角滾下。他的嘴角下垂，臉孔呈現出掙扎後的疲乏。他停了一下，低頭憐惜地察看籠中的小鳥，經過飛撲，牠們也顯得軟弱而無力，孔雀藍的美麗的羽毛，蓬鬆無光，尾巴斜垂，雙爪顫危危地鈎着横木。

仁慈點吧，我在心裡說。我認爲佑侃既然決意放棄戲劇，就不該再去找回，否則，就簡直使人分不清：什麼是他的痛苦，什麼是他的快樂！快樂覆蓋在痛苦之上，痛苦又環繞在快樂四周。在證劵公司裡，多的是尋夢者；遠去的，又何必惋惜呢？

可是，我馬上反詰自己：如果佑侃眞的安於現狀，我是否會對他感到不滿？他突發的顫慄的痛苦，是他靈魂的披露，我對他的尊敬與友愛，不就在那裡滋長？我願他快樂，也願他痛苦；我希望他懷念，又希望他忘却。我的矛盾不亞於佑侃內心的矛盾！

「只要人選解決，經費是個小問題。」半天，立德才冒出這句話。「假如由我來負擔這筆演出費用，趙教授會不會接受？」他輕描淡寫地把這個意見推出來，故意把施捨當作要求，讓人感到他的謙遜。但我馬上又發覺，立德是爲了小曼而出那筆錢的，因爲話劇對他並沒有什麼關係；同時，他也不必在這點上表示他的慷慨。

「我代趙教授和小曼謝謝你。」我說。「而且，特別要代小曼向你致意。」

我特別强調小曼，使立德惶愕了一下，然後，他清了淸喉嚨，費力把情緒穩定下來。

「白丹，我這樣做，並不希望別人感激我。明後天，我會跟你連絡的。」

# 十四

立德由我陪着，去看了趙教授。立德仍是有禮而謙遜，因此，赢得了趙教授的讚佩。趙教授一再提及，在現社會中，像他這樣的人很少有。有善人捐款給慈善機關，却沒有有錢的人支持這種劇團。趙教授並且明白地表示，他雖是窮讀書人，但却不願別人以慈善家的嘴臉來憐憫、救濟。他的語音有着他一貫的風格——平靜中蘊藏着激動。

我突然覺得難過，不僅是爲了他這種人已經很少有人賞識，而且是爲了在這件事上，我們瞞騙了他。立德出錢的目的是爲什麼？小曼演戲的目的又是爲什麼？——誰像他那樣爲追求而追求？立德以輕易得來的幾萬塊錢去換取慷慨的美名，在冠冕堂皇下面潛伏着並不冠冕堂皇的慾念，而我竟沒有勇氣去揭穿。立德的夢、小曼的夢、趙教授的夢，當牠們無形中連在一起時，我知道，燃着的雖是一條引線，爆炸的却是一連串小鞭炮，而那串小鞭炮的尾端却繫在趙教授的身上。所以，他受的傷，必然更重。

話劇排演開始，許多人都高興，只有我，興奮中却鑲嵌着一些不能表白的痛苦。每個晚上，大家都到夢蕉家裡去。那裡有個大客廳，適宜於排演。沙發、電話、電唱機、落地長窗外，還有個小洋台，一切都跟佈景差不多。在這一點上，朱教授表示他的慷慨與人情味來。我這才知道我對他的第一次印象，並不完全正確。不過，對夢蕉家的客廳作這樣的敘述，並不是因爲我親眼看到過牠，而是基於小曼的轉告。現在，我倒是很想去夢蕉家看看，並爲他們的排演效些勞，但，我已然失去了這一「權利」。

不過，我對於這，却並無怨言，因爲這是我親口答應佑侃的；即使在言談間，我都竭力避免提及我對這件事所感到的遺憾。而正因爲這樣，佑侃反而覺得很抱歉。晚上，當他工作完畢以後，總會走到櫃台邊來，跟我閒聊。

那晚，他打開玻璃橱窗，把最近放大的一套小曼的六吋照片擺到一列相機的旁邊。小曼携着相機去郊遊，小曼對着大白貓、小狐狸狗和胖小娃，小曼持着相機面對顧客巧笑。那套照片是佑侃的傑作，我站在橱窗前不禁叫好：

「眞好，眞美，眞吸引人！」

「那是商業的玩意兒，」他說。「所謂廣告藝術，總是帶着一種誇張的美感與舒適，從而使人們對於這一商品油然而生嚮往之情。而且，在話劇演出的前後，我想，這些廣告照片，對我和她以及趙教授，或許都有好處。」

我稱讚地笑了笑。佑侃的腦筋實在靈活，因爲這是生意，不得不耍一點噱頭。那晚，我們賣掉三架相機。打烊以後，我對佑侃說：

「這是一個好的開始。」

「希望這樣。我想，小曼成名以後，我要她拍幾張照片做廣告，怕也不容易了。」說完，他走到寫字枱邊，撥了一個電話給附近的菜舘，叫了三碗鷄白粥。之後，又走到我的旁邊。「白丹，這些日子來，你爲匼理門市，竟毫無怨言，你眞是一個忠誠的朋友。」

「那不是應該的嗎？」

「一份工作，一份報酬，這是公平的法則。我待你是不公平的。」

「不，不，如果是不公平，那是你對你自己！你一開始，就對自己不公平。」

他不響，筆直地走到對面的橱窗前，向透亮的玻璃凝視。我突然不安起來。在光與光之中的，是我的身影。如果他凝視的不是相機而是我，那是爲什麼？我移動了一下站姿。

於是，我聽見他對着玻璃說：

「白丹，許多事你都記得這麽清楚，你是一個仔細的人。這會兒，你又是仔細過人了。你看到了我在看你！」

「是的……是的」

他走前一步，乾脆把前額貼在玻璃上。他似想以玻璃去擋住他的臉，但他却又開始喃喃而語——對橱窗裡另一個我？

「白丹，你可聽見我在對你說話？我說得很輕，你聽不見，也沒關係，我只是想說說，如此而已。」

我的雙手不由自主地顫慄起來，我用力互握着，去抵抗這。

「白丹，總像是不應該說的，說了，使你和我都爲難。我希望你有兩個人，我只是對橱窗裡虛幻的你在說話，不是對眞的你在說話，那樣，我就可以大膽一點。有一段日子，我常常偷偷看你，從各種不同的角度上；我知道我不應該，但那是情不自禁的。」

「請你，請你……」我低聲說。我不知道是否應該離開店堂，但他並沒有向着我，而且言詞中也沒有粗魯或强迫的成份；如果我怫然離去，那會深深地刺傷他的。

「請你原諒我，讓我說下去。」他說：「你願意知道一個人的實質，即使那是彎曲的鐵絲也好，但我相信自己至少還不是這樣。我是一本記得不全的筆記，雖有很多缺點，但總還有一點用處吧。白丹，我知道我只能愛你的影子，像愛一個劇本中的角色、一幅畫裡的人像；那是一種得不到反應的、却又無法抑制的愛。」

我伏在櫃台上。一種悲哀纏繞住我。我想掙脫，但我却分不清那是一種什麽性質的悲哀。開始時，我的腦子是混濁的，然後冒出來「夢蕉」、「立仁」、「佑侃」、「愛情」等的字眼。繼之，是那些不連貫的句子：立仁爲什麽不快點回來……如果我不這樣快地跟立仁訂婚……啊，佑侃不該對着我的影子說話的……那樣的愛情我受不了……他只吻那氷冷的玻璃，用他發燙的嘴唇……不要讓我扮演這樣殘酷的角色！

我突然抬頭嚷道：「不要，我不要！」

佑侃驀地回過身來。我的突然的叫喊聲使他驚恐非凡。橱窗裡，令他渴慕的人影消失了。他面對着的是此刻無法理解的眞實的我。有一剎那，我們互望着，彷彿面對着的已不是往日的對方。不過，我的目光却是友善的，甚至是滿懷歉意的。於是，他又說話了，說得仍然很輕：

「我知道我是不該說的，但我沒有惡意。白丹，我想，你會讓我在心裡留下這一點情意。近幾天來，我常感到，如果我愛上的第一個女孩子跟你相像，那我現在怕不會這樣孤單。我也很淸楚，在愛情上，你是幸運者，你有一個未婚夫在美國，你們是這樣地相愛……」

「不要提立仁，不要提立仁！」我又尖叫着，阻止他。

他怔了一怔，詫異得不相信這句話竟會出於我的口。我自已也想不出我爲什麼要尖叫，要阻止他提起立仁。這似乎是種未曾經過理智分析的抗議。

他上身前傾，急切地問：

「那末，白丹，你並不愛他？」

「不，我愛他，但要說知他很深，那是撒謊。要認識一個人，需要經過一段很長的時間，而我跟他的交往，畢竟是太短了。」

「噯！」

這時，菜館的小厮從後門送來三碗鷄白粥。我們走到店堂後面，坐在飯桌的兩邊，互看了一眼。我把留給小曼的一份，推到旁邊。

我看着鷄白粥，很薄，上面浮一層油。很久沒有喝這樣稠黏的粥了，一口一口地啜着，一股溫暖，慢慢地沁入體內，而另一股溫暖和悲哀，也從一個遙遠的地方流過來。忘掉了很多很多的事，忘掉了故鄉的面目，忘掉了童年友伴的名字——六歲時的記憶，猶如注在荷葉上的露水，一抖就全滑落下去了，但有一顆露水，却遺下了痕跡。來臺之前，在上海逗留的幾天中，父親和母親，晚上總帶着我們兄妹去南京路的「大三元」喝鷄白粥，好香好黏！以後，我老叫母親熬這種薄粥當點心，洒幾粒鹽花，放一些味精，澆一圈蔴油，大家笑容上都閃着油光。後來，我也開始熬粥，想熬給臥病在床的母親吃，但希望中的薄粥，總成了醬色的爛飯。母親說：「丹丹，薄粥要用文火慢慢地熬，多放點水。丹丹，做事不要太性急，做人也得慢慢地熬，尤其是像我這樣躺在床上的病人，日子不一天一天地熬，怎麽過去？」我捧着燙熱的厚粥，粥面上停着兩顆露水。母親說：「你哭了，丹丹，不要哭呀，讓媽把這壞日子熬過去，以後，我再親手熬一鍋好薄粥給你嚐嚐……」

現在，我的粥裡也加上了兩滴露水；永遠沒有熬好過一鍋薄粥，永遠無法報答一點母親的恩惠。

「白丹，你怎麽哭了？」佑侃問。原來佑侃正在注視我。

我抬起頭來，含着淚微笑：「那樣的薄粥，我久違了。我母親常常熬給我們吃，在冷冷的夜晚，有熱熱的薄粥，有深深的慈愛。啊，你哪裡去找這樣的地方？對着那薄粥，我有許多複雜的感情。一個親人過去了，但，他的許多事、許多話，都留下來，來完成他的愛。」

「你是一個感情豐富的女孩，白丹。」

「有許多事、許多話，值得人懷念、咀嚼。在感情上，我們或許有點相同。」

「是的。那有什麽不好？一個人應該保留某些感情，那畢竟也是一宗財富呀。」

我們再沉默時，高跟鞋的清脆響聲從小巷響過來；於是，後門再度被推開，小曼飄然進來。

「噢，讓你們久等了。」小曼下頷一點，算是跟我們打了招呼。小曼自排戲以後，把明星的語氣和派頭，全帶到現實生活中來。今天，她披一件黑色洞洞料的夏日長外衣，使裡面那件柔黃的洋裝，也顯得更其嬌嫩了。她把皮包丟在沙發上，嘆着氣：「哎，累死了。走了一大段路。夢蕉陪我出來，我以為他會替我叫車子，結果他陪我到公車站，替我買了車票，逕自上報社去了。這個人，可眞不够朋友。」

「小曼，先吃一碗鷄白粥，補償一下。」我說，還幫着她把黑外衣脫下來。那洞洞裝，中看不中用，一洗就完蛋。最近，小曼或許眞的累，衣服老是亂丟，要穿的時候，發覺皺了不能穿，就發脾氣說，她晚上不去排演了；又說，排演這麼久，還不能粉墨登場，效率太差了。我怕她情緒不好，影響演戲，就自動幫她整理服裝。於是，她乾脆將脫下的衣服往我手中一送，「白丹，麻煩你！」完全大小姐的派頭，忘了我是她的朋友。我也不跟她計較這些小事，好在這樣的日子不會太長，我希望小曼能好好演，使趙教授的心血不致白費。

她瞄了一眼粥，嘴唇微噘。「倒眞有點餓了。」坐下來開始吃，一邊仍發着牢騷：「趙教授說，演出務求十全十美，遲幾天演出倒不要緊。我看，趙教授有點落伍了，不合現今的太空時代。」

我和佑侃面面相覷，想不到只個把月時間，小曼竟又批評起趙教授來了。

「小曼，你可不要說這種大話呀。你要明白，你不過是『初出茅廬』！」

小曼用鼻子哼了一聲。「有許多事，也不關年紀大不大。『年紀』多少錢一斤？在舞台上，我跟他比一比，看誰强？」

她越說越離譜。我們逕自喝完了自己的一份，悶聲不響。小曼也很快地吃完了她自己的一份，用小手絹抹抹嘴，又說：

「我知道你們兩個都站在趙教授那一邊，對我的話不滿意。我不在乎。趙教授以為他是教授，每個人都是他的學生。我今天去晚了一步——我去百貨店裡逛了一會——他就出話了。他說，大家全等你，一個人別以爲自己重要了，就搭架子，或者敷衍了事。一個演員，雖有才華，如不虛心學習，結果還不是自找毀滅。嘮嘮叨叨。對着這麼一大堆人，就開火，把我當作他的學生，還是他的什麼屬下了，我可沒拿他一分錢的報酬啊！」

我跟佑侃又互看了一眼。我希望佑侃能說幾句話；爲趙教授，他是不該不說的。在小曼的眼中，他至少具有店主的身份，但當我再看到小曼準備「一摔了之」的目光時，我便承認佑侃的遲遲不說，正是他的聰明之處。而且，對趙教授這樣的人，小曼的幾句話，又何嘗損得了他！

「趙教授就是這樣，」我終於說。「所謂愛之深，責之切。他把你當作一塊可造之材。小曼，別說金錢的報酬吧，這陣子來，你的談吐、儀態，比以前更流利、大方了，這不也是一筆不可小覷的收穫嗎？」

這句話，我似乎說得很適當，既無負於趙教授，對小曼也具有一種撫慰、讚賞的作用。小曼嘴角一彎，把剛才的怒氣全消融在淺笑裡。她站起來，故意亮相似地走了幾步。

「大家都說我『進步』了不少，連你也這麼說，我眞安心了。老實說，我跟趙教授非親非故，非師非徒，爲他那不想賺錢的劇本賣力，爲的是什麼？學些經驗而已！」她走到橱窗邊，仔細看看自己的那些照片，走回來時，滿臉是笑。「徐老闆硬是要得。你的攝影技術，不亞於蓼蕉。如果我以後有機會拍電影，我準推薦你做攝影師！」

這晚上，小曼的情緒，喜喜、怒怒，我不願在另一話題上引出不愉快來，便催着她上樓去。

我拿着小曼的衣服、手提包，小曼在前，我在後。每晚，我們總是這樣上樓去的。今天，我覺得有兩股目光盯在我的背後，使我慢下步來。我回過頭去，看了看。

佑偎靠在桌邊仰視我。他的臉，輪廓分明，淸淸楚楚地雕着不想被人覺察的痛苦。

我動了動嘴唇，想說些什麼，但什麼都不適合。一種無可奈何的慰藉，減少不了此刻深深襲擊着他的孤獨感。

「晚安！」還是他開口，故意輕鬆地，目的是想卸除我的負荷。

我連晚安都說不出口，只抬一抬手，迅速地跑上樓去。

## 十五

……我在寫信，成千成百封的信。純白色的信封，輕盈盈地，飄落在我的四周，形成一塊白色的氈子。每封信的內容都是一樣——立仁：快點回來；立仁：快點回來。父親踩着滿地的白，走過來，說：立仁已經回來了，他要你去咖啡室喝咖啡。我說，不管他來沒來，我要先把那些信寄出；牠們會耗費我許多的時間和許多的感情。我堅決地抱起那些信……

醒來後，在深夜裡，我找不到那堆白色的信，却擁抱着幾千個「希望立仁快回來」的字句。要他回來的意念，自他離開時起，就在開始生長，但現在却更殷切。我，正如小曼所說的，在恐懼愛情的變；不僅對立仁，而且對自己。時間的浪花拍打着、冲擊着，誰也不知道未來的變化；只有當你擁抱住愛情時，才知道牠是你的。

我想看看月光，不管牠今晚是多麼微弱。我並不希冀能看到月亮和星星，在高牆擋着的窗口，那將永遠是種達不到的奢望。我坐起來，拉開窗帘，打開窗子。對面的高牆被分成兩截：上面的一截敷着一層淡青的月色，下面的一截則浸沒在暗黝黝的夜色中。應該是凌晨兩三點了，都市之聲，業已死去。每天，牠死而復活，因而，牠成了一個誰也抵禦不了的龐然巨獸。

我跪在床上，面對高牆，眞想投出一只一只的球，打出抑壓在心中的感情和鬱悶。愛情該是享受，但立仁和我却在故意製造痛苦的愛情。他費勁地來個精彩的全壘打，球飛出了場外，他漂亮地獲得了勝利——迅速地獲得了我的愛情；而以後，他却管自遠行了。

我眞該寫封信，告訴他該快點回來，否則……否則怎麼？立德這個月來，到店裡來了三次，看我，看小曼；談立仁，談話劇。我不知道哪一點是他眞的要談的。每次，他臨走之前，留下的最後一句話是：「我寫信告訴立仁：你在這裡很好。」難道我自己不會寫？或許，他以爲我寫在信上的話，大部份都是假的。他的這句話使我很不舒服。我每次都把對他的一份不滿貯積起來，雖然，我知道，這樣做法，無形中怕會影響我對立仁的感情。事實上，我對立德的不滿，乃是導源於他始終對我隱瞞着他與小曼之間的事情。

但是，晚上，在臨睡之前，小曼却告訴我，一個星期來，立德在晚上都沒有到趙教授家裡去接她。他正在計劃跟友人合資創辦一家合板工廠。

「哦，原來是這樣！」這使我想起了一個月前，在證劵公司裡聽到的一段「三人對話」。

「聽他說，他出資的條件之一是：工廠的人事主管必須由他擔任，他的目的，是要回國後的立仁來接替他的位置。」

我沒有接話。他替立仁安排好了一切：立仁的婚姻、立仁的深造、立仁的房子、立仁的事業。這樣的一個好兄長！但年輕能幹的立仁不就成了他哥哥手中的傀儡？他日後成功的種種快樂，將全是屬於立德的，而不是屬於他的。我不知道立仁對這些會有怎樣的感覺，但就我而言，却已漸漸受到他的威脅了。

「我不喜歡立德這樣做！」我說。

「爲什麽？」

「說不出來。他設想得太週到了。他爲什麽不爲自己着想！譬如，他跟你的關係已很密切，他該打消獨身的計劃，進一步，要你跟他結婚。」

「我們都不願意，因爲這樣會限制彼此的自由。就說最近吧，一連七天不見他的影子，要是我們果眞相愛，我就會對他發生懷疑，甚至因此而引起爭吵。但現在，我心裡却一點也不覺得難受。或許，我們就這樣分手，也說不定。」小曼說完，笑了笑。「他之不願跟我長久來往，有一點，我是清楚的，這就是：他怕你知道。」

我不想再跟小曼談下去。我特別疲倦——爲佑侃的感情吃驚，爲薄粥引起的親情傷感，爲小曼的驕橫抱憾，爲立德的精明擔心……我閉上眼睛，想忘掉一切。

但小曼的話却特別多，不斷地向我的疲倦襲擊。我剛把立德的事擠出腦子去，她却又向我塞進來夢蕉的事情：

「白丹，有一件夢蕉的秘密，你要不要聽？」

我勉强睜開眼。我的眼色顯得不太熱心。只因爲夢蕉沒有陪你回來，你就要揑造他的「秘密」？你剛才用你的嘴去喙損趙教授，現在又想用你的口沫去替夢蕉抹上一些色彩。

「夢蕉有一個母親在香港，白丹，你知道不知道？以前，我們都以爲他的母親死了，原來她是跟朱教授離婚的！」

「不知道，不知道，而且不想知道，」我又閉上眼睛。你的，他的，任誰的，我都不想知道。我不願給自己再加上負擔。

小曼仍然說：

「白丹，我想夢蕉是不會跟你談起的，對不對？他母親的第二任丈夫是個濶老；聽說，跟香港電影界的人士很有來往；還聽說，有人走她的門路，請她介紹認識電影公司的老闆哩。」

我不響。我聽見小曼在來回地走動。夢蕉的問題，一定還在她心中盤桓不去。她很少爲別人的事惋惜困惱。如果她爲那一件事惋惜困惱了，那我可以斷定：那件事就變成了她的了。她是一個自私的人。自私的人很多，豈止她一個？我現在看來也很自私，我不想管別人的事。

「白丹，你在聽我說話沒有？有人說，香港有個好職位等着夢蕉；或許，過了夏天，他就要去。夢蕉啊個傻瓜，既然有個有錢的親娘在那裡，他是早該去的。」

不知道，不知道；但如果他決定要去，他當然會告訴我。現在，閉上你的嘴吧，小曼！你的嘴最美，但有時也最叫人受不了。

「白丹，白丹，我不相信，我這會兒跟你說話，你竟睡着了。你是怎麼搞的？你故意裝聾作啞？你可知道，我爲什麼要跟你談這些？」

我想我是知道的，但我此刻却不願說這些。我不願把所有的煩惱找回來。就是這樣，我要睡了。

小曼見我不答，躺下後，仍在床上獨自喃喃。我靜靜地睡去。……然而，夢中却盛滿着我排遣不了的苦惱與渴念。

現在，我淸醒着，小曼倒是睡意正濃。月光終於全然消失，我關上窗子，拉攏窗帘，讓屋外的黑暗留在屋外，讓房裡的黑暗留在房裡。我輕輕躺下來，但仍感到鬱悶是床厚毯子，緊裹着我。一直到天亮，我的睡意始終沒有回來。小曼醒來後，第一句問我的話是：

「白丹，昨晚，我跟你說的話，你到底聽見沒有？」

「一半聽見，一半漏了。」

「爲什麼不回答？」

「要回答，可也很簡單：如果這次演出成功，『玻璃墻』一劇極可能被電影公司看中，改拍成電影。」

「誰說的？」小曼一下子跳到我的床邊來。

「我猜想，小曼！」

小曼吁了一口氣。「這裡祇有賣座好的電影被改成話劇，絕少有好的話劇給拍成電影……」她忽然停下來。「好在，演話劇，我只此一回，下不爲例，我不過是碰碰運氣看。史小曼寧可終老在櫃台邊，却不願終老在舞台上。」

我坐起來，湊着她耳朵，悄悄地：

「如果夢蕉能幫忙呢？」

「什麼？」

「如果夢蕉的母親能幫忙……」

「什麼？」

「如果我們能跟夢蕉好好地談一談，讓他透過他的母親，轉懇那位第二任丈夫把『玻璃牆』這個劇本推薦給電影公司，當然，還連帶你這位女主角……」

小曼摟住我，親着我的臉。

「啊呀，白丹，你眞够朋友，我剛才也在這麼想。如果我以後做了紅牌明星，一準請你做女秘書！」

「得啦，還沒登皇位，就封這封那，好意思？以後即使你肯三顧茅廬，我也未必肯做你的諸葛亮！」我滿不以爲然地。「我們且抓住『現在』再說，否則，夢蕉這一關，就很難打通。」

「那又怎麼辦？」

「當然，我們可以用『玻璃牆』這一劇本不該被埋沒這一理由去說服他，但另一方面，你也得爲『玻璃牆』好好賣力啊！」

「你是說，我首先要博得趙教授的眞心的讚賞？呵，謝謝你提醒我！」

我不是一個足智多謀的人。我可能常有複雜得連自己都無法分析的感情，但却缺少應付事情以及解決問題的才能。至於表面上爲別人、實際上爲自己的作法，我更棄若敝屣，但這一次，我却抓住小曼的弱點，勸她掌握「現在」，從而爲趙教授與小曼間正在擴大的裂痕，作了一個不着痕跡的彌補。從小曼昨晚所發的牢騷看來，小曼隨時可能拂袖而去，這對這個只憑志趣、不受任何合約拘束的劇團，委實是個太大的威脅；而要趙教授在這方面容忍小曼的驕縱，又是太不可能。那末，這或許是個最可靠的懷柔政策。

「我和紀蘭，跟夢蕉的交情要比較深，我們可以找個機會跟他談談。不過，最重要的一點，你得記住：如果你無法讓趙教授滿意，當然，你也就無法使夢蕉滿意。」

小曼雙眼閃熠，感激地捏住我的胳臂：

「白丹，你畢竟比我聰明！」

我微笑。我此刻的聰明，只是抓住了你想利用人的弱點，小曼。讓這兩句平凡的話在你心中發揮牠們最大的力量——使你馴順一點，聽從趙教授的指導，努力把「玻璃牆」演好。

我計劃着去看一次趙教授。

# 十六

大街的喧囂猶如夏日午後的蟬聲，噪聒着，永不疲乏。在夏季攻勢下，大街披上了艷麗的彩衣，一如夏威夷少女，熱情奔放，伸着長長的手臂，招徠多情的顧客。

而我，處在鬧街中，渴想一方的靜而不可得。

小曼的那組「廣告照片」，給店裡引來了好些年輕的女孩子以及年輕的男孩、中年的婦女以及中年的男人。他們端詳着史小曼。

我們的店裡，有個眞正的夏威夷少女哩，顧客們！

我坐在寫字檯邊。正在小曼忙碌的時候，我接到了立德打來的電話，他要我下午去看他。

「我邀小曼一起來，可好？」我不着痕跡地刺了他一句。

「呵，不，你一個人來好了。」

「要不要讓她知道？」

「不，不必，白丹，我有事跟你說。」立德被我刺得很狼狽。

放下話筒，我走到暗房外面。這幾天，不知怎麼，洗晒照片的人特別多，這，也就增長了佑侃躲在暗房裡工作的時間。他忙碌着、笑着，但我却覺得難過。他的笑容裡浮沉着憂悒。他無法用錢買到快樂。我們之間，有着彼此諒解的疏遠，也有着彼此諒解的接近，因爲我們互相瞭解得很深。

他把一堆烘乾了的照片放在桌子上。天氣很熱，在密不通風的暗房裡或者在烘乾器旁工作，都使人易於疲倦。他擦着汗，看見我走過去，笑了笑。我站在旁邊，幫他用切片刀裁切照片的四邊。他望了望我，沒有說「謝」，那是聰明的；因爲濫用感激的話語，有時反而現出感情的虛僞。

「我下午要去看立德，走得開嗎？」我問。

「沒有關係。你該去走走，否則，不就成了籠中鳥了？」他說着，抬頭看看放在擱板上的鳥籠。那對鸚鵡夫婦，非常恩愛，已把那個小小的籠子，當作牠們的伊甸園了。

「還有，趙教授那兒，你也該去一次。」

「我也這樣想。晚上還要去朱教授家，看看他們的排演。這樣，晚上只有你一個人管店了。」

「沒有關係。」他又說那句話，「你是暫時在我店裡幫忙的。立仁回來，你馬上就會離開。這是我的店，該出力的，畢竟是我自己。」

我又爲他這句話而感到難過。無限落寞。照相機排成的隊伍是他的驕傲、他的伴侶，也是他的寂寞。那光亮的科學產品，可以留住許多美好的情景，但本身却沒有溫暖。

「你應該去吹吹頭髮，白丹，你不要幫我切邊了。」

「我這樣很好，不必吹。我要把這些照片的邊都切好，因爲你累了。」

他又望了望我，沒有說什麼，因爲感激的話語這時是多餘的。

下午，我出去時，沒有乘車。世界經常在變，一個月的時間，確是太長了。街很長。街街都漂流着繁華。得不到牠，你會痛苦；得到牠，你又會覺得空虛。到底應該怎樣呢？趙教授在搞戲劇，數十年如一日，這樣說來，一個月的時間，又太短了。

前面不遠，就是夢蕉服務的報社。今天，我有些心不在焉。怎麼走到這兒來了？不知夢蕉在不在社裡，何妨進去問問看。

我不想上樓去，就請服務小姐撥了一個電話給他。他聽說我來看他，馬上從三樓跑下來。那份驚喜，使我感到不安。我並不是專程去看他的，雖然，見到他，我自己也很高興。

「佑侃今天總算讓你出來了，他待你眞太苛刻了。」當我們步出報社，他對我說。

「啊，不能這樣怪他，是我自己答應的。他是一個好人。」

我的聲音裡放進去太多的感情，這再度使夢蕉吃驚。他搜索我的臉。他的目光跟佑侃的不同，很銳利，想從我平靜的臉上鈎出一些什麼來，但我却沒有粉刺、面皰一類的東西。

「你對佑侃的印象，在逐漸變好、加深。」小小的妒忌，任誰也免不了；即使是夢蕉，他似乎也在爲我對他的態度而感到怨懟。

「這是根據你對他的分析！」

「他在你面前有沒有分析過我？」

「沒有，因爲他知道你跟我認識得比較早，我對你也應該已經淸楚。」

他點點頭，然後他告訴我：這幾天來，小曼在排演時，非常聽話、非常賣力、非常謙虛。在彩排之前，這種情形，令人欣慰。至於佈景板，也已經請藝術系的同學繪製好了。這消息的確使我安慰，我笑了起來：「夢蕉，你知道小曼怎會改變態度的？這說來還得歸功於你！」

「我有什麽功勞？眞誠所至，金石爲開，趙教授那種精神，才是小曼改變的原因。」

「但却不是小曼這塊頑石，夢蕉。小曼是現社會的聰明人，不要精神，只求物質。她說你的母親在香港，並且跟電影界人士很有交情。」

夢蕉好久沒有接話。我攔住了計程車，走了進去，他也跟着上了車。我把立德的地址告訴了司機。我沒有向夢蕉問下去。這是他的創痛。他從來不會提起過他的母親。我的母親曾愛過我，他的母親也一定愛過他。提及我母親的離去，旣會使我感到悲痛；那末，提及他母親的離去，又何會不會使他感到悲痛？更何況他的那種悲痛，又是一種不宜於跟別人共嚐的悲痛呢？別人對於一個母親的逝世，大多止於同情、惋惜；但對一個母親的離婚，却會憑自己的想像，編成一個故事，甚至是一個長得足可以寫成長篇的故事。那裡面，除了同情，還有輕蔑；除了惋惜，還有譏諷！我不該提及這件事，使夢蕉受傷。

「夢蕉……」

他握住我的手，阻止我說下去。

車子在鬧街中馳着，而沉默却在這小小的車廂內凝結。眞熱，彷彿外面不只有一個太陽，十字路口有小小的紅太陽，小小的黃太陽，小小的綠太陽。該學學小曼那樣，買把檀香摺扇才好，霍地打開來，古色古香的涼風，揮去半個太陽的熱。車到敦化南路，司機讓車慢下來，夢蕉却吩咐司機繼續開去，再兜一個圈子。

「我們要兜風！」

司機轉過臉來，詫異地瞥了他一眼。在下午三點鐘、陽光最兇的時刻兜風，這就是現在夢蕉所幹的傻事！但夢蕉對別人的驚奇，却無動於衷。他要嚴肅地兜風，在大太陽之下。

於是，突然，他的臉色鬆弛下來，猶如急馳的車子猛地煞住了車。這倒使我吃了一驚。他說話了，低沉的，每個字都是由嘆息凝成的。我沒有聽過他的這種音調與音色；這像是佑侃的，而不是夢蕉的。我所知道的夢蕉的聲音，應該是活潑而明朗。然而，說話的，確是夢蕉；在馳着的汽車中，他去拉回從前，拉回到他的童年與他的母親。他用聲音綴成一組照片，在我眼前放映。他母親是個有錢的大小姐，纖長、白皙，國畫中的古典型的仕女，但她進的却是洋人辦的大學。她有機會、也有計劃去國外深造，但她却結婚了。學位不是她追求的目標，她追求詩情畫意，追求「浪曼的心」（romanticism），追求現實生活中的洒脫超俗；但她的丈夫却要逼她認清一件事實：資歷的重要。而當他們發生爭執時，他憑藉的武器也總是用資歷鑄成的：「你懂得什麼？我的書比你讀得多，資歷比你的高！」詩情畫意和「浪曼的心」紛紛碎落，只剩下那有稜有角的觀念，威脅着她的自尊與她的幸福。婚後十年，她決定伴同她那業已長大的幼弟，去追求她早年甘願放棄的出國計劃，爭取一個與丈夫相等的學歷——碩士。

畫面顫動着，灰暗而悽幽。她哭着，她的白臉哭得紅紅的，被悲哀揑得皺皺的。她執着地要去，但她的愛心却仍留在她剛踐履的臺北，留在她那九歲的兒子身上，留在她那不肯承認「這觀念是錯的」的丈夫身上。九歲的夢蕉號哭着。他不懂，母親既然愛他，又爲什麼要去唸書？唸書是他的事，而他又一直把書唸得挺好。他把小書包拿了來，給他母親看，鼻涕淚水黏汚了書包、黏汚了書本和簿子，但她還是伴同她的弟弟一起走了。她說，她要回來，一定要回來，因爲她的愛心留在這裡。夢蕉在夢裡哭着要媽媽，醒來後又在父親的臂彎中睡去。那是一串悲哀、但仍充滿希望的日子。母親寄信來，寄照片來，寄禮物來；然後，她得了碩士，又繼續攻讀博士學位。她要摘一個碩大的果子，再回家來。

有一兩幅畫面瀰漫着歡樂與明麗，於是變得灰白而悲涼。朱教授經過一番掙扎。他在心理上實在負擔不了那個碩大的果子：博士太太。他寫信告訴她：她不必回來，他愛她，但他要跟她分居。她回到香港，住在妹妹家裡，做一個得不到家庭幸福的大學教授。所有的追求都失落，所有的愛都扃閉在她的心裡。她很少跟人來往，更不要說是電影界人士。

在白日之下，END出現得模糊而倉促，最後又回復到車窗外的一片鬧街。我的雙眼酸澀。夢蕉的嗓音低啞。有一種悲劇，你總無法避免；你想盡方法彌補，但結果却仍衝到支離破碎的中間。

「跟電影界人士有來往的，是我的姨父與姨母。」夢蕉補充道。

「令尊很殘酷，是不，夢蕉？」我說。朱教授寒氣四射的臉孔，如果給曝晒在陽光下，會不會變得溫暖？

「是的，對母親是這樣，對自已又何嘗不是？我知道他深愛母親，他為此失眠過、痛哭過，但他還是要分居。那個觀念害了他。在這方面，他是那個觀念的化身！」

「你恨令尊？」

「恨過，但現在已不恨他。他跟母親都很孤獨，但十幾年來，他們雙方都在心中互愛着。如果那時他勉強讓母親回家，那末，十幾年中的磨擦，那份愛心，怕早已不再存在。」

「我不懂你的話！」

「他們只能在那種情形下相愛。每夜，每夜，天邊吹來的晚風會吹醒他的懷念與愛情。白丹，愛並不是如你所想的那樣單純。」

在大太陽下兜風的興趣，到此業已結束。我們走下車來。當我邀他一同上樓去看立德時，他却拒絕了。

「晚上，他去我家接小曼時，我見過他幾次，我不喜歡他。」夢蕉說得非常率直，一種令人欣賞的率直。「你不見怪吧，白丹？我們有時本能地不喜歡某一個人，只因為他跟我們自已不同。」

這正如我自已之不喜歡他的父親朱教授。一個令人生厭的人，在其他方面，也定有可愛的地方，但這却是我們所不願去發現的。

我對於朱教授的喜憎的程度，是否已因夢蕉的話而有所改變，這連我自己也不知道，但我卻又看到另一個坐在黃昏走廊上的老人，懷念着那過去的青春、過去的愛情！一片翠黃的葉子悄悄地落下，悽悽地躺在寂寂的夜裡。

「我晚上在家裡等你。」夢蕉說，久久握住我的手：「白丹，希望有一天，你會看到我的母親。」

我走到三樓立德的寓所。立德已等了我好久，但他卻沒有一點不耐的神色。即使是煙碟，他也早在我進去之前洗淨了。那裡沒有留下一個煙蒂。他仍是那麼整潔而謙遜。你面對他，只覺得平和、可靠，絕想不到他從事的是一種冒險事業。

我坐落在沙發上，舒了一口氣：「到這裡來，眞有回到家裡的感覺，立德大哥。自從小曼排演『玻璃牆』以後，我還沒有出來過，以你看來，『玻璃牆』有沒有成功的把握？」

「我完全是門外漢。我只是把五萬塊錢交給趙教授做劇團的經費，別的我都不管，我甚至也不要名義。」他彈了幾下手指，暗示我，他對這一話題，已然不感興趣。

「小曼眞會成名嗎？」我偏問，而且偏着頭。我固執地要談他想避免跟我觸及的話題；那樣的倔强，足令別人和自己納罕。

立德點燃了一支煙，作爲緩衝，然後，他知已地笑了：「白丹，我們何必去管小曼呢？小曼不是一個誰都可以管得住的人！」

「我們只是推測一下。要是小曼成功了，對趙教授是好、還是壞？」

「我不知道，白丹。我從來不去推測這些。」

「對你呢？」那一下襲擊，太突然了，他怔了一怔。他認爲我太過分，而眼角溢出了對我的不滿，而眼珠子則格外地既亮且烏，牠們機靈地防備着。「小曼的嘴是不保密的，你跟她的關係，她早告訴了我，立德大哥。」我揶揄着。

他把剛燃起的香煙，一下子用兩個手指捏熄了，然後，空洞地笑了兩聲。他的眼珠子仍然既亮且烏，只是撤除了防備。「喏，我跟小曼的關係，已經結束了。我是感情上的流浪者，白丹。我喜歡她的那股衝勁，但也僅此而已。她是很好的情人、情婦，但不會是一個稱職的妻子。我們之間的關係，已經過去了。」

「永遠？」

「白丹，你超越你的權利了。」他突趨嚴肅，一臉冰霜，那兩個眼珠子，還是既亮且烏，像是兩顆嵌在冰塊中的黑石子。「我請你到這裡來，不是想跟你談小曼。她只是點綴在生活中的一朵大紅絲絨花，還談不上是一朵鮮花。她不是我生活的重要內容。」

我喝了幾口冰開水。薄薄的悲哀環繞着我。他提醒了我——我有什麼權利詰問他？我不過是對小曼以及對他的那種行爲感到厭惡。我本身實在是個膽怯的、溫柔的人，只是對某個人感到不滿了，那不滿就變成了銳不可當的勇氣；那是一種天眞，但也是一種危險！一句話，我有什麼權利？但權利到底是什麼呢？如果權利只是向受惠的人索取的副產品，那牠又該多麼可憐！

我默然良久，不過，我也知道，立德的本意並不是想叫我難過。他拍拍我的手，把地風扇的距離調整到更適宜於我的座位；然後，他走到房裡，拿來了幾張紙。他說，那是工廠的藍圖，他計劃跟朋友合夥開辦一家合板工廠，另加傢俱成品部，這只需少數幾個工程師，多數都是工人。

「我預備投資一百萬元，」立德說，「這樣，我就是大股東，我有說話以及安插人的權利。」

我看到他這時的眼珠子，烏亮得猶如黑瑪瑙。我沒有想到立德已有這許多財產——我開始是迷惘，接着是驚異，然後是突然感到每日那些辛苦工作的人是多麼地愚蠢，如果他們活着是爲錢、而不是爲工作的話。

「一個死板板的人，才會一輩子厮守着小公務員的職位。」他說。「好處呢，你不致有挨餓的恐懼；壞處呢，你成了寫字枱的一部份，老死在那裡，然後成爲字紙簍裡的廢紙，被送進焚燒爐裡。你生時無光無彩，只在死後竄躍閃亮了一下，如此而已。」

我沒作聲。薄薄的悲哀又環繞着我。他說的彷彿是我的父親。一個克盡厥職的人，但他一生的價值在哪裡？或許就是這「無光無彩」四個字。極端平凡的一生，却是一張寫滿了字的紙，說浪費也罷，說充實也罷，但牠現在總是已經陳舊不堪了。我痛心着。即使別人看來，牠已是廢紙，而對我來說，牠却仍是最珍貴的墨寶！

「我們現在且別扯別的，」立德又說。「我手頭只有八十萬，還不足二十萬，所以我要在最近的證券市場中去撈到牠！」

「立德大哥，你要小心啊！」我又看見證券公司裡那些對貪婪的目光。誰是肯犧牲自己的？

「唏，放心。」他擺擺手。「我心細、眼利，這幾年來，可說沒有失過手。這工廠已經呈准設立，我最近要和一位股東去一次日本，洽購工廠需用的機件。」

「啊，這麼快，說做就做！」我又不得不佩服立德的能幹了。「那末，小曼公演的那一天，你不去捧她的場了？」

「別人會去捧她的場的，白丹。你記住，我跟她之間的關係，已經結束了。最近，立仁有信給你嗎？」

「有，但不多。或許他太忙。」我說。薄薄的悲哀始終環繞着我。在愛情方面，我到底有否眞實地把握住？

「對一個單身男人來說，忙是好的。」立德站起來，去望窗外，但那神情却是侷促不安的。「我這裡也很少來信，除了要錢的時候。」

我也站起來，去望窗外——窗外的天空。在天之涯，立仁對我們的懷念是否在逐漸減少？因爲忙，還是因爲別的？不該想下去了。

「我的希望都放在他的身上。」立德又說話了。以前他說牠時，精神煥發；今天，他說牠時，却是低廻而蒼涼。「我是一個謹慎的人。我做證劵生意的勇氣，是他給我的，是我希望他出人頭地這一念頭給我的。白丹，他是我惟一的弟弟，我愛他。他在戰亂中出生，後來，我們又在戰亂中失去父母；除了我，誰關心他的幸福？」他在感情的最高峯時，猝然停止。一臉激動的波紋，載浮着兩顆旣亮且烏的眼珠子。那是一個曾經如此平靜的人的臉，愛、希望以及痛苦，竟使牠顯得比平常深刻而動人。我認識了立德的另一面。

「立德大哥！」

「你能像我那樣愛他嗎？」他幾乎懇求地。

「是的。」沒有別的回答更能安慰他，也沒有別的回答更能安慰我自己。

立德留我在他那裡吃晚飯。當我們眞正了解以後，我們的談話也就愉快得多。他說，我離開高雄半年，應該回去看看父親、兄嫂，這話不錯。我回答說是我也正有這樣的打算，只是最近實在沒有空，等小曼演出結束之後，我準定向佑侃請幾天假。之後，他又開始問我，他去日本是不是需要他帶些什麼這裡買不到的東西，我想了好久，却想不出。他笑了，他說，他要買兩三件精緻的首飾回來送給我。

快九點了，立德陪我下來。他替我叫車時，夢蕉的摩托車就馳到了我們的面前。他原來是在附近等我。

這場面很尷尬。我怕立德會不高興，但顯然又沒有另加解釋的必要；幸而夢蕉說：「趙教授叫我來的，他希望你早點去，又怕你找不到我的家。」立德說：「即使是你自己來接白丹，也沒關係，朱先生，我很信任白丹。」微笑着向我揮手。他對我的信任，倒反而成了我對自己的約束了。

我坐在夢蕉車子的後座上，馳過鬧街。我的頭髮在車速所導生的風中飄揚，那是眞正的兜風，我覺得舒服、痛快。恍惚前面坐的就是立仁。我慢慢地把右頰貼在他的背上，右臂伸過去環住他的腰。啊，不對，他不是立仁，立仁在遙遠的異域，還沒回來，他是夢蕉！我又把身子坐直了，迅速地抽回右臂。兜風的快意全然消失。夢蕉的車子慢下來，然後又加快速度。我一遍一遍地告訴自己，我愛的是立仁，不能是別人；即使我自己感到厭倦的時候，我還是强迫着告訴自己。

然後，車子彎進了小巷。夢蕉說：「白丹，你倦了嗎？把手伸過來。」隨着減低車速。他把我的右手拉過去，搭在他的腰上，輕輕地撫着牠。我重又不安地抽了回來。「白丹……」他嘆息着，然後又說：「最近社方有意派我擔任駐港的記者，我想在『玻璃牆』公演結束之後，就去香港，這樣，我就可以看到我母親。我在那邊，可能住上一、兩年，但總不會太久的。」

「希望你回來時是兩個人。」我祝福他。小巷很黝闇，他突的停下車，回過頭來看我；他的兩眼是閃熠的，隨又慢慢地暗淡下去。

車子又發動了，衝出了小巷，不久就停在他家的門前。在那明燦如同舞臺的大客廳裡，正在彩排「玻璃牆」；而在明暗不一的客廳落地長窗外，有一個人獨自坐在搖椅裡。

那是朱教授。夢蕉的話不錯，他浴在懷念與愛裡，像浴在涼風裡那樣，不願別人去打擾他。

夢蕉說：「今天排演得早，他們似乎已在排演最後一幕了。」

「那正好，我願意看到完美的結束——別誤會我的話，我指的不是大團圓。」

「我知道，趙教授寫的劇本也根本不是一朵長命富貴的紙花，而是一串散亂的珍珠，牠的好處就在這裡，而這，也或許正是一班欣賞力不高的人所認為的壞處。」

我的闖入，使正在彩排中的話劇有剎那的停頓。含笑的眼光成排地射過來，使我忘却了剛才的困惱。這裡猶似一個生氣洋溢的小型實驗劇場，沒有一般影劇界的浮誇。小曼在劇中也顯得天眞、樸厚，比在眞實的人生中，可愛多了。

這個月來，趙教授應該是最辛勞的一位，但走近來的趙教授却特別煥發、矍鑠。「白丹，今天，你是眞正的局外人。你一進來時，感覺怎樣？」

「劇作家的嘔心瀝血，加上導演的卓越指導，再加上演員的精湛演技，等於成功。所以，趙教授，你領導的劇團，一定成功。」

「呵，這幾個月來，你的口才，也大有進步了。」他滿心愉快地說，然後，拉着我，走到屋角邊低語：「白丹，小曼的確有演戲的天分，我想，以後，我要跟她訂一個合同，給她薪水，只要她能長久跟我合作，我倒有興趣導演，一個劇本一個劇本地。你側面代我探聽一下她的意思，好不？」

「好的。」我回答。對於戲劇的熱誠，使趙教授忽略了對於小曼個性的了解。我很難過。現在，我們最好不要提及小曼的將來。我們的將來都有一個範疇，而小曼的却沒有。

趙教授又走過去，去指點一些細微小節。我一直看到終場，而且衷心地鼓着掌。

小曼走到我面前來：

「我希望後天正式演出時，有一千個像你這樣的觀衆。」

我也這樣希望，不是爲她，而是爲趙教授。

# 十七

公演的第一天，我緊張極了，但那簡直是不必要的精神浪費，因爲身爲主角的小曼，仍然悠然自得。佑侃看到我神色不安，就拍拍我的肩，說：

「白丹，你怕什麼？」

「怕小曼怯場，怕趙教授失敗。」我苦笑了一下。「反正是，我是自找煩惱。我喜歡擔心別人的事，這是改不了的天性。」

「看看小曼吧，她是多麼有信心的，」佑侃說。「今晚，是她新紀元的開始。我今晚也要關上店門，陪你一起去看她的演出。」

我把小曼上場穿戴的服飾，統統整理好，放進手提箱裡，送她上汽車；於是，在叮囑過劉嫂之後，我們也都出來了。但事實上，佑侃也比我好不了多少，他的神色也很不安，笑容是虛僞的，僵硬得如用刀刻出來的那樣。我想阻止他不要去，但我却說不出口；而且，爲了趙教授，他也不得不去。我們沒有坐計程車，只走到站牌邊去等公共汽車。夢蕉在今天的×報上有篇「玻璃牆」的介紹，而且還刊出了小曼的照片；所以，在車上，我們聽到有幾個乘客正在談論她。

「那個妞兒眞漂亮，」一個穿AB褲的青年，大姆指插在褲腰內，興致十足地說。

「你說哪一個?」另一個比他更年輕的男孩說。看來,他是穿AB褲的啦啦隊,有一臉天花似的青春痘,架一副反光的墨鏡。「你說哪一個?」

「當然是演『玻璃牆』的妞兒,我們要買前幾排的票,好好地捧捧她的場;接連捧她三晚,第四晚散場時,就請她吃宵夜,她好意思不答應?」

那一邊,一個中年男人跟另一個中年男人也扯開了:「……什麼演員陣容堅强?倘若眞是好演員,那早就去拍電影了。這年頭,哪一個不想多賺錢,哪裡像當年我們這班苦哈哈的,救亡救國地參加巡廻劇團。那時,我們穿着草鞋,爬山涉水,餐風宿露,毫無怨言。現在,打着各色招牌,骨子裡怕都是爲了錢!」

「那些我倒不管,祇要演得好,我還是喜歡看。」對方似乎比較客觀。「電影明星賺錢,爲什麼話劇演員不能!這次,據說是大學的教授編導的,應該有些新鮮的東西。」

「反正是,年輕漂亮的女孩比藝術來得重要……」那位穿過草鞋的朋友諷刺地說了一句:「飽暖思淫慾,有些人看戲也好,看電影也好,看歌舞也好,眞正的目的……嘿,別提了,這是潮流!」

佑侃握住我的手。在這大熱天裡,我們兩個人的手,都是冷濕的。這些都不是令人鼓舞的話。

但到了戲院,臺前那排密密的華彩四射的花籃,却又把我們黯淡的心境染得燦熠了。這畢竟是眞人登場,跟電影院裡的氣氛完全不同。我跟佑侃順着花籃走去,看那些寫在紅色紙條上的名字:趙教授的一些學生的,他的幾位赫赫有名的教書朋友的,紀蘭和君實的,然後我看到了佑侃的。

我說:「佑侃,這是你的,用一色的黃玫瑰綴成,富有高雅的美。」

他短促地笑了一笑,忽然,我在他驚鴻一瞥的笑容裡,看到了他凋零的繽紛的夢。一朶花,在含苞待放時,是個完整的美好;但凋零後,花瓣却飄落在四周。什麼時候,一陣風吹來,薄薄的一片,又會黏在他的心上。我這才了解了佑侃那種時常綻露的感傷。我想冲散牠，因此也微笑着，說：

「怎樣？那些花籃，使你惦起了你自己店舖開張時的盛況吧！」

「呵，不，今天盛況空前。我的店舖開張時，別人送來的花圈祇有兩、三個；幸虧我有先見之明，早一天，化了名，在花店裡一口氣訂下了八個，這是不得已，從商就得商人化。」

我沒有想到我的話竟又勾起他的感慨，便不再開口了。我們回身，先找到了自己的座位，然後又走到後臺去。紀蘭和夢蕉都已來了，君實仍舊抽不出空，沒有來。雖然一切都準備得很舒齊，但後臺仍很雜亂、很忙亂。舞臺監督趙教授沉着地督促着應該注意的事項。我到化粧室去看小曼，想先給她打打氣，可是小曼看到我，却擲下眉筆，說：

「你瞧，白丹，我的臉部算是化粧好了，還不是跟平常差不多？趙教授說，我擔任的是剛從鄉下遷來都市的女孩子，不能濃妝艷抹，穿衣服也是這樣，適可而止。」又撇撇嘴，不服氣地。「可以亮相的機會，偏給壓下去了。我就不懂，爲什麼不使那個女孩很快地變成飛女或交際花呢？我更喜歡演那樣的角色，同時，這也更易博得觀衆的喜愛！趙教授在寫劇本的時候，爲什麼沒有想到這一點？」

「我認爲不是趙教授沒有想到，而是他認爲不需要。他有他自己的風格。」

「他的風格會毀了他！」小曼忽然悻悻然地說：「歌女、酒女、飛女、交際花或者風流寡婦，在我們國片裡，都大出風頭，他怎麼不肯面對現實？」

我搖搖頭。小曼演的雖是趙教授的劇本，但她却壓根兒不了解牠。對這，我又何必解釋？

「小曼，我替你把衣服掛起來吧，在出場之前，你最好保持心境的平靜，怎麼竟發起牢騷來了？」

「很簡單，我怕我的誘惑力不够，贏不到滿堂掌聲。」她開始更換衣服，在好些男性演員之前。我把她推到布幔的後面去。

「你簡直是少見多怪！」她瞪我。「如果我參加中國小姐，穿着泳裝亮相，又怎樣？如果劇本的場景是在海灘邊呢？」

「那時再說，小曼。別心猿意馬，好好地演，好好地演。夢蕉說，等你們公演結束之後，他要去香港，同時去看他的母親。」

小曼這才高興起來：「眞的？你跟他提起過我的希望沒有？」

「那還用說？小曼，好好地演，祝你成功。我要到臺下去看你的演出。」

紀蘭留在後臺提臺詞。佑侃、夢蕉和我，都回到臺下來。今天，賣座不錯，大約九成左右，而且，難得的是，趙教授不會向各機關推銷「紅票」。他說，這樣會削減藝術的價值。照小曼說來，趙教授是這樣一個不肯「面對現實」的人。

夢蕉和佑侃對話劇都比我內行，我坐在他們中間，就非得勉力把自己的欣賞力提高不可。燈光、音響、佈景，都有恰當而新穎的配合、設計。小曼的目光亮麗，姿態嬌媚，情緒的控制很成功，動作尤其自然。她的戲很重，所以大家全把目光集中到她的身上。

「看來，小曼是值得人們去寵愛的。」我對佑侃說。

「如果他們知道她是我店裡的店員，明天，我們的幾塊櫥窗玻璃怕要倒霉了。」佑侃回答。

「這是近些年來最好的一次話劇演出，但，我仍要說，功勞最大的是趙教授！」這是夢蕉的話。

但「玻璃牆」閉幕時，驟雨似的掌聲，却是灑向小曼的。當小曼出來謝幕時，那些年輕的男女孩子，都從座位上站起來鼓掌、揮手、吹口哨，爲她而瘋狂。我看到綻開在小曼嘴角邊的驕傲的微笑：她成功了。

觀衆漸漸散去時，我們同到後臺，向趙教授、小曼以及所有其他的演員道賀。這時，小曼的那種微笑，更爲顯著。她有大演員那種高不可攀的風儀，而我只是平凡的低微的人。她一揮手，說：

「白丹，你把我的衣服收拾起來吧。我們把其餘的道具放在這裡，明天再用。趙教授要請我們吃宵夜，你去不去？」

我沒有功勞，怎能接受犒賞？我回答她，佑侃和我都要回店去，因爲放心不下。

「那末，請關照劉嫂燒一大鍋熱水，我要回去洗澡；還有，別睡了，白丹，等我回來，別讓我叫不開門！」

小曼很自然地把命令加諸我的身上。有了今夜的成功，她似更有權來支使我了。我奇怪地想着：爲什麽她沒有想到她的成功，一部份還得歸功於我的推荐呢。啃，當然，她早已忘了這一點了。

我和佑侃乘車回來。我竟也十分疲倦，眞想靠在車座上睡去。小曼成功了，但她却在漸漸遠去。我又聽到掌聲、采聲……看到她站在臺上的微笑。她是願意過這種生活的人。

「我幸而拍了一組廣告照片。」佑侃的思想也跟我的一樣。「她在我店裡不會太久了。」

「你在爲行將失去一個好店員而惋惜嗎？」

「很難說。我跟她的感情，始終沒有建立起來。她走後，我也不想再請店員。我打算把你的薪水提高，我們兩個來分擔她的工作，怕也能凑合過去。劉嫂倒是一個忠心、伶俐的人，有時也可以叫她管管店堂。」晚風從旋開的車窗外吹進來，把他的語音拂到我的臉上，悠然地，沒有一絲遺憾的意味。

「如果我也要走呢？」我突然說了一句，說得非常殘酷，把他費力造成的大量喜悅，完全摧毁。他瞿然一驚；望着我時，陰暗中的眼神，還是惶愕不停。

「啊，我的確忘記這一點了，不過，你總會給我一個期限的吧？」

下車後，他扶着我，從小巷走進店舖的後門。他的這些動作，都很溫存，但也很有分寸。我非常信任他。他是一個能够自制的人。我一進去，劉嫂就遞給我一份父親拍來的電報：

「丹：汝嫂難產，即歸。父。」

我搖搖晃晃的。燈光在我眼前分裂成各種顏色的浮動盪漾的小球，光球下是躺在手術枱上、蒙着白布的嫂嫂。我尖叫一聲，撲在佑侃的肩上，啜泣起來。

佑侃拍拍我的背，說：「白丹，樂觀點。現在，難產是小手術。我送你上車站，還趕得上最後一班南下的列車。」

「店裡的事呢？這幾天，你最需要我幫忙，但我却走了。」

「這是小事情。白丹，我不會把錢當作生命。但你什麼時候回來呢？」

「不知道。或許半月，或許……她是一位好嫂嫂，我很難過。我不會在家務上爲她分一點勞。佑侃，如果我去了半個月，還沒回來，你就另外請人吧，我不會怪你的。」

「不要爲我擔心。」他說。他握着我的右手，陪我到樓上；整理了幾件東西以後，我又在他的攙扶下走下樓來。他送我到車站，並爲我在車窗邊搶了一個座位，於是，他說：

「白丹，我等着你回來——我等着你回來！」在黑黑的深夜裡，他一再重複着他的意念。他那不散的尾音，織進了興起的輪聲中。

# 十八

旅途上，那車輪的聲音一直滾在我的心上。父親說：丹丹，你回來。佑侃說：白丹，你回來。我說：請不要說話；車輪，請不要在這時打擾我。我不侈望睡一個長長的覺，但讓我睡一個短短的覺，摒棄一切的、純白色的小睡，彷彿是你送給我的一朵野生的小白花，使我可以在翌晨的朝陽下，佩着那份清新走出去。因為一個疲乏的旅人，常常還有一份沉重的工作等待着他去做。

鄰座的一個比我年輕的女孩，睡態甜美，睡意深濃。我眞羨慕她。我終於放棄了入睡的希望。我只窺視着窗外掠過的夜，來沖淡喋喋不休的輪聲。我的腦袋沉重得近乎痲木。淸晨，靠近八點，我走出高雄火車站。在別人的目光下，我或許憔悴得如同一片將凋的樹葉。

車站離我家不遠，但我再一細想，此刻，我該去的地方，該是醫院，而不是那個或許闃無一人的家。我應該先打一個電話到小曼的家，問問史伯母：嫂嫂住在哪家醫院裡？

走進紅色電話亭裡，心裡不禁惶惶然。接電話的史伯母，猶睡意惺忪。

「我是白丹，史伯母。」

史伯母一聲歡呼的尖叫，幾乎使我吃驚得把手上的話筒摔落下來：

「呵，白丹，你現在在哪裡？小曼演出得怎麼樣？成功還是失敗？」

我說：「成功，當然成功。我這會剛從臺北回來，聽說我嫂嫂……」

「小曼怎樣成功？白丹，快告訴我！我在夢中也在等待這消息！」

「掌聲如雷，采聲四起，」我喃喃着，手指插進頭髮裡，搔着那痲木遲鈍的頭皮。「大家都爲她着迷。

史伯母，聽說我嫂嫂難產……」

史伯母又是一聲尖銳的歡呼，彷彿她家裡就是一個劇場：「啃，了不起，了不起！我和她爹都知道這妮子有出息。我在報上看見她的照片，眞迷人……」

我用手扭纏着一綹頭髮：「迷人……迷人，史伯母，我請問你，我嫂嫂怎樣了？聽說她難產，現在可已脫離險境？」

「我不太淸楚。」語音模糊，莫非睡意又來了？

「她住在哪家醫院？我要去看她。」

「噢，省立高雄醫院：不，好像是二總醫院附屬民衆診療院。唔，讓我想想，前天晚上，你榆哥來這裡打電話叫計程車，我勸他上徐外科。還是讓我問問小曼她爹看，他可能比我淸楚。」

天哪，我發了什麼瘋，想到給她打電話？用了這麼些功夫，毫無所獲。我乘計程車，不也可以到家了？誰知道父親不在家裡等我！

我說：「史伯母，謝謝你，別麻煩史伯父了，我馬上要回家！」我放下手，手指上纏着十來根被我扭斷的頭髮。

這個電話，一如在我身上澆上一勺燃燒的汽油，使我遍體火熱，疲乏倒因此給燒去了大半。乘計程車到達家裡，推門進去，穿着睡衣的父親就走出來了。我那時的感覺是，如果我是一張半枯的葉子，那末，他便是一張全枯的葉子。

「丹丹，你趕回來了！我也剛從醫院回來。」他聲音微弱、顫抖，完全是一種受了傷的老年人的聲音。

「爸爸，嫂嫂她……」我抓住父親的衣袖，兀自驚懼不已。

「她已經沒有危險了，丹丹。你嫂嫂痛了一天兩夜，人都痛軟了；最後，還是大夫剖腹把孩子取出來的。要是以前在家鄉哪，什九母子都活不了。養兒育女，受煎熬的總是女人。」父親嘆息着，於是，又疲乏地笑了笑：「丹丹，你嫂嫂養下的是個漂亮的女娃娃。」

我的手滑落下來，雙腿向前一彎，身子順勢坐在玄關上，沉重的腦袋倚在牆壁上。一陣暈眩，彷彿又聽到了鼓掌聲、車輪車、史伯母的銳叫聲……從昨夜到今晨，歡樂、憂茫、鬱憤……全部湧來，又全部消失，只剩下深不可測的疲憊。

「丹丹，把車子回了，下午看你的嫂嫂去。我們和她，都需要好好地睡一覺。」

我付了錢，讓車子駛走。父女倆步履不穩地走向裡面。我先扶着父親，走到他的臥室裡，服侍他躺下。離開半年，父親衰邁了不少，每一條皺褶裡都記錄着他的生活史。新的一代又出世了，而老的一代則更進倏龍鍾。生的歡欣的另一面意味着什麼？在父親閉上眼睛的一刹那間，那個掠過我心中的强烈恐怖，震得我於然尖叫：

「爸爸！」

父親睜開眼來，驚駭地望着我：「丹丹？」

「爸爸！」什麼也說不出，只是一種無理的預感威脅着我。有一天，在父親與我之間，總會插上一道跨越不過的界石。他仍舊這麼靜靜地躺着。我尖叫着：爸爸！爸爸……然而，却是永遠得不到反應的叫喊。

「丹丹，怎麼流淚了？」

「回到家裡來，眞好，爸爸，」我把臉頰偎在他的胳臂上。還有多少次的依偎？曾經偎在冰冷的母親的臉邊，不肯離開，不肯相信她已經逝世，不肯相信自已已失去了那麼多——跟母親一同度過的時光；如果，以後，再一次地失去……用熱淚洒溫親人的冷身子，只覺得時間的浪濤，從人的身上一層一層地翻滾過去，這一層追逐那一層，一層一層地把人驅老了。澄湾湖畔有母親的墓，整個澄湾湖是她的墓園，是她依稀的江南故鄉。暮靄中，我騎着單車去那裡，到處是她的身影、她的笑容、她的聲音。父親因此不允許我常去，可是父親自己却常常要去。

「去睡吧，」父親說。「去睡吧，丹丹！」

你睡吧，父親；你睡吧，父親！我在心裡說。

但我還是去睡了。我不願在床上再想什麼。在車廂裡無法擷取的純白色小花，我要在自己家的床上擷取牠。榆哥沒有回家來。他在辦公廳與醫院之間奔波，我在黃昏時去醫院看嫂嫂時，他正坐在她的旁邊。

「丹妹，妳眞趕回來了！」嫂嫂很激動，伸出一只手，拉我坐到她的床畔。她在臺很少親戚，所以也就特別重視我的感情。「聽榆說，小曼正在臺北演出話劇，今天的報上說她很成功，而你竟趕回來了！」

「且別管她，現在，我是來看你的，嫂嫂。」我細細端詳她那蒼白的臉，產婦的、帶着一點喜悅的蒼白。未染上陽光的清朗的晨空！她忘了這兩天中跟死亡的搏鬪？哦，人總不是老把死亡放在心上的，否則，怎麼有膽量活下去？但，還沒有死亡威脅的我，今天却有太多的死亡的陰影，因此也就無法十分快樂起來。

「但我知道你很關心這次演出，我以爲爸爸不會打電報給你的。」嫂嫂說。

「他當然會。他們有很多人，而我只有一個嫂嫂。嫂嫂，你要好好休息，這幾天，我要住在醫院裡陪你。」

「那何必？你應該去陪爸爸，他累了。」她要我俯下頭去，然後，輕輕說：「丹妹，我生的是女娃兒，爸爸是不是不高興？」

「誰說的？沒有這回事！」

「我想，爸爸一定希望有個小孫兒，他老了。我自己也多麽希望生個男娃兒，讓他高興高興！」

「不過，在這一點上，爸爸也在盡力追隨時代。嫂嫂，你放心。」

「但在這一點上，我却很固執呢！」她幽然地說。

晚上，我跟院方商量好，睡在病房的空舖上。那已經是深夜了，白色的病房裡，黑暗瀰漫，靜靜寂寂的空間裡，氣氛平和，但却孕育着人生的兇險。此時此刻，在別的病房裡，可有什麽重病的人已然完成了他對人生的責任？我的感慨是：一個女人，要履行她的職責，就非得通過那樣的痛苦不可。我閉着眼睛，幻想着會經在這張床上躺過的那些產婦：結婚不久的娃娃新娘、風姿綽約的少婦、胖胖的中年婦人……我會經看到過的帶着孩子的婦人，一部份就在這時出現了。幹嗎要有這種幻想？只因爲我白天睡了很久，現在還沒睡意。對面床上的嫂嫂，已然睡去，但我鄰床的那個產婦，却猶在輾轉反側。於是，我咳嗽了一聲，她也咳嗽了一聲；我又咳嗽了一聲，她同樣又咳嗽了一聲。那種情形，宛似在黑暗中打訊號，但我知道這只是表示彼此間對這重重的靜寂與重重的黑暗所感到的不耐與不安，突然，她說：「明天，我要回家去！」不管她這句話是否是自言自語，但在那時的我聽來，却是對我說的。

「你生了已經一星期了？」我說，聲音中煞有已婚女人的味道。這是產婦病房，有關女人和孩子的話題，永遠存在，而且永遠適合。

「才不，我是大前天才生的。我不喜歡這間病房，更不喜歡跟你這張床相鄰。」

「噢，你不喜歡我睡在這張床上？」我眞有點不安了。我不知道自己有哪一點惹人憎厭。而在白天，那個中年婦人，看來雖然不挺溫和，但却很精巧，或許，精巧的女人最會精巧地挑剔別人的毛病。剛才，她的咳嗽聲跟我隔床相應，原來是種抗議！

那女人忽然坐了起來，在黑暗中，她的聲音變形地扭曲着：

「你眞是那個白太太的姑姑？怎麼，你剛才的聲音多像那個產婦？」

「噢，」我笑了，「哪個產婦？」黑暗中，人的意識有時也會混淆不清；然而，那個精巧的女人實在不必把對別人的嫌惡移到我的身上來。

「我也跟她在夜裡談過話，我也聽到過她的咳嗽聲和聽到過她的轉側聲。我恍惚覺得她仍睡在你那張床上，你知道嗎？我現在轉過身來時，看到的還是她，而不是你。」

「我不知道，或許她與衆不同。」

「她很特別——她睡在你那張床上，沒有再醒過來，她是在前天晚上自殺的。」

我緊抓住床沿，不使自己發抖。午夜，沒有脚步聲，但到處有幽靈的影子在移動。我睡在那張特別的床上，但鄰舖所看到的並不是我，而是另一個人！我也突然坐了起來，似要擺脫那個已然自殺的產婦。

「她是個好女人。」那個女人說。「她是個好女人，所以我受不了，所以我明天一定要回去。」她躺了下去。「你沒有看到過她，那很好。」

我也躺下去——但這並沒有什麼「好」，因爲我現在已經看到了她；她長得怎樣，那可沒有什麼關係，因爲她已死了，形像並不太重要：她是一團憂悒的黑影。我進來時，在詢問處，曾聽到幾個護士正在談論一件自殺的事，我現在知道那是屬於她的，屬於我這張床的——由於一個固執男人的不變的希望與失望、以及一個女人的無能爲力的悲哀。我現在看見她，正和我鄰床的那個女人之看見她一樣。一種在黑暗中的淸晰的浮現：她活着，躺在我現在躺的床上，而我則站在嫂嫂的床邊。她是以七個女兒的母親的身份，來這裡待產的。在這個醫院的另一病房裡，躺着她的那個期待着佳訊的、得了肺癌的丈夫。她躺在這張床上，而她的第八個性別莫測的孩子，則躺在她的肚子裡。情況非常緊張。那丈夫咳嗽着，一口一口地吐着帶有肺屑的血痰，倔强地期待着他的妻子在他患了肺癌之後所懷的孩子，而那孩子却並不想急急地來到世界上。大夫預測着父親的死會比孩子的生來得早，那個母親躺在床上，生與死的悲痛壓得她憔悴不堪。她聽到咳嗽聲，聽到哭聲，她的枕頭老是濕濡濡的。

「我從來不會看到過像你先生那樣倔强的人，」大夫對那個女人說。「他痛得、咳得很厲害，但仍不肯服用痲醉劑，他要等着你生下一個男孩來才甘心！」

她說：「他什麼都好，但他要一個男孩。他愛我，但他要一個男孩！他要去了，所以更要一個男孩。」

於是，她躺在床上，她不像她丈夫那樣滿懷希望，抗拒着死亡，而是恐懼着那個未出生的孩子是男是女。她愛丈夫，除了給他一個男孩而外，她已無法爲他效力。在她被推進產房去之前，她請大家爲她禱告，而守候在產房門口的，則是坐在輪椅上的她的垂死的丈夫。

但他守候到的，却仍是一個失望。輪椅推回到病房去時，他已失去了知覺。她重又躺在床上。她知道發生了什麼。流淚沒有用，什麼都沒有用。她掙扎過、愛過，她受的創傷比誰都重。那早已預備好的安眠藥對她很有誘惑力——

「她是個好女人。」我的鄰床又說。「我知道她睡不着，要吃安眠藥，但我却沒有想到她會吃得這麼多。她當時受的打擊太大。我現在看到她，看到她躺在你那張床上。」

我也看到她，看到她躺在我這張床上，而我自己却並不躺在那裡，並不存在。那是奇怪的感覺。就這張床而言，我並不重要，重要的是她。我滑下來，浮在空間，一直浮着，然後浮在透亮的晨曦中。於是，我看見嫂嫂已經醒來了。我走過去，又一遍地告訴她：爸爸非常喜歡有個小孫女，還有榆哥、我，也都非常喜歡，比喜歡一個男孩還喜歡。

我想，這種話，在以後，我或許還得一再地說。

## 十九

小曼的消息，各報都有刋載。嫂嫂經醫師拆了線，就回到家裡來休養。家裡有女佣人做事，我仍有較多的時間陪伴嫂嫂。史伯母走來探望嫂嫂，把揑在手裡的一捲報紙塞給我看。事實上，我根本無暇在她面前看，也根本不必看，因爲她自己一逕說個不停，把報上的評介全背出來了。然後，她又從洋裝袋裡掏出一個厚厚的紙包來，打開來，是小曼的一叠劇照；那該是由夢蕉拍攝、佑侃洗晒的。小曼在信上也說明了這一點，因此，史伯母便下了結論，說：夢蕉和佑侃都在追求小曼。

我對她的話，沒有表示意見，因爲史伯母不是一個願意接受相反意見的人；只是她的話語，激昻慷慨，頗像在對廣大的群衆演說。父親雖在客廳裡，却也聽得一淸二楚；所以就隔着扇板門，表示了一點他的觀感。

「史大嫂，我說，女孩兒一出名，麻煩的事情也就多了。女孩兒家，言行還得檢點。這點，你千萬要關照小曼。」

史伯母聽了，鼻子裡嗯了兩聲，然後，霍的起身走到客廳去。我巴望嫂嫂能淸靜一會，也就拿着照片跟了出去。

「白老先生，你這話是什麽意思？是不是白丹告訴了你，說小曼在臺北不規不矩的？」演說家的史伯母，片刻之間變成了一位詞峻義正的律師。她回過身來，把我推到前面去。「你說，白丹，是不是你說的？」

「我沒有說，爸也沒有說，你自己也淸楚我們沒有說。」我別過頭去。她的蠻橫，比小曼的更甚。

「她出名了，你不服氣，造小曼的謠言？」

「我不妒忌，也不想出名，小曼是我推薦給趙教授的。」

「我不相信，她信上從未提到過這一點！」

「或許你是一個不信事實、只信謊言的人！」

「丹丹！」父親阻止我，一邊轉向史伯母。「史大嫂，我只是關心小曼，別無用意，你旣然這樣，我們以後就不提小曼的事！」

史伯母斜睨我一眼。「這樣，以後就可以省掉許多閒言閒語。小曼長得漂亮，自有一大堆男人追求她，但她本人，却眞是冰淸玉潔，我對她完全放心。我從不相信謠言，從不像有些沒有見識的母親那樣，對自己的女兒也疑神疑鬼的！」

我把照片塞回到她的手中。怎樣做一個現代母親，她有大套宏論；怎樣做一個現代女青年，小曼也曾發表過許多高見；她們兩個所說的，可以不相關聯、不相衝突。我想，我這次回臺北去，如果小曼仍然住在小樓上，我就搬到趙教授家去，避免日後的麻煩。

「白老先生，你白丹是訂過婚的，言行倒的確要檢點、檢點！」她眨眨眼睛，然後勝利地離去。

我跟父親互望着。這究竟是怎麽一回事？幾句好話，竟把事情砸到自己的頭上來？那不是管閒事惹來的氣，而是史伯母存心「反噬」。她自己裝瞎子，却又逼人做啞吧。

父親說：「丹丹，不去管她說些什麽，只要我們對得起人、對得起自己的良心就行。」然後，他沉吟了半晌，忽然又說：「丹丹，你自己的言行，倒要多多檢點才是！」

也是這句話！我楞得不知用什麽話反駁。我是小曼？小曼是我？我衝動地說：

「小曼跟立德大哥有一手！」

「丹丹，你得憑良心說話！」

「那是千眞萬確的。立德大哥跟小曼都承認，但他們現在已經分手了。」

「我以爲你還是不要再上臺北去，丹丹，臺北的地方太複雜。」

「我要去。如果爸爲了不相信我，而不讓我去，那我就偏要去。我已經個把月沒接到立仁的信了，我可不願意整天無所事事地坐在屋子裡，專等他的信。」

我一向很少跟父親頂嘴，尤其是這次回家以後，看見父親已經如此衰老，當然更不忍有所違拂，但我現在却覺得很委屈。史伯母說我造謠，父親把我當作小曼看待，立仁沒有來信……我曾負着歉疚回家，準備爲這個家盡一些責任，但現在，我却不願在這裡久住下去。難道臺北改變了我？不是。那末，是現在的我已不復是以前的我了？我願跟一些瞭解我的人交往、相處，至少，那樣，我可以獲得一點快樂；但在家裡，我却找不到一個瞭解我的人。我覺得難過。我雖愛這個家，我的心却不在這個家裡；但我回到臺北之後，這種心情是否又會顚倒過來？我委實深愛這個家，深愛逐日衰老下去的父親，但我却必須離去。

父親望着我，因了解我而更其不安。他說：

「丹丹，是不是你跟立仁在信中起了爭執？」

「沒有。他總說忙，他的信已不像以前那樣熱情洋溢。他總說忙，我聽膩了。」

「但他一定是忙，你該相信他，丹丹。你自己早先也跟我說過，在美國，必定很忙，你怎好不相信？」

你要我相信他，但你却不相信我，爸爸。你願意相信別人，而不願意相信你女兒！我不了解你的心理。我愛你，爸爸，但我願意回到臺北去。你已有了一個小孫女，你不會太寂寞的，爸爸。

我決定重回臺北。我表現的堅決，使父親和楡哥都感到：與其勸阻我，不如依從我。半年中，楡哥已經陞任副課長。紀蘭父女的決裂，旣沒有損及他；而紀蘭父女的重圓，竟又使姚伯父把我的那份小小的功勞，記在他的賬上。在某些方面，我不贊成姚伯父，正如我不同意楡哥的處世做人那樣。姚伯父親切，趙教授也親切，但姚伯父不是趙教授，而趙教授也不是姚伯父。不幸的是，喜歡姚伯父的人，却遠比喜歡趙教授的人來得多。我去看了姚伯父。提到紀蘭，他已能笑得很高興了，他甚至還要紀蘭以後回家去分娩。我猝然若有所悟，那條裂痕，根本不曾存在過，牠只存在於我的想像之中。他又拿出冰西瓜來請我。黑子紅瓤的西瓜，非常漂亮，比無子西瓜更像西瓜。在我告辭前，他忽然告訴我：不久，他或許會被調到臺北的總公司去。

我很吃驚，因爲楡哥並沒有跟我提過這件事，或許這是一則連楡哥也不知道的消息。

「姚伯父，你是說，你要到臺北總公司去擔任別的職務？」

「是呀，我做了十年，眞太久了。十年應該有一點變動；只怕到了別處，找不到一個像你楡哥那樣幹勁十足的下屬了。」他響亮地笑着，顯明地透出他對楡哥的偏心。

可是，他的笑聲、語音以及姿態、手勢等的混合，却使我不快。那是怎麽說的呢？我願意姚伯父喜歡楡哥，但我也願意姚伯父能看出楡哥的缺點。我不願姚伯父把楡哥的缺點看作優點。這使我傷心——一種不是個人的快樂所抵消得了的傷心。我驀地激動起來，說：

「姚伯父，這是你過獎了，你祇是不願坦直說出你偏愛榆哥……榆哥跟一般人沒有什麼不同！」

「白丹，你跟別人有什麼不同？」

姚伯父的反詰，很溫和，但也够銳利。我馬上發覺自己的瘋狂：想用幾句話去摧毀他幾十年來培養成的人生觀，摧毀榆哥幾年來苦苦追求的目標。我有什麼不同？只因爲跟紀蘭是好友，今天才敢在這裏放肆！

我說：「姚伯父，你也別擔心。每個地方，自有像榆哥那樣的人的。」

然而，這話却仍不能使他滿意。他猛地抽了幾口煙，沉思了一會，然後說：

「我認爲你榆哥確有他的長處，只是因爲我們接觸的機會多，就使我更易於發現牠。譬如，他在人事方面非常協調，凡是到分公司來的客人，沒有一個不說他好。今天，是我第一次聽見你說……當然，你也沒有說他不好，對不對？」

「我只是不喜歡他深夜不歸，侍候客人打牌或者什麼的。」

「啊呀，越說越像孩子話了。公司裡來了要打牌的客人，他不伺候，怎麼辦？那他不是替我找麻煩！說來說去，不是他的錯，而是你的少見多怪。有時，我們還得陪客人到舞廳、上酒家哩，這算得了什麼？白丹，你太年輕了，紀蘭也是。以前她老跟我談什麼理想。我也有過理想，你榆哥也有過，只是理想是理想，現實是現實，最好分開來談，就是這麼一回事，你知道不知道？」

在陽光燦燦的夏日下午，我走了出來，昏昏沉沉，但又格外清醒。我讓陽光晒着我的身子，晒着我的心。我太年輕了！或許是的。還沒有經過挫折的心，總是年輕的。我仍無法承認姚伯父的想法是對的，但我不願跟他爭辯。他的理由常是一個個具體的事實，我的則是一句句抽象的話語，敵不過他，能够跟他針鋒相對的，只有趙教授。這一陣來，「玻璃牆」演出的成功，已使理想與現實結合在一起了。

我不想馬上回家。近年來，高雄市在迅速繁榮、發展。半年沒回家，我們新興區附近，也建起了幾座工廠。理想或許走得太慢，但總在前進。年輕人在慢慢長大，我相信，懷着像我這樣思想的人，一定在逐漸增多。

然後，我回到家裡。客廳裡坐着夢蕉。他還是穿得很隨便：廉價的襯衫與西裝褲。他的可愛就在這裡。他在跟父親談平劇。一本泛黃了的「戲考」躺在桌上。我不知道父親還收藏着這麼一本書哩。

「快來，丹丹，夢蕉來看我們了。」父親說，見我望着「戲考」，他用手摸摸牠，這麼會意地一笑。

「我跟白伯父在談平劇。」夢蕉微笑地說。「我對平劇的知識，像你對話劇的知識一樣，至少是在慢慢地增進。看多了，我知道平劇中的道白和唱詞，很多地方是相同的，什麼句子下面，有時一定接上什麼。這一點，在我受過西洋戲劇訓練的人看來，總太俗套了些。怎樣，白丹？」

「我看，夢蕉，你還沒登堂入室，就有意見了，眞了不起！」我坐在他的旁邊，刺了他一句。

「那也沒有什麼不可以！內行人因爲愛牠成迷，所以不會發現牠的缺點，也不會想到相傳已久的形式，有時是可以改良的；只有我們這班略窺門徑的人，才能站在客觀的立場去觀察、去分析。藝術貴於多變，白伯父，你說對嗎？」

父親搖搖頭。「夢蕉，跟我談改良，我可沒有意見；革新是你們年輕人的事了。」

「白伯父最謙虛。」夢蕉不再就平劇改良這一話題談論下去，但他一定還有別的意見。他喝着茶，有點心不在焉，而且，我有一個錯覺，他喝茶的神態有點像喝酒。

「白丹，你什麼時候回臺北去？這一回，趙教授和小曼成功了，只有你一個人沒有分享到他們的快樂。」

「我看了一場，盛況大概可以想像得到。你這次來，是叫我回臺北去？」

夢蕉笑笑，爲難地搓搓手。「那倒不是，只是，大家全很惦念你，因爲你也沒給他們寫信。白伯父，白丹還預備去臺北嗎？」

父親咳嗽了兩聲，看看我的目光，然後說：「當然要去。家裡也沒有什麼事。她嫂嫂已經出院半月，幫忙的佣人也很好。她什麼時候要走，就可以走。」說完，又咳嗽了兩聲。那四下加在頭尾的咳嗽聲，使父親的話聽來頗不自然。

「怎樣，白丹？」夢蕉說。

「當然要去。不過，以後，我得常回家，不要像上次那樣，離開得這麼久。」

夢蕉借來的吉普車停在門口。他說，他要載我去逛逛，我答應了。又是下午三點多，烈日下的兜風！好在我已不在乎了。我戴上太陽眼鏡，坐上了車。他一句話也沒說，一直往登山街駛去。塵沙飛揚，我要他開慢一點，他不理。我告訴他，這樣會闖禍的，不料，他竟殘酷地說：

「我要把車子撞毀在山邊！」

「你瘋了！」我尖叫起來。

「我眞有點瘋狂。我後天要趁班機飛香港，但我却願意跟你一起死在這裡，那是幸福的！」

「你瘋了！」我尖叫，我不敢去拉他的手。車子正以七十公里超速前進。「夢蕉，你騙我出來，你是有計劃的！」

他笑了起來。車子正逐漸駛近山邊。「我沒有計劃，我只是現在才興起這個念頭，但我還不會這麼狠心。」他把車速減低到三十公里。「我只是覺得難過。我快離開你了，而你却滿不在乎。你知道，最近，我常常喝酒，瞞着所有的人喝。」

「夢蕉，你把車子停下來。」我命令他。

他順從地把車子停在山麓邊，然後把頭伏在方向盤上。我喘息着。我太驚悸，因而，手上和額上都佈滿了冷汗。我說：

「你要我怎樣？要我怎麼樣？夢蕉！你知道，我有立仁，我無法愛你。你知道，我們還是很好的朋友，見面時很高興，分手時卻很難過。我並非無情，也非無義。你要我怎麼樣？夢蕉，醒醒吧！」

「我要你愛我！」他從方向盤上抬起臉來，凝視我。「愛我，愛我！」

「不，」我說。「我有立仁。」

「你能愛我，你能跟立仁解除婚約。」

「不，我愛立仁！」

「你並不太愛他。紀蘭告訴我，你們認識的日子並不長。以後，你跟他結了婚，你就會知道：你愛的是我，不是他；愛你的是我，不是他！」

「不，不，夢蕉。你不能說得這麼殘酷。你仍舊開車吧，慢慢地沿着山邊開。」

「我現在不能開，我的手在發抖，我眞會把你撞傷的。白丹，你老追着自己說不，不，你是騙子！」

我笑了，隨即把太陽眼鏡摘下來。我是騙子？騙所有的人？他是狂人！我笑着，卻驀地覺得這笑聲竟是十分空洞。如果我們是在山谷中，我倒可以淸晰地聽聽自己的笑聲的回音。他是狂人。他馬上要去香港了，他不該像這樣地跟我道別。我擦着鏡片，赤裸的眼睛卻望着他。他擧手去抓方向盤，但倏地，他的手改變了方向，伸向我，把我擁在他的懷裡。我掙扎着，但掙扎並沒有用。那是一種要跟我同歸於盡的强烈愛情。除了那個他決定要獲得的吻，他已把一切置之度外。我盡力保持着理智，心中說，不，不。於是，我突然發覺自已確是騙子。我顫慄地把兩手環上他的頸子。

「我愛你？還是立仁愛你？」帶着熱氣的輕語。臉仍是貼得這麽近，蓋住了我的臉，遮住了車窗外的田野與山岡，圈住了我的世界。

沒有回答。我只覺得震悸、紊亂與甜蜜。立仁沒有這樣狂熱，沒有在我想拒絕他時還能令我陶醉。

「你還是不願說。」他把我扶正，撿起落在排擋邊的太陽眼鏡。「你是個倔强的人，不肯承認自已的錯。」

「立仁也吻過我。」我說。我還想說，立仁的確沒有像他那樣地吻過我，但我沒有說。

「是的，或許還有別人。」他的聲音冷淡起來。他掉頭去看山岡上的綠樹，我也望着它們。一叢一叢還未長大的柏樹，在陽光下呈現着嬌嫩的黃綠色。我們看了好久，看到了夏日的蓊鬱。於是，他沒有掉過頭來，就說：

「白丹，你在想什麽？」

「沒有什麽。」

「你在想立仁？想他什麽時候可以回來？」

「我剛才的確想起過這。」

「或許你是眞的不愛我，是我錯了。」

「不，我是愛你的，但我仍愛着立仁。我不能寫信告訴他，說我不愛他了。」

「你還是願意繼續做騙子。你願意他回來，再在我們兩個中間選擇一下。我今天是來向你道別的。我希望自己永遠住在香港，不再回來，讓你免除選擇的痲煩！」他踩着油門，慢慢地把車子倒轉過來。「那山上的柏樹，很綠、很密，以後可供我們的憑弔。」車子沿着山邊往回駛。不一會，就上了大路。他沒有看我一眼，穩穩地駕着車子。我知道他決定要離開我了，但我不能說什麼，甚至不願阻止他。

# 二十

夢蕉的出現，使我提早了臺北之行。我心情煩亂，願意儘快回到工作的忙碌中去。在愛情上，我是懦夫，躊躇而缺乏決斷；我時時企求擺脫束縛，却又處處遷就現實。我愛夢蕉，勝於愛立仁，但我又怕立仁受傷。夢蕉離去時，帶着能夠染遍山岡的濃烈的愛與恨，跟山岡、跟街道、跟與他不識的人們低聲告別，却吝嗇得不肯跟我說句再見。他認爲我是騙子，投機份子，外表純眞而內心卑劣的人。我沒有分辯，也不知如何分辯。

於是，我趕着去臺北，並且及時爲他送行。在機場的人群中，我找到了紀蘭、小曼，也找到了他。他看到我，笑容在陽光下氷住，但在凝凍下却泛着更深的笑意。先沒說話，他伸過長長的手臂，與我握別；那握別該屬於那一天，但延到今天，竟又變得更具意義。那手臂在山邊會是如此地蠻橫、有力而誘人。我有着輕輕的震顫，然後說：「別去得太久呀，夢蕉！」那語音竟是懇求的。

「我知道，」他回答，鬆開了手，嘴唇還在蠕動；雖有許多話，却不是在這時可以說完的。他笑着，留戀地笑着；我們彼此彷彿已然獲得諒解了。

「我父親沒有來，他很難過。」夢蕉又說。「但這一次是他鼓勵我去的。他希望我趁這個機會去看看祖親，他並沒有忘記她。」

偽裝冷漠的朱教授，竟也一直被感情炙烤着！一個人對另一個人的感情，到底能够了解多少？你觀察着、分析着，但你知道的仍只是一部份而不是全部。我對朱教授，已由厭惡轉變爲同情。我安慰夢蕉說：「這裡有的是朋友，你別擔心他會寂寞，我也會去看他。」

廣播小姐的催促，使所有的人的依依不捨，都不得不告一結束。夢蕉如一尾游魚，沒入人群中，然後又在較遠的地方冒了出來。他乍隱乍現，不時回過頭來揮手，但我已看不清楚，只覺得他是濃霧中的影子，只有憑藉臆想去猜度了。有時，他似乎又從霧中走出來，越來越大，整個的臉壓在我的臉上，遮住了我整個的世界。

「你流淚了！」紀蘭突然說。

我抬手去摸臉頰，兩行不自覺的熱淚。不知怎樣去解釋，只訕訕地笑着。剛用手絹拭乾，另兩串又湧了出來。

紀蘭扶住了我。

「你惦起了立仁！」

「或許。」

不想否認，也不想肯定。我的悲哀是雙重的。夢蕉和立仁同樣凌空而去，在這片刻間，他們兩人竟又混淆而爲一。我恐懼着：立仁不會爲我而回來，夢蕉也不會爲我而回來。

而在我的另一旁，小曼也在用手絹輕輕地按着鼻樑的兩側，惟恐汗水會損壞她的化妝。我向她瞥了一眼，她便故意埋怨起來：「說是成名了吧，麻煩也就來了，在任何場合，你都馬虎不得。」然後，把身子旋轉得像風信鷄那樣，看別人是否在注意她。我把頭轉了過去，無心去看她的搔首弄姿。

紀蘭仍關切地望着我。我說：

「紀蘭，我們找一處地方談談，好不好？」

「好的。你到過店裡沒有？看到了佑侃沒有？」她一連用急促的語氣問了兩句，透露出事情有點不尋常。

「沒有。我是從車站一直趕來機場的。啊，眞叫人猜不透，佑侃今天怎麼不來送行？」

「佑侃這一陣子太忙了。小曼已辭去了工作，裡裡外外他一個人忙，我們要給他介紹一個店員，他又不要。」

「噢，最近辭去的？」

「是的，才四、五天。」

小曼回過頭來微笑。「我確實辭了，白丹。雖然徐老闆忙不過來，但我也沒有法子。我不能永遠做店員，過這種平凡的生活。」她揮手叫來了一部計程車。「我跟朋友有約會，先走一步。」她坐上車子，走了。

我和紀蘭還是找了一家咖啡室，坐下來。我們有一會兒沒說話。紀蘭等我先開口，但我保持着沉默。她看出了我的不快樂。

「白丹，你是回來工作的，還是來送夢蕉的行的？」

「兩者都是。」我旋轉着杯子。「紀蘭，我碰上了難題！」

我們對坐在卡座上。燈光幽淡。巨幅的壁畫裝飾着正面的牆：大草坪、樹林；碧綠向四周噴射。我們如坐在林邊的月光下。紀蘭窘惑地打量着我。

「不是爲小曼的事。佑侃早就料到小曼不會幹得太久的。小曼變得這麼快，我並不驚奇；她本是這樣的人，不變在她倒是反常的！她追求變化和刺激，這，我完全知道。但我困擾的是我自己；紀蘭，我也在變，你看得出不？」

「哪一方面的？興趣方面的，還是思想方面的？」紀蘭坐直身子。她的問話有點學究的風味。雖是好意，但卻問得不合時宜。

於是，我笑了起來；笑得很古怪，輕微細碎，却又尖銳，宛如我具有一副老鼠的利齒，正在攻擊一堆廢紙。那笑聲使她緊張、驚惶。我們不願彼此間有「陌生」的存在。

「愛情！」現在，我的門牙啃着木板，一啃一個齒痕，特別清晰。「愛情！我發現我的愛情在變！」

她儍了一會，忽然，她繞過桌子，坐到我的身邊來。「白丹，從你口中說出來，的確叫我吃驚。你不愛立仁？」

「不，不，我愛他，但這只是泛泛的愛，帶着很多條件的、不得不履行的愛。我現在發覺，我更愛夢蕉，這是純粹的愛情，所以也就使我格外煩惱。」

「是什麽時候開始的，白丹？我怎麽不會注意到？」她把我的杯子拿過去，同樣旋轉着。這樣的動作表示我們有困惱，我們的心正在不安地旋轉。

「或許在我和他相見的第一次就開始了，誰知道？我起初相信自己能够抵抗他——我拿立仁的影子來作盾，抵擋夢蕉向我刺來的矛。我曾回絕過他一次，以爲事情就此了結了；但他却是個勇士，前天，他來我家辭行，又跟我重提起這。我擧着立仁的盾，拚命抵抗着，但我終於敗退下來。我發覺我深愛着的是夢蕉。這是一個痛苦的答案。」

「是的，對許多人來說。」紀蘭把杯子旋得更快，我把杯子搶過來。我受不了。

「不錯，對立仁、立德以及對父親、榆哥，所以，這仍是一個秘密。紀蘭，你知道，我總是把秘密最先告訴你的。」

「我知道，而且，我以為沒有到必要的時候，最好不要公開。或許愛情是始終在變的，誰知道有一天你可能感到更愛的是立仁？」她伸手去拿自己的杯子，但却在半路上停住了。「啊，白丹，不要否認我的話。我只是感到，你和立仁分離得太久了。兩地相隔的愛人，感情要不是在漸漸臻濃，就是在慢慢趨淡；要使牠停滯在不濃不淡的情況下，那是很困難的。而現在，惟一的辦法，就是聽牠自然發展。白丹，我說的是實話。毀約可要考慮。」

我既沒有膽量告訴立仁，說我已愛上了別人；更沒有決心，提出毀約的要求。在夢蕉的眼中，我的這種行徑，當然又是投機取巧。但是，如果立仁知道了這件事情，他又會把我當作什麼樣的人？還有父親和榆哥呢？能原諒我的，或許只有我自己！我覺得自己很孤獨。

「相信我，」紀蘭伸過手臂來，圍着我的腰。「這件事，你千切隨便不得。愛一個人容易，愛兩個人却困難。我確實知道，你現在正處在進退維谷中，比我跟父親鬧翻時，更需要考慮與勇氣。」

我們並坐着，坐在樹林邊的月光下。歌曲是溪水，輕柔地滑過草地。我們是兩個追求愛情夢的孩子，紀蘭獲得了，而我却正在飛撲、捕捉。

「我希望現在跟你一樣，已經結婚了。」我忽然激動地低叫：「不管他是立仁、夢蕉、或者別人。」

「……」紀蘭沒說話。她大概認為我有點失常。

「或者乾脆不結婚，像立德那樣。我現在清楚立德不結婚的原因了。他是個謹慎的人，又是個多情的人。他是惟恐懊悔。我知道我最大的錯誤，是跟立仁草率地訂了婚！」

「別儘談這件解決不了的事了，」紀蘭苦澀地說。「除了這，應該還有別的事。且說，你今天回來了，此刻，你想先去看佑侃，還是趙教授？」

「兩個都想去看。」

「別說兩個好不好？事情總得有先後之分。你想同時獲得，只說明你是一個矛盾的人。」

我沉默下來。我的確在矛盾裡掙扎。當某一件事出了軌，其他的事都顯得紊亂不堪。小曼辭去了工作，佑侃獨立支撐着店務，等我回去。照理，我該儘先回到店裡去，但趙教授是我的長輩，在公演的第一天晚上，我就離開了臺北。我對他畢生致力的藝術，幾乎不曾表示過關切。

「『玻璃牆』的公演已經圓滿閉幕，趙教授最近可又有什麼計劃？」

「他還想帶着全體人馬上中、南部去公演；不過，小曼似乎不太願意。聽說，明天下午他要跟她談判。」

「那末，我今天回店去，明天晚上再去看趙教授。」

我們從咖啡店出來，已近中午。紀蘭急於回家去。我徬徨了。店不是家，我不願意一回去就坐在飯桌旁。我倒希望立德最近還沒去日本，我好去找他，問他這個月裡，立仁有沒有信；我會跟他一同吃飯，再慢慢探聽立仁的性格等等。但此刻，我去哪裡都不合適，除了飯館。

我走進一家飯館，要了一份經濟客飯。一個瘦黃的孩子走過來要為我擦皮鞋，我拒絕了；一個老婦人走過來兜售愛國獎劵，我也拒絕了；然後，走過來的是個賣香煙的中年婦人，我向她買了一包，拆開來。我在變？夾在手指間的香煙倏的沉重起來，牠揭示了我的一些什麼？痛苦、迷惘、暫時的遺忘……我亮起火柴，讓白色的煙頭塗上紅色。抽着、咳着、注視着牠消蝕。我有一絲快樂——對抗着那束縛我的一種什麼。但當煙蒂躺在煙灰缸裡時，快樂却又流走了。我開始進一頓毫無食慾的午餐，然後，打着呵欠，在櫃台邊打電話給佑侃，告訴他，我馬上要回店去。

他驚喜，而且，幾乎是驚惶；因爲，他說話很不流利、很費力：「你馬上回來？眞的……我每天等你。小曼走了。你已經知道了？……我每天等你。昨晚，我險些在暗房裡昏倒了。夏天，那裡面眞悶熱，我等你回來……」

佑侃說了好幾個「等你」，可以想像出他等待我的殷切。實際上，我從機場出來，就該趕到他那裡去的。我上車時，竟忘了自己的孤獨與沮喪，致使我看到他時，特別激動。他只知道他現在需要我幫忙，而不知道我此刻更需要他精神上的援助！

我還未坐下來，店中就來了顧客，是來買 Minolta 牌的相機的。我抹掉汗，熟練地從櫥窗中把相機拿出來。我變得很會說話，竭力誇奬着那種相機的優點；談妥了生意後，我還不甘心，又把三脚架、濾色鏡等附件全拿出來，勸他購買。最後，願望達成，我又送給他一隻鏡頭遮光罩。雙方都非常高興。

顧客走後，佑侃說，我從來不會這樣展露過口才，把顧客的心都說軟了。最後，他還問，我是不是想趁這個機會，訓練自己的口才，以便有一天像小曼那樣，在舞台上一顯身手；因爲剛才在電話中，他聽出我的聲音非常疲乏，而此刻，每個字却都充滿活力。

我看了他一眼。其實，我只是爲了想補償我的「缺席」、而特別賣力吧了。我又走到寫字枱邊，打開抽屜，拿出帳簿，看看近個把月來的營業狀況；然後，又把剛才的一筆交易記在上面。我抬起頭來時，却碰到了佑侃的目光。

「你爲什麼不去照顧店面？」我問。

「我喜歡看你工作。你是一個好助手，幹得比我自己還起勁。你看得出，這個把月來，生意並不太好。

小曼幾乎沒有工作過。晚上去演戲，固然不必說，到了白天，她又說需要休息。我都容忍了。爲了她演話劇，大家對她都容忍，連趙教授也不例外，但我却看得很淸楚，誰也容納不了她的野心。」

「但她至少還得跟趙教授合作一些日子吧。」

「不見得。前些日子，她一邊演話劇，一邊就跟這裡的一個電影公司導演聯絡。從她在『玻璃牆』一劇中演出的成功看來，她要踏入電影界，應該是不太困難的。」佑侃發覺自己說話有些激動，便停了一會。「不要以爲我這樣說她，是對她生氣。一個人總是往有利的地方鑽的。我在商場上耽久了、看多了，知道爲了要賺錢，什麼花樣不翻新？看到某一行業可以賺錢，大家一窩風地朝那條路上擠；看到那一家店營業蒸蒸日上，他就想分享一杯羹，在相同的地段，用相若的招牌，開一家給你瞧瞧。他有自由嘛。你怕還沒注意，你才離開二十多天，我們斜對面就開了一家照相器材行！」

「噢，眞的，我剛才沒注意。」我走到店門口去。斜對面的三樓店面，已經裝璜一新，店面比我們的濶，氣派比我們的大，照相機的隊伍也比我們的强，二樓是攝影室，三樓則是攝影函授學校兼攝影研究社。我木呆了一會。那家的老闆比佑侃更有商業的頭腦，他幾乎把攝影方面的生意，全網羅了去！

我很難過，也更淸楚這個把月來佑侃所受打擊的慘重。幾年來，他自己開闢出一條路，滿以爲可以駕着車子，順暢地駛過去；可是，才走出一段路，却發覺前面就是一座石山。

難道這家照相器材行的黃金時代已經過去了？

難道佑侃要再一次地被逼放棄他的理想？

中午的陽光似在街道上鋪上一層薄霜，刺得人眼痛，耀得人眼花。我有很多幻覺：巨大的車輪、被輾死的人體，在同一地方，像印成的照片，重新出現。圍睹的人群，然後是潔淨的街道上走着怡然自得的情侶。

沒有人會記得這平凡的人生片段。我希望自己也不記得，這樣，就會快樂些。在鬧街上，人們總只記得自己。

回到寫字檯邊，佑侃正踮着脚尖，在逗鸚鵡，彷彿他還願意把自己都忘掉呢。孔雀藍的羽毛，給陰暗的一角添上光亮。這對鳥兒是給人排愁遣悶的好伴侶。

「你瞧見了，白丹，你的感覺怎樣？」他還是望着鳥兒，臉上却有一片笑影掠過。孔雀藍的笑影，一種很奇妙的笑。

「在我的感受上，他們阻擋了我們的陽光，那是蓄意的謀殺。」我說。「佑侃，你不要老看着鳥兒啊，你該想想辦法才對。」

佑侃離開鳥籠，環顧着橱窗。照相機的鏡頭對着這個曾經驕傲過的主人。這會兒，他既不悲哀，也不憤怒，他只是披着一身落寞。他走過來，又走過去，然後，他說：「你說『謀殺』兩個字，很有趣，白丹，但也似乎太過分了吧。那是有關人命的呢！」他說着，竟然笑了。當然，他不會不知道我所說的「謀殺」兩個字的眞正意義，但他能以自己的悲哀作笑料，那是够勇敢的。

然而，我却因此而更其不忍了。

「佑侃，我簡直摸不透你的內心……你是無視於失敗，還是知道已經無能爲力了？」

「我只是正視現實。只要有個得力的助手，我是能够接受別人的挑戰的。無論如何，我以前的信譽不壞。老主顧固然不必說，即使是許多原先跟我們有來往的機關，也未必會把生意下顧給他們。我想，我們仍能維持下去。」

「這樣說來，你已沒有到中、南部去開分店的雄心了？」

他苦笑起來。「那是以後的事。許多事都不能想得太遠，對不？『現在』是重要的，現在，你來了，你願意繼續工作，這就好了。人不能永遠勝利——我雖然沒有勝利，但他們那一家就一定能够勝利嗎？」

那一天的生意倒很不錯。我們決定以滿意的服務以及低廉的價格，來對抗別人。我看望橱窗的時候，特別注目於廣告照上小曼的媚笑。對於小曼，如果你只記得她的笑而不記得她別的事，那你還是會喜歡她的。

然而，對於佑侃，如果你只記得他的笑，那是不够的。

## 二二

或許是紀蘭告訴了趙教授，說我已回到臺北，以致當我要去他家的那晚，他竟先來了。要他勞駕，那份兒歉疚，可不用說了。但他却說，因爲這次，他不但要看我，而且還要看佑侃，所以非得親自前來不可。這話不假。以前，他對佑侃的放棄所學，不會加上一句按語；這次，看到佑侃的事業又要受到挫折，倒不禁關懷起來。從這點上，也可以看出他跟佑侃師生之間的感情來。敏感的佑侃，深覺趙教授愛他之切，却又深以自已無以報答爲慚。在感激與愧怍交織的心情下，他的語音哆嗦得很厲害：

「趙教授，在你的學生中，你最偏愛的是我；而現在，最沒出息的也是我。我本想在精神的領域裡爭取一席之地，結果是知難而退，所以改而想在物質世界中闖出一個名堂來，想不到現在又觸了礁。」

「不管在哪一方面，你成功也好，失敗也好，我最喜歡的還是你。」趙教授安慰他。

佑侃毫不掩飾地讓淚水流下臉頰來。「我一直掙扎着，想擺脫平凡，我加倍的痛苦或許就是種因於這個意念。這一陣子來，我始終在設法找尋一個可以安慰自已的理由：一個人要自認平凡，才顯得不平凡。」

「什麼才是不平凡呢？佑侃，我想，努力就是不平凡；只要你努力，不管你成功或者失敗，你就是不平凡了。」

在沉重的炎熱中，吹來一陣涼風，使佑侃從多日的昏鬱中醒來。他沒有回答，也沒有微笑，但他的臉卻在平靜中回復了生氣。

於是，當佑侃能够笑的時候，他說：「趙教授，我應該向你道賀，這次，你完全成功了。」

趙教授猛吸了幾口煙斗。他並不如我所想像的那樣得意——甚至沒有像他計劃這次演出時那樣欣悅，他沉緩地說：

「佑侃，我不是孩子，我不願意聽『成功』這兩個字。我們總算盡力走了第一步，如此而已。小曼的演戲的天分，確實不錯，但她却絲毫沒有獻身藝術的信念。我倒愈來愈擔心她不肯再跟我合作了。你們發覺沒有？」

我跟佑侃對看了一眼。我們都沒說話；不是想矇騙趙教授，只是希望他最後能够說服小曼。但，即使我們這點想望，也很快地被趙教授猜着了。他仍非常平靜，可怕的平靜。

「我，你們，甚至別人，都會猜出她的動向。我還沒有跟她談判過。我不願低聲下氣地去要求任何人，但我也不願就這樣地放棄小曼；所以，我今天來這裏的另一目的，是希望白丹能爲我走一趟。上次，你帶她來看我，或許，這次，你又能把她帶到我的面前來！」趙教授忽然把目光和責任放到我的身上。

我本能地叫嚷起來：

「那不行，我連她搬到哪裡都不知道，而且，縱使知道了，要去說服她，也並不容易。」

「那末，連你也不肯幫我一點忙了？」

趙教授語音低微，語氣溫和，但他話語的份量，却是異常地沉重。我遽然臉紅，爲自己的自私而羞愧。在我惶恐得不知如何爲自己解釋時，趙教授却遞給我一張寫有小曼地址的紙條。

「這兩天，你如有空，不妨代我去看看她。她不滿意我的，不過是因爲沒有給她什麼報酬。幸而，這次的演出，賣座很好，我們已把那些盈餘全部充作基金；我已考慮過，不得已時，我要使她成爲我們劇團裡惟一支薪的演員。」

「趙教授，這又何必？你可以另外找一個！」

「她有才分，我不願意放棄她，也不願意看她好端端地糟蹋掉。你盡你的力，結果怎樣，都沒關係。」

我把小曼的地址揣進皮包裡，心裡眞巴望夢蕉沒有走；那末，今天，由他陪我去，將會可靠得多。夢蕉畢竟是跑新聞的，他只要認爲有必要，就會變得非常健談、非常幽默、非常機智。這是他的一部分優點。但我現在定得獨自前往，而且，我得說做就做，從速把這件事情解決！

「那末，趙教授，我此刻就去。」我說完，就往外走，隨又添上一句：「趙教授，你多坐一會，等着聽我的回音！」

又是計程車！到了臺北，我的生活水準無形中也在提高！而小曼的，自然更不必說了。看看地址，小曼住的不是她姨父母的家，那她當然是另外租了房子。她的消費在直線上昇，那不是一個店員的收入所能應付的。我懷疑是立德在跟她交往中的那段時期中，給了她一些錢；因爲小曼對於用什麼方法最容易撈錢這一點，早已瞭如指掌了。

在南京東路三段的聯合新村前，我跳下車，面對的也是一排排新建的高級公寓，跟立德所住的公寓大同小巽，可見小曼的雄心不小。她住的是底層，連帶着一小方的院子，院中種着一些在都市裡顯得珍貴的花花草草。開門的是女佣，我楞得像個鄉下佬，惟恐摸錯了門牌，挨人家的罵；先說了幾聲「對不起」，再問史小曼小姐是不是住在這裡。那女佣對我打量了一會，或許是我的語氣太謙卑了，她斷然說：

「史小姐有客人，你等一會再來。」

太瞧不起人了。我感到我的禮貌用錯了地方。片刻間，我的態度也變得倔强起來。對於這種狗眼看人低的女佣，倔强就是權勢。

「不管她的客人是誰，反正我也是客人。告訴她，白丹來看她！」

那女佣乖乖地進去了，出來的是帶笑的史小曼。她的慇懃，在門燈的光暈下粉飾得很好；不過，我還是看出了她的虛假，她搭着我的肩，故作驚喜地說：

「啊呀，你怎麼找到的？我正想有空去看你呢，你瞧，這房子怎麼樣？」她的微笑是爲了房子，而不是爲了我的到來。

「精緻極了，」我衷心地。「但是——」但是何必這樣浪費；啊，不必說了，我無權干涉她的自由。「但是，一個人住，不免寂寞了些。」

「我不怕寂寞，我知道如何去驅除寂寞。」她指指客廳。「最近，我結識了很多名流。在這裡，經常有朋友來聊天，今晚就有兩位。」她向我瞟了一眼。「你進去坐！」

「當然。」但我却忍不住又輕輕地問了她一句：「這房子是你租的？」

「一個朋友借給我住的。他說，我要住多久就多久，那不就等於送給我，眞慷慨。你看得出，這不比立德的房子還要大上一些嗎？」她又笑了，那笑聲裡已經沒有對於立德的懷念。我恍然悟到，那天，當她看到立德的新居時，她可能就興起了一種自己也要有座新樓的慾念：比立德的更大、更精緻。現在，她實現了。

「有一天，我願意立德也來看看我住的房子！」她說。

「我會跟他說的。」

我穿着平底鞋，走在打蠟的地板上，頗有步履輕鬆之感。客廳裡的兩位貴賓，都是五十來歲、略嫌肥胖、易患糖尿病、高血壓的男人。在某些場合，他們或許是道貌岸然；但在這個小姐的客廳裡，他們多肉的臉頰却承擔了過多的笑容。小曼很鄭重地介紹起來：

「胡董事長，白鳥羊毛衫廠的大股東。林理事長，臺北五金業的鉅子。他們兩位對於投資電影事業，都有極大的興趣。說來，也是想對第八藝術有所貢獻的不凡人物。」

「幸會！久仰！」在想不出話的節骨眼兒裡，「幸會」、「久仰」永遠不會出岔兒的。他們一本正經地站起來，跟我握手。熱天裡，白白的、冷冷的肥手，使我心中一怔，彷彿我摸到了一塊冰凍的肥肉，又膩，但我仍聽見自己在說下去：「兩位從商不忘藝術，欽佩之至。」在有些人面前，虛偽是必然的產物；我還沒有這樣大的勇氣，把憎惡寫在臉上和眼裡。

「我的好友，白丹，也是一位醉心藝術的人！」小曼拉着我的手，誇張地介紹着我。「你們只要聽聽她的名字——白丹，可不是一個可以上銀幕的響亮的名字？」

「當然，當然。白小姐今天來這兒……」五金林瞅了小曼一眼。「可是對拍電影也有興趣？……」

「呀，林理事長的眼光不錯，她才大專畢業，拍電影而有這塊硬招牌的，這兒能有幾個？」小曼跟我擠眉弄眼的；我看不慣她的那種作風，更不明白她的胡謅是爲了什麼。

那個專講究在羊毛衫裡摻進多少尼龍的胡董事長也湊了上來。「那好極了，拍一部『花開並蒂』的電影，已不必再去物色女主角了：一個演交際花，一個演學生情人，簡直是……簡直是……」說了兩句『簡直是』，却還接不上一個形容詞或者形容短語什麼的，乾脆拍拍五金林的肩膀，再來一句：「簡直是……林兄，你以爲對吧？」

我看情形發展下去，簡直是要「綁票」了我的來意，我紅着臉分辯：「謝謝兩位。雖然，我對戲劇有興趣，但並不想上銀幕。今天，我來這裡的目的，也想勸小曼不要急於上銀幕。趙天崖教授希望她繼續跟他合作演出話劇，而且趙教授還希望『玻璃牆』這個話劇，能到中、南部去上演一陣。」我說着，一邊坐下來。我有點沮喪。小曼對趙教授本就不滿，如今有了名流幫她推入影壇，趙教授的希望在她眼中當然會顯得更可笑了。我準備接受一陣狂笑以及一番把趙教授挖苦得體無完膚的諷刺話，然後，我默默地退出，惶慚地回到正等在佑侃店裡的趙教授的身旁。

「白丹，那眞是趙教授的意思嗎？趙教授是我最敬佩的人，他眞太看得起我了。」完全跟往常的語氣相反，一副感恩未報的神情。接着，又爲難地走到那兩位名流的面前。「怎麼辦？蒙趙教授看得起，是我的榮譽；但我跟兩位已經談得差不多了，也不能辜負你們的盛意。還有，那個『太空影片公司』的導演，也希望我能主演他最近想開拍的那部影片。我眞願意分身有術！」

「史小姐，無論如何，我們的片酬優厚；必要時，還可以增加。」

我也趕忙說：「趙教授的意思是，他準備給你高酬。」

「啊呀，這就叫我爲難了！」她向我這邊攤攤手，又向他們那邊攤攤手。「那位導演也這麼說，我怎麼辦？我想，我得好好考慮一下，明天再決定。我一定得這樣。我請大家這會別再提這件事了，先吃一杯冰淇淋。你們瞧，我的汗都急出來了。」她把電扇調節到最大風速，只是我沒有看到她的汗。

我們吃着冰淇淋，再度談話。話題很散亂，於是其中一位就談到了股票行情，談到了證劵市場，談到了最近某塑膠股票的狂漲；牠雖不像以前臺糖股票那樣地括起一陣旋風，但總不是好現象。

談到股票，我想到了立德，想到擠在證劵公司裡那群不滿足的人。

「有一位唐立德先生，你們可認識？」我問。

「唐立德？唔，見過他幾面。臺糖股票上賺了一些錢，現在，他也要跟友人合開工廠，別人硬拉我去搭些股子。唉，這年頭，開工廠的可多啦！他是你的親友？」

「沾一點兒邊。」我支吾了一下。

「好精明的人，一個子兒兩個用！證劵市場上有勝無敗，聽說，他有一個弟弟在美國，很會花錢。最近有人從美國來信，說他在那裡早已姘上了一個女人，却瞞着哥哥。你聽說沒有？」

我的手抖得把挑起的冰淇淋塗到了鼻尖上，接着，又把紙杯子倒翻了。小曼大聲說：

「你聽錯了，胡董事長，哪裡會有這種事，我不相信。唐立德的弟弟在國內已經訂過婚，他的未婚妻就是近在眼前的白丹！」

「哎呀，」那個擁有成堆羊毛衫的名流緊張起來。「我這話是聽來的，靠不住，白小姐不要當眞。那些太太們說話，老是捕風捉影，我這會兒才知道那是絕對不可能的。史小姐，你陪白小姐進去擦擦臉吧。」

每個人都擔心我會哭，我自己也擔心會這樣；但當我用濕手巾擦去鼻尖上的冰淇淋時，我的眼睛還是乾的。我知道我不會哭了。最激動的一刹那，已經過去。我對立仁的僅有的殘餘的愛，也已過去。我雖不相信牠會消逝得這麼快，但牠確已過去，連留都留不住。我覺得空虛，而且感到被騙的憤慨。他沒有眞正地愛過我。我重複地告訴自己：他沒有眞正地愛過我。那樣的重複，只使我的忿怒膨脹。我轉過臉去時，發覺自己在笑。小曼說：「那是謠言，白丹！」我說：「管牠是什麼，我才不在乎哩！」那口吻宛似小曼的。小曼把臉貼過來。「可不是，男人有的是！」「你說什麼？」小曼聳着肩，細細地笑起來。我想搥她一拳。我厭惡那笑，那是一種侮辱，但我畢竟沒有這樣做。我已十分倦乏。

然而，我却不願在小曼面前露出我的疲憊。我非常平靜地走出去，重又坐下來談話；坐得比我計劃的來得久，而且談論各色各樣的事，平穩而風趣。然後，我告辭出來。小曼在門口說：

「你今天很了不起，白丹，你知道嗎？你也能做一個好演員。」

我搖搖頭，不願在這方面為自己說什麼。

「趙教授以後會發現你的。」

「趙教授沒有注意我，只注意你。小曼，他還在我們店裡等着呢。你的答案是不是可以早些揭曉？」

「很簡單，我不會回到他那邊去的。我對他沒有好印象。他雖然是個能夠發掘演戲天才的人，但最後，他又會把他毀掉，像毀掉他自己一樣。這一點，他沒有想到。白丹，你有空可常到這兒來玩，做店員可沒多大意思。」

「謝謝。」我無力地說。

在車上，我幾乎想打瞌睡，我什麼都不願想，什麼都不要看。回到店裡時，我先找了一張椅子坐下來。趙教授和佑侃看到我這副模樣，都愣住了。

「白丹，小曼跟你吵了嘴？」趙教授問。

「沒有。小曼今天的態度，溫和極了，但她還是勝利了。她在兩個男人面前捧了你一陣，我以為她到底有良心；結果，却發覺她不過是想藉此自抬身價。我是個傻瓜，趙教授。」我閉上眼睛。我看到了立仁。

立仁在咖啡店裡，立仁在機場上，立仁在芝加哥，立仁在……我說：「我是傻瓜，我是傻瓜！」

趙教授說：「是我不好，白丹，是我叫你去的。你別難過，我對她的回來，本不存有多大的希望。你忘了她吧！」

我還是看到了立仁；他那突然亮起來的眼睛；他握着我的手，說：寂寞的時候，你會更懂得愛情。我說：

「我是傻瓜，他騙了我，我是傻瓜！」

那晚，我的精神始終沒有恢復，我提早上了樓。我不能跟他們解釋我爲什麽會這樣。

我又找出那天在飯館裡買的香煙，接連抽了兩支。第二天，劉嫂發現了煙蒂，吃了一驚；過幾天，佑侃也發覺了，他看看我，說：「白丹，我這樣的人，也沒抽上香煙呢。」

我把剩餘的煙捲全丢在痰盂裡。

但這不是結束。

## 二

關於立仁在美國與人同居的事，我對誰都沒提。我本來想告訴紀蘭，但她跟君實的愛情太鞏固了，她或許會說我是疑心生暗鬼，更糟的是，她可能會說我在編造他的不忠，藉此開脫自己感情變遷的罪疚。如果紀蘭果眞這樣說，那我準會跟她鬧翻，而我却是不願失去紀蘭的友誼的。或許，我該寫信告訴父親，抱怨他當初草率所造成的錯誤。然而，我一向不慣於訴苦，不慣於責備，更不忍父親在嫂嫂難產之後，遭受另一打擊。那末，最明智的途徑，應該是跟立德談談，但立德還沒有從日本回來；而即令回來了，立仁畢竟是立德的夢，那樣做，同樣是殘酷的。

對任何人都不願殘酷，那就只有把殘酷轉向自己。抽煙是小玩意兒。而現在，即使把煙捲丟了，煙蒂的星火却仍留在心上。我不願去踩熄她，我欣賞她的殷紅與熾灼。另一方面，我則在等待夢蕉的來信。夢蕉爲他服務的報社寫了好幾篇出色的香港藝文方面的報導。不過，在我沒有見到他的來信的惡劣心情下，我還是把他所寫的那些報導統統撕碎了。在事業的光熱中，愛情的光熱或許已經顯得微不足道了。我又是傻瓜！

店員的工作對我已不夠刺激，雖然我仍努力工作，但內心已沒有喜悅。於是，立德從日本回來了，他要我去看他。從電話中聽來，他的聲音是這麼愉快。他說：「白丹，我下午剛到。明晚妳一定要來，我有一個小小的宴會。有一些客人——都是股東，也可說都是朋友，但仍希望你能化妝一下。」

「是舞會嗎？」

「不是，或許可以稱牠爲鷄尾酒會，有酒、有食品。隨便吃，隨便談，非常自由。」

我答應下來。我是勉强的，並不太願意。我跟立德的那份「親屬」關係，既然不會維持得太久，那末，插足其中，也就覺得有點不倫不類。我只想趁此散散心，順便把話劇演出的情況告訴他。不管他對這是否有興趣，但我却有這義務；因爲，沒有他金錢上的支援，一切計劃到現在怕還只是計劃。

然而，要去赴宴，化妝以及選挑服裝，却是一件頗費心思的事。我把幾件夏天的衣服都拿出來，比了比。每一件料子都差不多，不太好，也不太壞，這倒像我的中上的姿色、中等的身材，永遠是排在中間，不前也不後。一件淡黃碎花綢旗袍，色澤最雅；可是，一種突然昇起的、跟自己作對的意念却使我穿上了那件火紅色、綉白色龍爪菊的旗袍，往鏡子一瞧，彷彿自己倒有點像小曼了。

佑侃在這時敲門，我叫他進來，那口吻也不像平常那樣溫和。過去的我，在點滴地溜走。我轉過身去的姿態，使他吃了一驚。他嚅囁地說：

「白丹，我幾乎不認得你了？你爲什麼穿那樣的一件衣服？」

「這樣不更漂亮一點？」我晃動着頭；我那長長的水鑽耳環也晃動着。我輕佻地走過去，而且輕佻地笑着。他後退了兩步，靠在壁上。

「怎麽，你好像怕起我來了，佑侃？」我說。

「我很吃驚。我不願你這樣，你以前不是這樣的。這一陣子來，你一直在變。我擔心你，白丹。」

「但我並不擔心自己。」我又搖擺着走回來。我希望立仁和夢蕉都在這裡。佑侃太老實了，我倒擔心刺傷了他。「我要下去了，你陪着我下去，好不好？我一直在做傻瓜，一直太安份，你知道不知道？我正年輕。」我又回過頭去，笑着，可是我自己却聽不見自己的笑；笑的好像是另外一個人。

「白丹……」我知道他原想勸我，但他却祇嘆息了一聲，便停住了，然後把一支鑰匙塞到我的手中。「這是後門的鑰匙，或許你回來得晚，我們都睡了，叫不應。」

「也好，」我說了，把牠放進皮包裡。「很抱歉，今晚不得不請假。不過，我還是要儘可能地早回來。」

立德新居的那個狹長的大客廳，今晚顯得很够氣派，兩隻大吊燈全亮着。酒櫃上，各種飲料，閃着各種誘人的色澤，有意要融入燈光裡去。另一張可以推動的塑膠板面的枱子上，各色點心，散着各種香味，也有意要混入化妝品的芬芳裡去。比我早到的，已有十來位客人；除了兩個女客外，其餘都是男性。我的裝束雖令佑侃吃驚，却赢得了立德的讚賞；因爲在這種燈光如雪的酒會中，淸雅是黯淡，濃艷才突出。

他鄭重地把我介紹給別些客人，說我是半個女主人，因爲我是他未來的弟婦。有一天，當他的弟弟從美國回來時，他將請在位的客人吃喜酒，並使我成爲這房子的正式的女主人。

這番話引起人們的熱烈鼓掌。在以前，我一定會因此而興奮、羞澀；可是，今晚，我却感到這是一種可笑的舉動，也是一幕逼眞的戲劇。有一天，幕落了，劇中人將回復他本來的面目，我和立德也將不再有什麼親屬關係。我驀的發覺，我像眞的在演戲。我儼然以女主人的身份，親切而恰當地周旋於賓客之間。

在我們已經愉快地聊了一陣之後，小曼才來到。她是由那位羊毛衫廠的胡董事長陪來的。穿着一件綴着藍色亮片的藍緞旗袍，臉部曾被悉心地化妝過。她的出現，使客廳裡的歡樂氣氛進入另一高潮。我挽着她，介紹給客人：「我的好友史小曼小姐，名演員，青春玉女型的電影明星！」掌聲隨之爆發；在透明的燈光下，如一群無形的人，擁過來、擠過去，好一會才停息下來。我又說：「今晚，她遲到，應該受罰，罰她唱一支歌吧！」掌聲又起。小曼回頭對我說：「怎麼，這兒彷彿成了戲院了？」我回答：「也許是。誰知道呢？」

小曼已然明白，在這個客廳裡，我已控制了客人的情緒。我已不再是膽怯、自卑的白丹了。我變得跟她一樣能幹。如果這兒是舞台，我將是一顆新星。小曼的歌喉本就不壞，她大方地高歌了一支「不了情」。我聽着、看着，熱鬧與快樂雖裝飾着這個客廳以及這裡的人們，但一股寒意却仍在我心中裊繞不去。我走近酒櫃，斟了半杯葡萄酒，加上少許威士忌，喝了下去，只覺得有種來自內心的舒適的暖意盪漾開來。我這才恍然，原來抽煙、喝酒、裝腔作勢，甚至跟自已厭惡的人娓娓交談，都不是什麼難事，只要你有這個決心。

小曼唱完了，我遞上一杯氷果汁，讓她潤潤喉嚨；但她却說，她也要一杯摻有威士忌的葡萄酒。於是，我們倆就一同走向酒櫃邊。

「我沒想到今晚你會來，白丹。」她端着高脚酒杯，看我。那眼光比杯底還小，容納不了我一個人的存在。

「今晚我怎麼會不來呢？我是立德的準弟婦呀。」我又輕鬆地在自己的酒杯裡注入一些葡萄酒。小曼鄭重其事地說：「那晚，老胡所說關於立仁的話，你不介意？」她把酒杯湊近唇邊。酒的琥珀色染上她的臉，斑斑駁駁的，令人生厭。

「當然，那是謠言。」

「但實在是眞的。」小曼神秘地眨眨眼睛。她把酒杯放回櫃上，斑駁的臉又光亮、白瑩了——灯光同時也照亮了她的企圖。在這小小的酒會中，她也不願有別的女人遮掩她的光芒；否則，那個女人，便成了她所想要傷害的對手。

幸而，我穿着的盔甲已經够厚，我仍能坦然地笑着：

「假也好，眞也好，反正，我現在不想爲這煩惱。一切等立仁回國後再說。」

小曼訕訕笑着，反而爲自己的鄭重其事而顯得尷尬。她趕忙把酒喝了，然後又拉着我的手，故作親熱地：

「白丹，我告訴你這件事，是爲了關懷你。還有誰肯告訴你呢？」

「謝謝，你太關懷我了。」我模仿着她的親熱相，也拍拍她的手。她瞿然一驚，竟分不淸我到底是眞心還是假意。

我們重又回到人堆裡去。今天，在場的，都是籌設中的合板工廠的股東，同時又是商場上或官場中的幸運者，話題大多有關於外滙、稅捐、出口、企業管理、股票等。我推測立德這次從日本回來、百忙中舉行這個酒會，或許只是想藉此跟股東們連絡連絡感情，並交換一點意見。看來，這個歡樂的酒會，似已達成了牠原定的任務。

「白小姐在哪兒工作？」忽然，有一位男客人向我提出了問題。他是一個高大的、年輕時候曾很瀟洒的男人，但他却有一副哽澀的嗓子，似是因爲每天開會、發表意見，把嗓子叫啞了。「我總覺得在哪兒看到過你。參加過商展小姐的競選？」

「沒有。我在一家照相器材行裡做事。」

「啊，何必在這種小店裡做事？如果你願意，憑我和立德兄的交情，我馬上可以把你安插到我的製藥公司裡去。」

「謝謝你，讓我回去考慮一下。」

我知道，現在，立德的交遊已很廣濶，我隨時都可以通過他而獲得一份薪給較高的工作，但是我却不願意。佑侃在我需要工作的時候，給我工作；在我請假的時候，留着位置等我。我可不願像一般人那樣地只知攀爬；要不，我跟小曼在本質上又有什麼不同？

雖然，客廳裡開着兩只電扇，但我却仍覺得溫度在增加。不知道是來自體內的酒精，還是來自外面的世界？我笑着、說着，但我並不快樂；這可不是我願意生活的世界。我隔着一段距離，望着立德。他，個把月來，奔走籌劃，也瘦了些，但却反而顯得年輕了——不，或許是酒使他年輕了些。他今晚不像平日那樣謹愼、持重，有時大聲地說話，有時則爽朗地狂笑……因爲他已接近成功的邊緣。

小曼又走過來，向我耳語：「白丹，你對立仁的事，雖無所謂；但，你看，立德呢？要是現在，我去告訴他，他會不會再笑？」

我驀地轉過臉去，又看見小曼在神秘地眨着眼睛。我淸楚小曼浪漫、虛榮，却不知道她還如此刁猾、險惡。她爲了自己，不惜破壞立德的快樂，而且，還想間接地使我在這酒會中下不了台。她得意地望着我，而且準備走過去；我終於拉住她：

「小曼，何必心急，我們好談條件。」

「條件？」小曼瞟了我一眼，「這倒很新鮮！」

我們走到遠離衆人的洋台上。我按住她的兩肩，帶着調侃的神情望着她：「我所說的是互惠的條件，小曼。」

「互惠？白丹，我是不肯輕易答應人家的要求的。」

「當然，小曼，你以前跟立德的事，那位胡董事長知道嗎？」

「這對老胡有什麼關係？」小曼仍然倔强，但也約略悟到我的條件的不凡了。

「最近，那位胡董事長跟你的關係密切；這件事，他的太太知道嗎？」

小曼呆在那裡，什麼話也說不出來，最後，又只好以笑臉來賠罪：

「白丹，我是跟你鬧着玩兒的，我們是好姊妹，你怎會計較這些？」

「我本來就不計較這些，」我說，「一心一意去玩吧，別打什麼歪主意了，小曼。」

小曼走回客廳去，我則仍留在洋台上。我並不得意。那是一種悲哀的勝利。我不願以這種手段去對付人，只是我無法選擇；小曼逼着我非走這條路不可。

憑倚着三樓洋台的欄杆，我仰望、俯視。星星很亮，燈光更亮。夜景很美，因為不美的都被夜色掩蓋。

一會後，我聽見有人在喚我，是立德。他已走到洋台上來。

「怎麽一個人站在這裡？」他問。

「裡面太熱，沒有這裡涼快，而且，站在這裡看夜景，很美。」

「立仁回國以後，你可以每晚在這裡看夜景。白丹，小曼剛才跟你說些什麼？」

「沒有什麼。」我說。「噢，對了，她跟我提到了趙教授；眞的，趙教授要我特別謝謝你。本來，他還想把五萬塊錢托我還給你，是我替你回絕了。」

「唉，趙教授也太客氣了，那幾萬塊錢，還一再提牠幹嗎？而且，說起來，我還眞難爲情……白丹，聽說小曼不再跟趙教授合作了？」

「那是因爲我、你、佑侃、趙教授，都是小曼的踏脚板。現在已輪到了另一位……」

「可是，趙教授的劇團總得繼續下去。小曼走了，可怎麼辦？」局外人的立德倒着急起來。

「她走了，別人會代替她。就說我，或許，有一天，也能上舞台。你贊成不？」

立德沉思了一會。「我不知道。至少，我不希望你像小曼那樣行爲不檢；同時，立仁也會不願意的。白丹，事實上，我的計劃已經實現了大半。等建廠的工作完成之後，立仁也就可以回國了——我要寫信告訴他，不管他要不要讀博士學位，他總得先回來結婚。白丹，那時候……呵，那時候，你會知道，留在家裡，實在比出外做事幸福。」

「當然。這件事，還是等立仁回來再說吧，立德大哥。我看，你對以後的事，也不要想得太多。我們應該對付目前。譬如立仁，他或許也在應付目前的環境，以致最近忙得連一封信也沒有時間寫。」

提到立仁的信，立德便沉默下來。我很抱歉，我冲散了他高漲的興致。在淡淡的綢紗般的光線中，他那隱約浮現的臉，就像是立仁的。我眞想告訴他，他才三十多歲，不要老是肩負着立仁哥哥的責任，不要爲立仁犧牲得太多，應該從頭開始，戀愛、結婚、養兒育女，使這座屋子成爲他自己的家；如果去年初秋，他致力的不是立仁跟我的婚姻，而是他自己的，那末，收穫將是確實而豐滿。

「等忙過這一陣以後，我要打一個電報給他。你不要爲他擔心，白丹。」

我擔什麼心？立仁已是一顆躍離了軌道的人造衛星，永遠不在我的世界中了。

「白丹，我從日本買來了一串養珠項鍊，你今晚要不要看看？」

「等立仁回來時再送給我吧，立德大哥。」

「那也好，由立仁送給你，當更有意義。」他攙着我，走向客廳。

我在酒會未散之前起身告辭，剩下一段時間，讓小曼再去施展魅力。夏夜十時，夜市正鬧，我不想馬上回店，就彎到趙教授的家裡去。趙師母在院子裡乘涼，拉着我的手，說：「白丹，你好久不來了。那一陣，聽說你回家去了，我眞擔心你不再回到臺北來。快到客廳裡去喝一杯茶，朱教授也在那裡。」

眞沒想到又會在這裡碰到夢蕉的父親朱教授。我對他的印象本在逐漸轉好，但這次夢蕉的無情，却又使我把對夢蕉的不滿加在他的身上。一走進去，就碰到他的那雙落寞的冷眼，但我已不再畏避，同樣冷冷地回看了他一眼。

「白丹，怎麼這麼晚才來？」趙教授的問話着重在「晚」字上，表示早來的話，可以多談一會。

「白丹，這時候到這裡來，可有什麼事？」朱教授的語氣却着重在「事」字上，那當然是表示他的不耐煩了。

「啊呀，白丹工作很忙，她抽空來這裡，是來看看我們，對不對，白丹？」趙師母怕我被朱教授的語氣吓倒，趕忙代我回答，順便又倒給我一杯白菊花茶。「年輕人作興喝汽水、果汁，白菊花茶是我們老年人的嗜好，解渴清涼，實在不錯。呃，我總費心留下一些老習慣，不願把以前的全丢了。」

又是跟我父親同樣的想法。世界變遷得太快了，他們總想抓住以前的一些什麼。我啜了幾口白菊花茶，芬芳、苦澀，回味中却帶着一分甘冽，確比汽水耐味。然後，我一口氣把牠喝光了，連那幾片細長的菊花瓣兒也給吞了下去。趙師母看了，讚許地向我笑了一笑，便回到裡面去忙什麼了。

「你從哪裡出來？看你一身打扮，似乎還到哪裡去應酬過了？」趙教授問。

「剛從立德家裡出來。立德今天擧行酒會，小曼也在那裡，還有十幾個跟他一同籌設合板工廠的股東。聽他們談話，幾十萬、幾百萬，好像滿不是一回事似的，所以我就跟立德提到我們很感激他贊助的那幾萬塊錢；他回說：這一點點錢，還提牠幹嗎？」

「我本就認爲，對於那些所謂『慈善家』，不必懷着什麼感激之忱，」朱教授狠狠地把煙蒂捻熄了。「他們拿出來的，常常是九牛之一毛；而我們所貢獻的，却又常常是一輩子的心血！」

「不要這樣說，若聖兄。」趙教授溫和地勸阻。「無論如何，立德這樣說，只是他謙虛吧了。」

「夢蕉有來信嗎？」我也岔了開去。或許不能說「岔」，因爲從看到朱教授的那一瞬間起，我一直想探聽夢蕉的消息，不管那消息是好是壞。

「來過兩三封，每次都提到你。」他彎起嘴角，分明是在笑。「這孩子向我作了一個可笑的建議，他說，我太冷淸時，可以叫你來陪我談談。他沒有想到，我能跟你談些什麼呢？」他拍拍落在右膝上的煙灰。這種小動作，加上他的話語，誰都聽得出這又是一種輕蔑！

「可以跟我談談夢蕉母親的事。夢蕉已經告訴過我了，說你仍深深地惦着她！」話一出口，知道自已的唐突；但也寧願自已的失言，因爲我終於對他還擊了一下。朱教授的刻板的臉驟然變得激動，嘴唇也就哆嗦起來。

趙教授趕忙阻住我：「白丹，你說話也太放肆了，朱教授是長輩！」

朱教授的激動繼續着，他那冷漠的冰殼在逐漸地剝裂。紅潤的臉色、友善的眼神、親切的聲調，在長期的壓制下出現了，那是一種奇蹟：

「白丹，如果夢蕉已把他母親的事告訴了你，可見你倆之間的交情也不薄了。或許是我早先看錯了，你並不是一個太膚淺的女孩子。」

「不，你誇獎了。」我突地感到難過起來。「我不及夢蕉，我竟膚淺得不知輕重地刺傷了你。夢蕉告訴我這件事時，他的態度是嚴肅的。」

「沒有關係。我也希望有人跟我談談，以後，你到我家來，如果你喜歡聽，我將把夢蕉母親的事情，詳細地告訴你，再見！」

朱教授倉猝地走了。他那反常的言談與行動，表示出他是被感情的漩渦圈住了。那漩渦一直存在，存在於靜水的下面。他承受着牠的騷動與襲擊，獨自浮沉、掙扎，無止無休，却又小心翼翼地把平靜無波的一面朝着別人。今天，漩渦却昇到水面上來了。

趙教授慌忙相送，但已落後了幾步，終於回過身來，困惑地說：

「白丹，我始終沒有想到他還不能忘情於他的妻子。今天，你實在太大膽了，我希望你以後不要太刺傷他，僅此一回，也已够了。」

「但我看得出，朱教授並沒因此生氣。如果眞的有人闖進他自築的藩籬，挨近他，聽他談談他的內心，或許他會逐漸變得和善起來——他就不會這樣緊緊地擁抱着自己的寂寞、以及緊緊地防備着自己感情的外洩了。趙教授，你以爲我有闖進去的必要嗎？」

趙教授用手在沙發扶手上拍了兩下。「想不到你倒還有一套看法，不過，這或許不是一件容易做的事。

看你以後的事實表現吧。只是，有一點，你一下子把朱教授逼走了，却使我們剛才正在研究的問題擱了淺。我們剛才是在討論：要不要排演下一個劇本？經費不成問題，成問題的，倒是女主角的人選。」

「當然，你們又提到了小曼，但對她，你們千切不要再存什麼幻想。」

「絕不，我們提都沒有提到她。演話劇有了一點小名氣，就想攀到電影界去，這是人之常情，我不怪她；但訓練她，我到底也費過一番心血，不料她在臨走時還踢了我一脚，這成什麼話？能演戲的，究竟不止她一個！」

「那末——」我停住了。這幾天來，我知道自己在急遽地改變。我變得大膽、活躍，而且有勇氣跟小曼抗頡。這一切或許只是爲了要想補償我愛情上所遭受到的挫折，但無形中却也洩露了我潛在的才能。在父親的管教下，我一直是很文靜的；然而，現在，我已不再稀罕這一特質了，甚至可以說，不再滿意這一特質了。我陡然站起來，筆直地走到趙教授的面前。趙教授頗爲詫異地看着我。「趙教授，你看我能演戲嗎？」

「你在跟我說笑。」

「不，我說的是眞話，我從未對演戲有像此刻這樣渴望過。」

趙教授也站起身來，笑着說：

「你這孩子，你是一心想解決我的困難，是不是？但你知道，這可不像做店員那樣容易。」

「我知道。我倒不全是想解決你的困難，這是我最近才昇起的興趣。我相信，小曼能的，我也能。趙教授，你叫我唸幾段臺詞看看，或者，你叫我表演一些喜怒哀樂的面部表情看看，或者還有各種動作……」

「白丹，你是對小曼不服氣？連我對她也不計較了，你何必牢記着她的缺點不放！」

「不是，不是！」我着急地連連搖頭，但我也無法把我的心理全部說出來。「我只是要你考考我，我有沒有演戲的才能?」

但趙教授却不願在此刻做這事。他比我煩惱，抓着頭皮，來回踱步，然後前傾着身子，對我說：

「白丹，你叫我怎樣對佑侃解釋?怎樣對佑侃解釋?」

這句話使我從趙教授的家裡跑了出來。我又不是佑侃店裡的什麼東西，我爲什麼不能享受自由?

這晚，我沒有回店去，却跑到朱教授的家裡。

## 二三

「你是對夢蕉有興趣呢，還是對夢蕉的母親有興趣?」朱教授從窗畔轉過身來，對我說：「或者是對我本身?我知道，我在你的眼中，一直是非常特別的。」

「我想，你們是三位一體，我都有興趣。今晚，我做了許多出乎自己意想之外的事。在立德舉行的酒會中，跟小曼鬪智；在趙教授家裡，向你挑戰；從趙教授家裡跑出來找你，深夜聽你的談話。我今晚也非常特別。」我坐在長沙發上，斜倚着，那樣地隨便，宛似這就是我的家。

「今晚不打算回店去了?佑侃會不會着急?」他皺皺眉，却沒有責備的意思。

「我不願別人把我看作佑侃店裡的附屬品。我需要一點自由意志。如果你這裡有一間臥房，那就最好；否則，我就到紀蘭的家去。」

「我屋子裡的確還有一間，床也乾乾淨淨，那是夢蕉的臥室。」朱教授笑了。「或許，我該先陪你去看看，等你放心了，才可以靜下心來聽我說話，因爲你今天是專來聽故事的。」

夢蕉的寢室在樓上的右側，那是因爲夢蕉認爲樓上更淸靜些。在我的想像中，這該是一個六蓆的充實的臥室，但等朱教授推開門來、捻亮電燈後，我才發現那個房間有十蓆大。單人床和書桌只佔了空間的一小部份。書桌的一邊是兩隻大書架，床的一邊是梳粧檯和一隻講究的大衣橱。那是一間不男不女的臥室，看了很彆扭。於是，我轉過身子，瞧見了牆上掛着一幅少婦的油畫像。我已不怪夢蕉，那臥房本是他父母的，他只是換上一張單人床，加上兩隻書架而已。

「夢蕉很愛他的母親？」

「是的，他每次回到房間來，都能看到她，又怎能不想她、愛她！」

「那是你的主意，朱教授。」我說。「夢蕉曾告訴我，他母親離去時，他還只九歲。事實上，你儘可以把這畫像收起來，但你却沒有，這證明你還是愛着她，而且還叫夢蕉想她、愛她！」

朱教授點點頭。「她喜歡坐在梳妝枱前看書。她是一個愛幻想的美麗女人，而我却偏要戳破她的幻想。我要看的是冷冰冰的現實。我沒有錯，但她更沒有錯。現實總要配上幻想，才算完美。如果這十幾年來，我一無所愛，可怎麼辦？」他在房間裡不停地走動。他不僅要讓我看這臥室，還要讓他自已看看十幾年前的記憶，那是足夠塞滿一個房間的。

但我終於打斷他：「這裡應該還有你和夢蕉的照片呢，朱教授！」

「那是在我的臥室裡，不值得看。不過，我要問你，夢蕉的氣質是不是更接近於他的母親？」

「很難說。他是記者，一定得認淸現實，但他也懷着理想，那似乎應是他的母親的。」我說。

「那末，你愛他的是哪一點？」他驀地抛出這句話，使我一時不知怎樣去接牠。我對夢蕉的愛情或許開始得很早，但却發現得很晚。愛他什麼？親切和隨便？或者是，他對理想的熱愛以及他對現實和人心觀察的敏銳？甚至還有，他愛情的强烈與純眞？對了，應該是這些的總和。立仁可不具備這些。

我說：

「朱教授，現在，要我在你的面前承認我愛他，那並不難，因爲他有很多的優點，但我却無法原諒他的一個缺點：這一陣來，他爲什麼連一封信也不給我？如果說，因爲他贏得了我的愛、而就可以不愛我了，那末，我想，我也能够很快把他忘掉。我已不是他母親這一代的女人了，只想緊緊地抓住一個失去的愛情而不想另去尋求！」

「當然，起初看到你時，我認爲你很軟弱；最近，我認爲你已變得堅强了。我不願夢蕉鍾情於一個軟弱的女孩。」

「你不是喜歡別人對你馴服？」我反駁他。「在這個時代中，許多男性，在公衆場合，都大喊提高女權，然而，回到家裡，他私心裡却希望自己的妻子是隻小鬈毛狗。看到別的女人向男人爭取平等時，心裡很舒服；但輪到他自己的妻子向他爭取平等時，他却又會不高興了。」

「呵，看不出你的見解倒不少哩。或許，我也被你說中了一部份。不過，我已不是當年的我，夢蕉也不是年輕時候的我。夢蕉沒有寫信給你，是怕你不够堅强，怕你不想擺脫，怕你擊不破我的冷漠；倘若這樣，寫信只是徒勞無功的努力。你沒有想到這些吧？」

「我想，你這一番話是爲夢蕉掩飾，我不太相信。」

「是夢蕉在給我的信中說的；要不，我怎麼知道？」他說。「我們到樓下去吧，泡兩杯清茶，坐下來再談。」我們走下樓去。朱教授把茶泡了，又說：「我本來喜歡喝咖啡，那是讀大學時養成的習慣；後來，去國外讀書時，却很想喝茶，這簡直是跟自己作對；回國後，有時喝咖啡，有時喝茶。夢蕉的母親說，我這個人就是不中不西！這次夢蕉來信告訴我，他母親也養成了早上喝咖啡、晚上喝茶的習慣！」

我們靠窗而坐。大客廳裡只亮着一盞壁燈，兩旁的窗子却都敞開着。已是午夜了。夏日的午夜最可愛。燈光消失之後，星月又燦爛了，都市變成了鄉村。朱教授轉頭去看嵌在椰樹葉中的星星，我也看着牠們，越看越覺得熟悉、貼近；慢慢地，又越覺陌生、遙遠。朱教授眼睛中的星星，也一定不是純粹的星星，或許是禮堂裡結婚戒的閃爍、晨曦中夢蕉母親眼中的光彩。或許在這樣的星月之夜，他們會說過蜜蜜的夢話，然後，淡忘於冷冷的白日中，再然後，他在深夜裡、孤獨中，找尋星星，找尋伴侶！

「朱教授，這次夢蕉去香港，你沒有叫他在看到他母親時傳達你的心意嗎？」

「沒有。」

「爲什麼？」

「很簡單，分開得太久了，不知怎樣措辭。」

「或許夢蕉會比你說得更好。」

「我不知道。」他幽幽地說，「我甚至也不希望她回到我的身邊來，我怕爭吵，怕幻滅。」我無可奈何地嘆了一口氣。或許，夢蕉也願意在那邊長住下來。人都能够很快地適應環境。到處是女人和男人，到處都可以產生愛情。這樣想，雖使愛情在我的心中減低了牠的神聖價值，至少，牠已幫助我了解了人生的一部份。

「白丹，我高興你果眞有勇氣來找我詳談。我明天就寫信把這件事告訴夢蕉。」

「爲什麼要告訴他？」

「因爲這是他所要的。他希望抓到一個憑藉，然後再寫信給你。他焦灼得很，否則，他母親就要爲他介紹女友了。現在，上樓去睡吧，那裡有他母親和他的影子！」

我睡在夢蕉的床上，望着夢蕉母親的畫像。這使我有一種奇怪的溫柔感覺。有時，好像我就是夢蕉；有時，又好像她就是我自己的母親。我的母親跟她同樣有一種溫柔的憂悒、溫柔的堅强。母親是一個能够耐心地抵抗貧窮與病痛的女人，她的愛在她逐漸消瘦中更顯得澎湃。母親沒有畫像，只有幾張拍得很糟的照片。她去世後，我們不願請匠人依據這些照片替她畫像，因爲在我們的心中，她是很美的，我們不願別人把她畫得很難看。而夢蕉的母親却是一個能够恒久地抵抗孤獨與喪失天倫之樂的女人，不露聲色，不需支援，比我母親抵抗得更長久，跟朱教授也可能還有重圓的希望。我睡在夢蕉的床上。我企盼夢蕉和他的母親現在已經回來。這希冀延伸在我的夢中。於是，我醒來了，聽見朱教授在房門外大聲地喚我，告訴我紀蘭一早就打電話找我。

我跑下樓去。我已約略猜測到當我正舒適地睡在夢蕉的床上尋夢時，我竟已驚動了許多人：趙教授、佑侃、紀蘭、立德、小曼，甚至還有其他認識我的人，他們四處查問，東找西尋，苦苦等待⋯⋯我拿起話筒，紀蘭就火辣辣地責備了我一頓，然後說：

「白丹，你是不是不想在佑侃店裡工作了？」

「誰說的？」

「大家都這樣想。佑侃尤其覺得難過。他說，你這次從高雄回來後，工作得的確太辛勞了。」

「沒有這回事！我馬上回店去。告訴他沒有這回事！」

我還沒有洗好臉，佑侃的電話也來了：

「你沒有出事吧，白丹？」

「沒有，我很好。」

「這樣我就安心了。白丹，演話劇的事，我已主動地跟趙教授談妥了。我告訴他，如果他有意幫我的忙，就該讓你試試看，那不會影響我的店務的。」

我放下話筒。這是早上七點鐘，在臺北，這還是很早的淸晨。一切都很美好，一切！但我却有一股莫名的悵惘。

## 二四

紀蘭拉拉那件特多龍料子的布袋裝，她那隆起的腹部早已妨碍了她行動的敏捷。此刻，她看着我，臉色非常嚴肅。她說：「白丹，我現在懷疑，把你拉到我們這一圈子裡來，是不是我的錯誤？」我想回答，但她馬上又說：「呵，不是，白丹，我一點也沒有看不起演員的意思，只是因爲有了小曼這一前例，我怕你步她的後塵。小曼的私生活已近糜爛，但偏美其名而稱這種生活是絢爛。或許，你正是目眩於她的那種生活方式吧？」

「別瞎猜，紀蘭。你不要把我跟小曼搞在一起。我現在很高興，我開始得很好。」

我們的確已經開始，而且非常順利。劇本是趙教授和朱教授合著的，在朱教授家的客廳裡排演。雖然沒有夢蕉在場，但有朱教授在旁協助趙教授，便使一切更富生氣。我每晚都在十點左右回來，剛好幫同佑侃把店門拉下來，然後在翌晨結算帳目。夢蕉的信終於來了，每三天來一封。我很想寫信給立仁，告訴他：我們都不必隱瞞什麼了。

一天早上，我剛結好帳目，小曼來了電話：

「白丹，你去看過立德沒有？」

「沒有。他很忙，我也很忙。」

「他忙着去證劵公司。你知道了他的事沒有？」

「什麼事？」

「××塑膠股票大跌，他買了幾萬股看漲，垮了。」

「我不相信。他一直是個很謹愼的人，而且，你是怎麼知道的？」

「老胡告訴我的。信不信由你。當然，對你無所謂，因爲立仁已經……」

我呆了一會。小曼最會打擊人，我可不能全聽她的扯淡，但我知道立德要湊足一百萬元去拼股子；這一陣來，出入或許大了些。我趕忙抓來當日的報紙，翻到經濟版，裡面就有一篇分析××塑膠股票從前些日子反常的漲、到近日反常的跌的文章。我的緊張驟然高昇，小曼說的可能不假。

「佑侃，如果立德眞的垮了，他會不會出什麼事？」我問。「我要不要打電話去，還是直接去看他？」

「去看他，越快越好。」佑侃一聽，把我推出店門。「免得懊悔，白丹。在股票市場上破產的人，什麼都不在乎了，連自己的生命在內。」

我眞像是直衝到立德的寓所去的；即使坐在汽車上，我也有自己在衝的感覺。一閉上眼，就看到自己衝上樓梯、衝進屋裡、衝向臥室……然後又衝向醫院。我喊着：立德要死了，立德要死了。我俯視着躺在急診枱上的青白臉色的立德……於是，我猛地發覺我是站在立德寓所的門前，面對着打開門來的立德。我嚷了起來，宛似這情景反而是不眞實的了。

「白丹，我也正想找你。」立德平靜地說，臉上仍覆着一層細緻的笑容。我檢查着那笑的線條，像檢查一張假鈔票的紋路那樣：在極端的相似中，我窺出了兩者之間的差異。「白丹，坐下來，喝一杯葡萄酒！」

「立德大哥……」

「你要跟我說的，我全知道，白丹。我們先來喝一杯。」他倒了兩杯，一杯遞給我。「爲以前的我，乾一杯，白丹。」他一仰頸子，把酒乾了。

「立德大哥……」

「何必去提那破碎的，白丹，我以前提牠，只認爲牠是完整的，而現在，牠是破成片片了。」

我不聽，還是問：

「可是，立德大哥，你總得告訴我，這麼幾天功夫，你眞的把以前賺來的錢全蝕掉了。」

「哪還會假？除了這房子外，全蝕光了。想起未做股票生意之前，那時，我從薪水中一點一點地把錢積下來，積了幾萬塊錢。那時，我沒有期望立仁能出國去，連正在唸大學的立仁，也沒有這種奢望。或許小小的慾望正是一種幸福。白丹，你的慾望很大嗎？」

「我不知道。我想，有時很大，有時很小。我們總是希望着、希望着，然後忽然發覺這希望很遙遠。對了，就是這麼一回事。立德大哥，你千萬不要太難過呀。」

他仍笑着。細微的凄凉的笑。然後，他驀地把酒杯一摔，激動地說：「我恨自己，連你也會恨我，白丹！」聲音蹦跳着，像石子那樣地滾在拼花地板上。

「我還不至於爲了一點錢而恨你，立德大哥，我還不至於這樣。」

「最近，我才得知立仁在美國早已跟人同居，這，你恨我吧？我已瞞了你幾天。這幾天來，我一直爲這痛苦。」聲音還是蹦跳着，但已沒有剛才那樣活躍。他伸出一隻手，拉住我，惟恐我的反應不僅是蹦跳，而且是爆炸。

但我，出乎他意料之外地，却以異常平靜的語氣，給那困擾着他的問題作了一個簡短的回答。「我早已知道。我也瞞了你一陣了。」不必驚奇於彼此間的隱瞞。我們的目的只是想不傷及對方，沒有別的。

立德鬆了手，軟軟地向沙發一倒，輕輕地啜泣起來。克制了好幾天的悲哀，再加上這次新的挫折，形成了決堤之勢。了解了立德之後，我對立德反而有了好感。在行爲上，立德雖然不能算是一個好人；但在內心裡，他却是一個十分善良的人。而我對立仁的憎恨，也就由於立德的低弱、碎心的啜泣而減小。立德的唏噓和訴說，不久就絞結在一起。他向我傾注，因爲除了我，沒有人會懷着與他同樣的心情聽他細訴——立仁辜負了他的期望。他去國不到半年，就跟人同居，因此，功課跟不上，獎學金也被取消了，生活就成了問題。這裡雖寄錢去，仍不够用，乾脆就停學去打雜。要是這樣，還不如回來的好……

然後，他又喝了一杯酒，平靜下來，以極端的冷靜語氣，再跟我談及他已退出合板工廠的股子、以及他準備怎樣了寫信給我的父親。股票上的失敗，已然像是過去的事了。那狹長的客廳，顯得出奇地清靜，像條冷僻的路——我想，不管發生了什麽事，人總還得活着。立德曾哭過。哭對他是好的，那是一種發洩。哭已經救了他。看來，危險是不會有了。然而，平靜地接受幻滅，平靜地甘願再走以前的路，却是需要很大的勇氣的。立仁只要有立德的一半勇氣，他在美國就不會弄成那副樣子。但現在，他是註定要回來了。我可不願意他這樣一無所獲地回來，即使他已不是我的什麽人。

「立仁剛回來的時候，或許會覺得很難堪。」原來立德也在想這件事。「可是過些日子，就會好的。他的不上進，或許是我的錯。我要他這樣、要他那樣。讓親人安排自己的前途，總不及自己去創造來得有熱忱、有興趣。我發現了這，但已太遲了。」

「立德大哥，無論如何，我不認爲這是你的錯。」

立德揮揮手。「在這次劇變中，我最感安慰的是，你並不怪我。你的話劇排演得怎樣了？」他突然提到我的事，表示他已不願再在碎玻璃上走來走去，自找痛苦。

「不久就可以公演了。」

「令尊知道了這件事沒有？」

「似乎沒有告訴他的必要。」

立德笑得很有深度。他想說什麼，但他知道他已失去這一權利。他藉笑容告訴了我：何必隱瞞呢？這不是一件隱瞞得住的事。但他畢竟只是笑着。

我在立德那裡坐了很久，因爲我淸楚，以後，我或許不會再來看他了。我沒有哭，也沒有笑，我非常沉着、成熟，但却抑鬱、滯重—許多沒有想到的事已經發生，許多沒有想到的事還得發生；我們活着，只是等待—等待那未可蠡測的未來。

## 一五

爲了要償付一些零星的欠帳和維持他目前的生活、以及或許還有別的什麼，立德急於想把那間公寓房子賣掉。這是我那天隱隱就預感到的。這房子還只居住了幾個月，賣得太便宜，自然不甘心；而要攀住一個價格，時間上又不允許。結果，也不知道立德怎麼想到紀蘭夫婦，他跟他們一商量，君實終於用很公道的價格把牠買了下來。紀蘭跟我談起這件事時，竭力避免提到立德的拮据情形，只說她自已正打算找一家公寓房子，而君實又沒空陪她去看，立德正好爲她解決不少麻煩。紀蘭想找一幢較爲寬敞的房子，這是眞的。不是爲了她臨盆在即，而是爲了姚伯父要到臺北來上任，公家暫時沒有宿舍，家眷暫時無法搬來，所以要到她的家裡住一陣。她要給她父親安排一個舒適寬敞的臥室。她知道，父親原有招待所可住，而他之決心要住到她的家裡來，無非是想重新調整、甚至重新開始、他跟君實之間的關係。

我跟立仁正式解除了婚約，這使我心裡輕鬆多了，而隨着這個消息的宣佈，竟也使近來一味沉緬於工作的佑侃，突然活潑了許多。他那死去的希望再度復活。我爲他擔憂，因爲我之獲得自由，並非意味着他在這方面能夠獲得勝利。

彩排那晚，我出去得比較早。我在服裝店裡拿了一件新做的洋裝，然後就去朱教授的家。朱教授看到我，神秘地笑着。「才五點多，大家都還沒來，你怎麼來得這麼早！」他的笑容，對我已不算稀奇了。

「既然出來了，也就不想再回去了。你瞧，這身衣服，漂不漂亮？」我抖開洋裝，翠玉似的綠，胸前飾一隻白緞花結，綠得使人心醉。我把牠貼到身上，比了比，一如把黛綠青春都收集到身上來了。

「乾脆穿上牠吧，讓我看看。到樓上的臥室裡去換，衣橱門上還有穿衣鏡呢！」朱教授催促我。

我捧着衣服，衝上樓去，推開門，把衣服放在床上。床罩有些皺，像有人剛躺過，彎下身，聞了聞，有股陽光味兒般的男性氣息。我那正想拉開旗袍拉鍊的手，本能地縮了回來。我驚惶地急急轉過身去，只見不知從哪兒冒出來的夢蕉，正站在我面前不遠。

「啊，夢蕉，是你！你不該躲着吓我。」我說。

「你不是很堅强嗎？我要試試你的膽量！」他俏皮地說，然後緩緩地向我走來。他的眼光很柔、很亮，霎那間把我融化了。我衝前一步，撲在他的懷裡。「夢蕉，呵，看到你，眞好！」他摟緊我、吻我，像第一次那樣强烈，但這一次，我已無須驚疑，無須抗拒，只享受着被愛與愛人的快樂。我願意他的臉遮住整個世界，也願意這世界小得可以容在他的懷裏。

「立仁有沒有這樣吻過你？」

「沒有！」

「你有沒有這樣愛過他？」

「沒有！」

於是，他滿足地再度吻我，然後嘆息地說：「我想，我也沒有這樣吻過別的女孩。我一看見你，就愛上了你！」

「我也這樣想，」我說。「可是你怎麼回來了？你沒有在信上告訴過我。」

「回來爲我所愛的女孩寫篇評介，可不是我最渴望做的事？白丹，爸寫信告訴我，說你並不比小曼差哩。」

「誰知道？在演技上，我相信跟她不相上下，但我却沒有她那樣富於魅力。小曼已經在拍電影了，這是一家小公司；她當然不會滿足，拍完了這一部片子，她要到香港去打天下。你想，她會成功嗎？」

「當然，香港影界所需要的，就是這種能歌善舞、還有一點兒嗲勁和性感的人才。用不到她着急，他們自會找上門來的，加上小曼大膽、肯暴露，二十靠邊的女孩，拍上幾部香艷、緊張的電影，不消兩三年，就是她的天下了。」夢蕉把我推向床邊，自己則返身走到門外。「快換好衣服，我們一起下樓去！」

我慢慢拿起衣服，又慢慢在床沿上坐下來。我擁着黛綠，但剛才茂密的青春，却忽然漂走；腦子裡很空，台詞全溜跑了。我把衣服扔在地上，忍不住喊了起來：

「夢蕉！夢蕉！」

夢蕉跑了進來。我用一臉呆木去迎接他。那黛綠堆在我的脚邊，他撿起牠，說：

「白丹，這件衣服哪兒不對勁了？」

「不是衣服，是我明天不想演了。」

「那怎麽可以？什麽都準備好了，而且臨時哪兒去找替身？」

「我覺得演話劇沒有什麽意思。」

「剛才還興高采烈的，現在怎麽唱起這種低調來？」

「努力沒有意思，怎樣的努力也比不上小曼的『回眸一笑』。趙教授的努力也沒有意思。」

夢蕉拉着我的手，看着我，然後坐在我的旁邊，用手臂圍住我。「有沒有意思，全在於自己的想法，白丹。你是你，小曼是小曼，你何必妒忌？」

「我不是妒忌，我絕不是妒忌！」我嚷着，把他的手臂摔開。「如果你也這樣說，那就是證明你也並不了解我。我演戲並不是求名求利；至少，我要別人說一句，我們是在認眞地、忘私地幹一件事！」

「你怎麽知道別人沒有說？你看，我請求社方把我調回來，一半也是爲了這件事；這不正說明牠是一件十分嚴肅的事？這次上演的劇本，比上次的，含義更深刻，表現的手法也更新穎，所以，我一回來，就先給本報寫了一篇介紹；否則，早去看你了！」他把我的臉扳過去，朝着他。「大家一團熱心，獨獨你澆冷水！聽我的話，好好地演完這幾場，至少爲我，白丹。」

我雖甘願爲他一個人演出，但那該是多麼地孤獨。公演前夕，擺擺手，一走了之，又怎麼對得起趙教授和大家？心裡雖然懷着這股無以名之的迷惘，但仍非得把這個角色演好不可。然而，演好是一回事，票房紀錄又是一回事。或許是這個劇本在含義和手法上已然超出了一般的水準，跟觀衆的心靈銜接不起來，以致縱有夢蕉的鼓吹，也僅使頭三天的賣座差强人意。第四天以後，空位子就更多了。來的多是些年輕的大學生，或許也是一些跟當年的佑侃差不了多少的青年。他們懷抱着希望，也懷抱着迷惘，想抓住些什麼，讓漂浮的自已能游到彼岸去。我竭力避免去看他們的眼神、以及那些楞楞地望着我的空椅子。我只看着夢蕉。我竭力把戲演好，但觀衆却是越來越少了。每晚散場以後，夢蕉總要安慰我：這不是失敗，不是失敗；不是我、不是趙教授、也不是別的演員的失敗。那末，是誰的失敗呢？難道是不來欣賞的觀衆？

我們用倍于花在演戲上的精神去對抗那份凄凉，可是，經濟上的支出却使我們無法維持。第十天晚上，是最後的一場。場子裡的觀衆寥寥可數，我眞不想去回憶小曼演戲時的盛況。在未上場前，我已偷偷地流下眼淚。趙教授走過來，說：「白丹，這次委屈你了。不是你的錯，是我的錯。我向觀衆提出了一些問題，我要他們不僅看，還要他們思想，可是他們絕大多數都不要。白丹，別難過吧，至少，我們播下了種籽，總有些人，看過了，無法忘掉牠。或許，在許多年之後，他們已忘掉了許多東西，却沒有忘掉在這個寂寞的戲院裡認眞演出的這個認眞的劇本。只要有少數的人懷念牠，我們的努力便不是白費。」

這就是夢蕉所說的「沒有失敗」嗎？或許，這只是自我安慰；但是，除了自我安慰以外，我們找不到別的力量。我還是懷着迷惘與悲哀，走上台去。這是最後一場，可能是此生的最後一次。我努力着，不想給自已留下慚愧與懊悔。夢蕉坐在三排的正中。這十天來，他都坐在這個位子上。他上身向前微傾，永遠是一副沉醉的神情。難道別人不屑來看，而他看了十遍，還不覺得厭倦？呵，他只是怕我失去勇氣吧了，我們終於艱辛地度過了這些個漫長的夜，以後，我們再也不必這樣苦守着了。我在沉重之外，也感到輕鬆不少。第四幕開始時，我瞥見夢蕉後排的一個空位上已經坐着一個跟夢蕉同樣年紀的年輕人，也是這副沉醉的神情。我開始並不太注意，後來才發覺他的一些小小的動作，對我有着某種的熟悉。於是，我才仔細地向他望去。我碰到了他的目光，我幾乎尖叫起來。他是立仁！

立仁回來了。

我竭力控制着情緒，以免影響我的演出。事實上，我已經把他推出我的心外；同樣，我也應該已經被他推出他的心外；那末，他爲什麼要來看我的演出？又爲什麼獨自一個人來？他的「另一半」呢？我沒有想到，這種意外的相見，竟會使我如此驚悸、激動。這是殘餘的感情，還是殘餘的悲憤？

閉幕以後，我惶惑地奔到化粧室裡，前額抵着牆壁，有哭泣一會的衝動。紀蘭跟着走進來，又是勸我不要爲失敗難過這一類的話。我說，紀蘭，我已聽够了，你別再說了；你再說，我就要爲你的話難過。我的語氣粗魯、態度惡劣，但紀蘭却原諒了我。她說：白丹，你眞的累了！

我累了？我豈止是累？簡直是煩透了。你看到坐在夢蕉後面的立仁沒有？你說，換了你，你的心情會是怎樣？我沒有跑下臺來，已經算我有修養了。但我什麼也沒說，只點點頭，回答：「我確是累了，紀蘭，我要馬上回店去。你跟夢蕉說一聲，我先走了。」我匆匆洗去了臉上的油、脂，拿起皮包，走向戲院的側門。我不僅想避開立仁，也想避開夢蕉和別人。我想獨自安靜一會。憤怒、悲哀、痛苦……任什麼都願獨自承受。側門外是條小巷，還有一盞路燈，多餘地照出我想隱藏的身影。當然，立仁也可能已經隨着別的觀衆散去。

他可能只是路過戲院門口，不帶任何目的地進來看一下。但即使這樣，我也寧願回到我小樓的寂寥中去。我是女人，我畢竟沒有廣濶的心胸。

走出小巷，又是戲院門前的大街。觀衆早已散盡，戲院裡的一個十幾歲的小厮，正在急不及待地撕去海報。我打量着街的兩旁。是不是有紅色的計程車可以載我離去？這時，一隻手伸過來，捏住我的右臂：「白丹，我正在等你！」彷彿十分誠懇。

「你是誰，我不認得你。放開你的手！」我說。我沒有轉臉去看立仁。我願意用我冷酷的語音告訴他：我眼睛中已沒有他。我已決心忘記以前，而以後，我們生活的圈子也決不會相同。我們已用不着靠今天而把以前和以後連結起來。

「我是立仁，白丹。」他作着愚蠢的自我介紹；愚蠢得近乎可憐。

「那更好，請你放開手。我馬上要回去。」

「我等在這裡，只是想跟你談談，白丹。我昨天剛到臺北。大哥跟我說，你在演話劇，大哥勸我不要來看你，但我還是來了。我希望跟你單獨談談。」

我開始端詳他。冷峻地看着他，冷峻地找尋着他的缺點——他還是一年多前的他，仍然英俊而機警，只是老成了些；這使他更富於男性的成熟——缺點不在他的表面，而在他的內心。他有什麼企圖？他何必這樣巴巴地來看我？「我覺得我們已沒有什麼可談的，立仁，連見面也是多餘！」

「我要向你解釋！」

解釋？我畢竟笑了，恚憤而嘲弄地。「何必解釋？你瞧，我並不消極，也不悲哀，我很快樂，這不就告訴你：沒有你，我也同樣能夠生活？沒有你的解釋，我也同樣可以安慰自己？」我向對街的一輛計程車招招手。「我們的談話，到此爲止。」

「但我安慰不了我自己。」他扶我上車，自己也走了進來。「這車是我早已叫好的。我送你回去。」我不願接受這種強迫的好意，但在我還未打開車門、跳下車去之前，車子却已向前駛去。我悻然地向後一靠。他又說：「白丹，就算是朋友吧，剛見面，也不必這樣決絕！」

「那很簡單，你不是一個我所願意結交的朋友。你所謂的解釋，不過是自我掩飾的藉口，現在向我解釋，以後又向另一個女人解釋；以各種不同的解釋，來騙取各種不同的感情。我不相信你的話。」

他搖搖頭，輕嘆了一下。「我還不至於像你想像中的那麼壞。我做了錯事，却無意中傷了大哥，傷了你，也傷了自己。解釋只是我的懺悔。我不想在錯誤中再製造錯誤。或許有一件事是你願意聽的：我這次是一個人回來的。」

「這就是你所以要解釋的眞正目的！但這話對我又有什麼意義呢？」

「我看到了你，我發覺你跟以前不同；我發覺我對你的感情，也跟以前的不同！」他把上半身側向我，緊握着的右拳加強了他說話的認眞。然而，現在，不論他的話是眞是假，我的反應都很麻木。「我跟一個女人同居過，但在回國前，我們分手了；我跟你訂婚過，但不久之前，也解約了。對她、或者對以前的你，我的愛都不認眞。對這，我自己很清楚，只是始終沒有說出來。」

「那末，現在，你說出來了；你達成了目的，你該可以安心了。請吩咐停車，我要走回去！」

車靠着行人道停下來。我開了這扇車門，但立仁却開了另一扇。我走到行人道上，他却正在那裡等我，並且伸手挽住我。「我陪你一起走。」

「今晚，你簡直成了我揮不去的影子！」我用目光狠狠地推了他一下。如果他有一點自尊，他應該走了。

「或許是我不願放棄這個機會。今晚，要是我不跟你說，我會整夜失眠的。白丹，今晚，我是在話劇剛開場時就進戲院去的。當時，我坐在最後一排，我不願讓你看到我，後來，我才改坐到前面的座位上去。我發覺你已不是以前的你。你是個勇敢的、具有多方面才華的女人！」

我幾乎狂笑起來：「只因為我在冷落的戲院裡有勇氣演戲？」

「正是這樣。你有勇氣做值得做的事。我以前小看了你。像我以前那樣地愛你是不够的。我發覺我對你的愛，已在重新開始，而且異常猛烈，不再需要大哥的促動與保證。白丹，你能了解我嗎？」

聽一個剛在不久之前跟我解除婚約的男人說這種話，我只覺得好笑，却絲毫無動於衷。我說：「我希望我了解你，但也希望你能了解我。我不是一個除了你、就沒有人愛的女孩。我已經有了另外一個愛人。」我費勁地從他的臂彎中把手抽出來。「這個回答，將更使你失眠。現在，我們分手吧，立仁。」

他停下來，狐疑地望着我。「白丹，這太使我失望了；而且，這麼快你就有了愛人，眞叫我無法相信。」

「我跟他早就認識，而且，我們也已相愛得很久了，這總沒有我跟你的訂婚那樣快吧。如果你高興，我下次介紹他跟你認識。」

他開始非常地沮喪起來。一條水溝橫在我們面前，我跨了過去，他站在那裡，躊躇不前。我轉過身來。在這個光線稀薄的地方，一條水溝就使我們之間的距離顯得遙遠了。咖啡室的初吻、機場的握別，都已黯淡得無法重憶。他說：「白丹！」聲音幽沉。「白丹，再見了，白丹！」越說越輕。我還是站着不動，注視那條足以叫人扭斷脚踝的水溝，然後抬起頭來，發覺立仁已不在那裡了。

於是，我轉過身，繼續向前走去。回到店裡，佑侃還在樓下等我。「夢蕉剛才打電話來找你，你去了哪裡？」

「我碰見了立仁。」

「立仁！」

「是的。我告訴他，我已不是以前的白丹，我已經有了愛人。」

「你告訴他，你愛的是誰？」佑侃驀地緊張起來，手指緊緊地抓住椅背。

這時，電話鈴聲打斷了我們的談話。我走過去，拿起話筒。仍是夢蕉打來的。

「夢蕉，我已回到店裡，請你放心。你知道，剛才我碰到了立仁，他一定要陪我回來……我已經告訴他，我已愛上了別人……告訴他，我愛的是誰？沒有。他沒有問。怎麽，你要問？你壞透了，你知道得比誰都清楚。你自己告訴自己吧……」

放下話筒，回頭去看佑侃，但他却已悄然地上樓去了。

## 一六

我第一次到紀蘭的新居去。

紀蘭的新居，對我來說，談不上新；我有很多舊的記憶在那裡。嵌在拼花地板縫隙裡的，有立德的許多希望的碎屑；牠們曾經燦爍過，如今，却跟塵沙混在一起了。紀蘭是在我演出結束的第三天搬到那裡去的。她已有七個月的身孕，自己無法勝任搬家的繁劇，亟需別人幫同料理，所以那兩天，趙師母去了，佑侃也叫劉嫂過去了；而獨有我，一向跟紀蘭有最深厚的友誼的，而且也從她那裡獲得最多教益的，却沒有去，甚至連看也沒有去看她一次。好在紀蘭了解我的心境，她對這毫不介意；即使在電話裡，她也從未跟我談及她已搬家、要我去看看這一類的話。我雖然十分幸運，但這一陣來，由於遭遇到很多事，因而，在情緒上，也並不穩定。我竭力使自己堅强、再堅强；不過，我並不冷酷，而且仍然善感。每一件事，都在我的心中留下一條痕跡。我不但不復利用照相機的對景框去找尋人生的片段，而且還竭力排斥一切可能引起我煩亂的事。我重新專一地為佑侃——對他，我欠負得很多——的店舖服務，然而，有一天，當我得悉姚伯父已從高雄到臺北的總公司來、並落脚在女兒紀蘭的家裡時，我便不得不去作一次禮貌上的拜訪。

這一消息，是佑侃告訴我的，而佑侃則是趙教授告訴他的。有一種我無法理解的現象，在佑侃的身上發生。在我再度孜孜於店務之後，他對店舖的熱誠，倒反而大大低落了。他不再經常在店裡。只要他有空，他就會出去，多半是去找趙教授談話的。他對我仍然親切、友善而諒解，但我知道他是哀傷的。他對店務的淡漠，是由於哀傷嗎？這淡漠是否正是他消沉的前奏？我很擔憂，我更想如以前那樣直爽地問問他。但，他的哀傷既是因我而起，那末，一次坦白的談話，怕不同時加深兩個人的創、疚！

「佑侃，我下午就去看紀蘭的父親，好不好？」

「當然好，要不，我又何必告訴你呢？」他說。「你放心，店面我會照顧的。」他多餘地添上了一句，好像這店舖是我的，而不是他的。

我看他一眼，但我仍然沒說什麼。他的臉色很安祥，安祥得幾乎看不出他有什麼憂悒。或許，他已經在作一種劇土的工作，想把這痛苦慢慢埋葬！

下午三點多，我就這樣去了曾是立德的寓所的紀蘭的家。下午的陽光還是很猛烈。我走出車來，感到一陣昏眩。我還是太緊張了，就在樓梯脚邊，站了一會；撇開纏繞着我的種種記憶，讓自己光影紛雜的臉重新變爲純淨、潤瑩，然後一口氣地衝了上去。等在敞開的門口的紀蘭，握住我的手：

「我看見你下車的。白丹，這一次，你走那列樓梯，的確很費力。」

「對不起，紀蘭，我今天才知道姚伯父來了，而且對你，我早該……」

「不必這樣說，白丹，你什麽時候來，什麽時候就是最適宜的。我願意你高興，即使在我的家裡。」

紀蘭挽着我走進去。這時，我才知道，即使要在那裡尋找記憶，也並不容易，因爲房子都給整修過了。狹長的大客廳已被隔成三間，靠洋臺的一間，光線最充足，我想，任何人家，都會把這間作爲當然的客廳，但紀蘭却把牠作爲姚伯父的臥室，這是因爲紀蘭做女兒時，姚伯父給她的臥室，也是整座屋子中光線最好的一間。這房間，剛把正門劃出，委實異常舒適。書桌上放着幾本書；沙發的扶手上擱着一册「杜詩鏡詮」。我還是第一次看到姚伯父讀詩，而且，讀的又是杜甫的詩。我拿起牠，隨便翻了翻，前面幾頁上，圈圈點點的，才知道姚伯父是在用心地研讀。

紀蘭說：

「爸的年紀大了，到了臺北以後，他拒絕了一切能够拒絕的應酬。回到家裡，晚飯前後，就跟君實坐着聊聊；晚上，就看他的杜詩。他說，年輕時候，也熟背過好些首杜詩，後來就沒有再碰過牠；現在再讀牠，倒懊悔中斷了這許多年了。」

「紀蘭……」

紀蘭含蓄地笑笑：「別老獃在這兒，還有別處要看呢。」

另一邊，以前，除浴室而外，是一間大臥室和一間大書房，現在全給分隔爲二。臥室裡還有紀蘭的書桌以及成堆的書，這不算稀奇；因爲在蜜月裡，她的床頭尙且擺着書，更何況是現在的臥室裡呢。臥室的隔壁，雖然只是一個三席大的小房間，但却有個大窗子，牆壁給髹成了溫暖的淡紅色，一望而知，這是屬於未來的嬰兒的。

「怎樣？」紀蘭推了我一下。「過幾天，我還要買一張有欄杆的小床來。我要他從小就養成好習慣，各方面都養成好習慣，你可知道？」

「我不知道。」我故意回答。「我還沒有像你那樣熟讀過『育嬰寶鑑』一類的書，但有一點倒是令我吃驚的：以前看你什麼都馬馬虎虎，這下子怎麼忽然對一切都設計得這樣週到了？」

「嘿，這嘛，會寫多幕劇的人，難道連這一點點的設計都不會？還有更週到的呢，來，讓我指給你看！」別看她行動不便，這會兒她却推着我往前走。對了，這裡有一間書房兼工作室，甚或兼辦公室，那是君實的；有工具書，有各種橡膠製品的樣本，有鐵絲公文盤……甚至還有一些文藝書籍。隔壁的一間，推開門來，除了一張沒有舖上被褥的籐床較爲顯目而外，其他如書桌和椅子，在別的房間裡都可以找到，所以委實看不出有什麼值得注目的地方。

「怎樣，看到了沒有？」

「看到了，但却看不出有什麼特殊的地方來！」

「哺，你的觀察力還不够細緻、深刻。這個房間是留給你住的，甚至是以後來臺北看我父親的你的榆哥住的，或者是有興趣來臺北玩玩的白伯父住的。週到得沒話可說了吧！」

我拉拉她的手。豈是「週到」兩個字所包涵得了的？她始終沒有忘記在她的生活裡爲我騰出一方空地來！在這個裝修一新的房子裡，往事的投影在逐漸地淡去、淡去，最後退隱到粉白的牆壁中。

「雖然，朱教授的家比我這裡的寬敞，但，白丹，你總還不至於這樣快地就住到那裡去吧？」紀蘭記起了什麽，忽然笑笑。「你瞧，那晚，你從趙教授家裡衝出來，沒回佑侃的店裡去，大家都分頭找你，急得團團轉，惟恐你出了事；誰知道你竟安安穩穩地躲在朱教授的家裡，而且躺在夢蕉的床上，編織着你的蜜月夢哩。嘻！」

我啐了她一口。她笑得更厲害了；笑聲裡，更鮮明地飛揚着她今天看到我的那份高興。我知道，這些日子裡，她縱然一直沒有表示什麽，但她心裡却是早就盼望我去看她的，而且相信我也必然會去看她的。我們看完了房子的全部，在一種歡悅的氣氛中，走向客廳。客廳裡依然擺着以前的那套沙發，閃閃耀耀的淡金色，淸淸楚楚地浮着無數顯突的梅花。電唱機旁的一只高脚圓几上，放着一盆蓊葱洒脫的吊蘭。不算豪華，也不俗氣，平實中透着雅致，透着親切，透着女主人的修養與氣質。

還沒五點。我有意來得早一點，想跟紀蘭談一會，然後迎接姚伯父的到來。紀蘭說，飯放在自動電鍋裡，菜已在中午燒好，所以不必去忙。她願意陪着我聊天。那話不錯，我們有許多話要談。公演結束的那個晚上，我倉猝地從後台出走之後，還沒去看過趙教授。衣服是別人送還給我的，可是，我却知道趙教授並沒有如我所想像的那樣頹喪、痛苦。他既然認爲這是播種者的工作，那末，他的悲哀自然也就微乎其微。然而，道具、戲院租金、捐稅以及零星開支，却使這次演出虧蝕了六、七萬塊。我暗自計算了一下：上次賺的，連同立德贊助的五萬塊，怕全花光了；以後，又怎能演出呢？

「紀蘭，上次劇團賺了一些錢，趙教授一聽說立德從日本回來，就巴巴地托我把他以前贊助的錢還給他。那時，幸而我代立德回絕了；事實上，立德那時也不會收的。」

「不過，後來，趙教授還是想法子還給了立德。」

「還給了他！什麽時候？我怎麽不知道？」我認爲不可能，一定是紀蘭聽錯了。

「是趙教授托我轉還給他的。在話劇上演之前，立德把這房子賣給了我，我付款時，就順便把趙教授的這筆款子還給了他。他推辭了一下，也就收了下來。那時，他眞正需要錢，因爲他知道立仁馬上要回來。」

我嚷了起來：

「怎麽你什麽都比我清楚，紀蘭？但那時，你並沒有對我談起這些。」

「因爲我比你年紀大，知道那時跟你說了，你會心煩。」又是那副姊姊的神態：溫和的笑容、溫和的聲音，溫和得使人心軟。

我也微微地笑了。紀蘭就是這樣。而現在，這些已是過去的事，說說沒有關係。不過，總還有一些沒有過去的事吧，譬如，譬如，譬如……我忽然覺得有點兒不對勁。如果趙教授把錢還給了立德，那末，他欠戲院的租金又該怎麽辦？我簡直是我們這圈子裡的逃兵。爲了一點失敗，爲了一點業已過去了的感情上的困擾，就這麽一走了之，躲起身來療傷。而戲院却是只認得錢、不認得你趙教授的，只知道你是一個不識時務的演出人，不知道什麽藝術不藝術的；做一個債務人，對倔强的趙教授來說，怎麽受得了？

就如冷不防地被人刺了一下，我霍的跳了起來，而紀蘭却抬頭望我，神色怡然。難道她竟把我這一動作看做是種戲劇性的誇張擧止？否則，她又怎能安然欣賞我的驚懼？剎那間，我對自已的不滿也同樣加在她的身上。我忍不住衝她喊叫：

「紀蘭，我眞昏了頭，但我看你怏怏樂樂地忙着搬家，舒心適意地坐在這兒做少奶奶，可也不是一個有良心的人！你最近去看過趙教授沒有？」

「前幾天去看了他一次。你有什麽事？」

「他怎樣？」我彎身問。那份焦切，或許紀蘭又認爲我在做戲了。

「他很好。他還問起你呢。他說，白丹演得眞好，讓她遭受到這種打擊是不公平的。他還說……」

我不耐煩地揮手阻止她：

「別對我說這種恭維話，好不好？我現在要知道的，不是別人對我的恭維，而是趙教授近況怎樣？」

「他很樂觀。雖然這次失敗了，但他却比以前更樂觀。」

我幾乎是懇求地：「紀蘭，我不是指這，我是指他經濟上的。他欠戲院的租金怎樣了？」

紀蘭，眼角向下一彎，在我最嚴肅的時候笑了；如果不是她懷着孩子，我眞想用力在她的胳臂上搥一拳。她的笑可不是那一現即逝的掠影，而是毫無顧忌地拋出的一串鈴鐺，使這不算太小的客廳，突然顯得很擁擠。我不想面對她，便轉過身子，走向電話機去。

「你要做什麽，白丹？」

「不用你管，我要打電話給趙教授。」

「白丹，趙教授早把這筆欠款還淸了。我不騙你，是君實開的支票。」

我扶着牆壁，在仍然明麗的黃昏的光亮中凝視着她。她是紀蘭，一直沒有變的紀蘭；她的丈夫是君實，也是一直沒有變的君實。我無需懷疑她的話，她的平靜與含蓄不早已暗示我了？

我想走回來，紀蘭又說：「白丹，你要打電話，就打給夢蕉吧，邀他此刻到我家裡來。爸爸說過：白丹來看我時，叫她的『那一個』也來這裡吧，我要一對一對地相一相。」那另一對，當然就是君實與紀蘭。

我打了電話。夢蕉踫巧在報社裡。現在，夢蕉雖不能經常去店裡看我，但每天總有電話給我。由於他的工作時間不一定，因而，他給我電話的時間也不一定。有一天，我剛吃好早飯，電話鈴就響了。他說，「丹丹，我一早起來就想念你，所以先想聽到你的聲音。」我也同樣想他，我也希望在一天開始的早上，能够給他一份足以維持他整天工作的力量；但，除了濃濃的愛，我還能給他一點什麼？我溫柔地告訴他：「夢蕉，我也想念你，祝你今天工作愉快。」這麼簡單，但他却已非常滿足了。有時，臨睡前，他忽然來了電話：「丹丹，我現在要去睡了，讓我親親你的臉頰！」我邊聽邊閉起眼。我可以很淸晰地看到他的焦渴的雙唇，也感到自己雙唇的燙熱。我說：「夢蕉，我在這裡，我可以看見你；那末，吻我一下。」「一下不够。」「兩下。」「兩下不够。」「三下。」他親了我三下。雖在話筒的那邊，但那距離却沒有關係，我仍感到灼熱的深愛。這樣，我們兩個都可以擁着幸福睡去。

現在，我對夢蕉說：「夢蕉，這會兒，我在紀蘭家裡，紀蘭希望你能來。」

「不是你要我來看你？」他的問話仍是這麼俏皮。

「我當然也希望你來。不過，最重要的，姚伯父要相相你。記住，他要相相你，看你跟君實之間是否相差十萬八千里！別忘了穿一套整齊的西裝來！」

「但穿得太講究，怕你又會不認得我了。」他毫不在乎地笑了。

夢蕉來的時候，的確仍像往常那樣，穿得很隨便，而我也並沒有眞的要叫他穿得挺挺括括的意思。我早已喜歡他的這個標記了。瀟瀟洒洒，隨隨便便，肩上掛一隻相機，完全是個自由自在的新聞記者的模樣。要是有一天，他果眞整天穿着硬領的襯衫，佩着領結，那我無疑地會感到陌生。他坐下來時，向紀蘭和我扮了一個鬼臉，說：

「紀蘭，如果令尊看到我時，覺得有什麼不滿意的地方，還請你多多替我從旁解說，否則，白丹會下不了台的。」說完，又轉過臉來，向着我：「如果我們兩個眞的下不了台時，我們就從後門出去，好不好？」

紀蘭和我都笑了。以前，立德住在這裡時，我邀夢蕉上來，他拒絕了，而現在，他來這裡，却是非常地高興。我們的話題很廣泛，談得又很融洽。我們一定是談得太起勁了，以致當姚伯父按電鈴時，我們才搶着去開門。

搶到門口的，是夢蕉。夢蕉等姚伯父走進門裡，就開始自我介紹；隨即就拉着我，一同站到姚伯父的面前，問姚伯父，他是不是配得上我？是不是跟君實配得上紀蘭那樣？他第一次跟姚伯父見面，就顯得如此無拘無束，這是記者這一行業訓練他的結果，而除了這些，他在各方面所顯示的眞摯與坦朗，又是說明他已不把姚伯父當作外人了。

姚伯父竟然老實不客氣地戴上那副從公文皮包裡取出來的老花眼鏡，認認眞眞地對夢蕉打量了一會，又對我端祥了片刻；然後，豎起拇指，說：

「硬是要得，白丹和夢蕉，紀蘭和君實，都是棋逢敵手，不相上下。紀蘭，我好久沒喝酒了，今晚，你開一瓶高粱！」

這時，電鈴重又響了起來，我們知道是君實回來了。

## 二七

不論是從姚伯父的口中、或從父親的信中，我都知道，父親對我跟立仁解除婚約這一件事所感受的痛苦，尤甚於我自己。他的痛苦中摻和着很多的悔恨與歉疚。他喜歡夢蕉，也喜歡聽到我愛上夢蕉；但在他的安慰與欣悅裡，却仍殘留着對於前一婚約的草率不當的自譴。姚伯父告訴我，我父親的健康並不太佳。我很掛心。我想，要不是我回去看望他，就是接他來臺北玩一陣；當然，我還該陪他到醫院去檢查一下身體。

在紀蘭家裡，我們雖盡歡而散，但對父親的惦掛，却久久凝結在我的心中。快十點鐘了，夢蕉陪我走在流着燈光的馬路上。我好久都沒說話，默默走着，但默默中却產生了沉重。一個老年人坐在一家店舖門前的籐椅上，搖着紙扇，燈光照出了他臉上摺扇般的皺紋。我嘆了一口氣。夢蕉拉住我的右手，問：

「白丹，剛才你還有說有笑的，怎麼一下子又鬱鬱不樂了？想起什麼了？」

「想起了爸爸。我很難過。爸爸老了，或許最需要我在他的身邊，但我却離開了他。還有多少日子……，夢蕉，再長，也是容易數出來的。」我用手絹擦擦眼睛。我慚愧自己不能像紀蘭那樣，奉養自己的父親，但願以後，也能讓我伺候一些日子，千切讓我伺候一些日子。我在心裡祈求着。

「接他來臺北玩幾天。」夢蕉毫不遲疑地回答。「等我去南部時，我順便接他來臺北。我想，老伯跟爸爸會很談得來的。」

於是，這以後，夢蕉自己也沉默起來。夢蕉從香港回來以後，我們曾談到過他的母親。他告訴我，剛看到他的母親時，他非常吃驚。十幾年來，那幅他朝夕相向的畫像，已在他的心中造成非常鞏固的印象。他以爲母親縱使不再年輕，也總該是個雍容華貴、活力盎然的中年婦人；然而，用顫慄、用淚、用驚喜來擁抱一別十幾年的兒子的母親，竟是一個頭髮花白的瘦瘦的老婦人。十幾年感情的煎熬，已使她僅存的一些青春化作灰燼。可不是，季節風年年不斷地吹着，連岩石都要層層剝落呢。爲了她的蒼老，爲了這些年來她身受的孤獨，他哭濕了母親的肩頭。他說，「爸爸很好，他也很想念你。」可是母親却不在這個題目上說下去。

夢蕉的沉默是爲了他的母親。隔着海，一個逐漸逐漸趨於老邁的婦人，全身披裹着維多利亞海峽的迷霧，難道她就這樣消失在那迷霧之中？

夢蕉說：「我媽也老了。有時候，你幾乎不相信一個人爲什麼會老得這麼快？好像一夜西風就把人刮枯了。我幾次要求媽回到這裡來，但她每聽我說一次，便嘆息起來，隨後又流下眼淚。她什麼也沒說。我知道她願意回來，但她却跟我爸爸一樣，怕重聚後會像以前那樣地爭吵。如果眞是這樣，她這些年來的犧牲就更沒有價值了——連留一些美好的記憶都不可能。」

「夢蕉，你跟伯母談起過我們的事嗎？」

「談起過。她要看你的照片。我有的就是你站在車站前拍的那一張。她看了很滿意。據她的解釋是：像我這樣隨便的人，需要的正是一個隨遇而安的妻子。你說，她的推論對不對？」

我想，她所說的隨遇而安，該是指不抱奢侈的慾望。我的希望並不大，只要過一種普通的生活，只要他愛我，我就心滿意足了。我雖然上過一次舞台，但我更願做一個好妻子。我說：

「我是怎樣的一個人，你比我知道得更淸楚；否則，你怎會這樣固執地愛上我呢？」

他緊緊地攬住我的腰，深深地看了我一眼。「我想，我要說服母親趕來跟爸一同主持我們的結婚典禮。我們的結婚，對我們來說，固然是件大事；而對她來說，或許更是一件大事。」

我們走過電影院的前面。這正是電影散場的時候；洶湧的觀衆，幾乎把我們冲散。當我們離開電影院一段路時，夢蕉忽然提到了佑侃。

「你知道，佑侃想把店舖出售嗎？」

「什麼？」

「他跟趙教授談過他的計劃。他要把店舖賣掉，回到趙教授那裡去做助教或講師。他最近還寫了一個很好的劇本呢！」

我停下步來，楞得像馬路邊的電桿。佑侃不是決定放棄戲劇了嗎？而且，他曾不止一次地跟我說過，他不會再從事於戲劇的寫作了。我們這一次的失敗，對他應該是另一個警告，有些人一定會因我們這個前車之鑒而却步的，但他又爲什麼甘願放棄好幾年來經之營之的照相器材行、而再投身於他以前費力擺脫掉的藝術中！

「我想，這是不可能的，佑侃對我說過，他願意永遠做個觀衆！」

「你以前不就是台下的觀衆？你是怎麼走到台上去的？對一個靈魂裡熱愛藝術的人來說，別的工作，都不會使他眞正地滿足與快樂。佑侃失敗過、找尋過、希望過，但他最後還是回到他的原位上。你今天碰到他時，向他道賀吧。」

我走近店門，門已給拉下。我從小巷進去。劉嫂爲我開了門。店堂裡很靜、很暗，佑侃已經上樓去了。我沒有馬上離開，却在這間灰濛濛的店堂裡低徊、懷念！我想起佑侃的笑與驕傲、佑侃的嘆息與痛苦、佑侃的愛與失望、佑侃的……

一隻手放到我的肩上，我回過頭去。

是佑侃！

「我已決定把店舖賣掉，你不會怪我吧，白丹？」他輕輕說。

「不。」我回答，一邊撫着他的手。的確，我應該向他道賀。他終於重又找到了他自己。

出售的消息一經傳了開去，就常有人來跟佑侃接洽。這期間，店舖的業務雖仍照常經營，但貨物只出不進，各方面都在逐漸收縮。當佑侃的希望寄託在店舖上時，他會是一個異常精明的人；而如今，他又像一般藝術家那樣，並不斤斤較量於金錢了。×六開學之後，佑侃正式做了講師；店舖也在半休業狀態下。我們只把店門推上一扇，讓不太多的光亮照出了荒涼的、幾成眞空的櫥窗。我獨守在那裡，宛似守着一個曾經上演過戲劇的荒凉的空舞台。在蒙着灰塵的橱窗玻璃上，映出了人生中的悲歡離合、興敗存亡。我守着：守着朦朧、守着過去、也守着未來。店門外的鬧街在逐漸逐漸地離我遠去，彷彿已不存在。

驀地，門外的馬路邊傳來了一下汽車的煞車聲，接着又是響亮得近乎炫耀的高跟鞋聲，我從重重叠叠的幻影中醒來，坐正了身子，揉揉眼睛。一個灼麗的女人，從門外昂首而入。「白丹！」小曼喚，那喚聲也跳躍着炫耀的音色。

我站起身子，驚愕不已；不是驚愕於小曼的華彩四射——對我，這已算不得什麼奇事了——而是驚愕於我們之間、不通音訊、已有兩三個月之久，她怎會突然想起來看我。那部由她主演的、倉促殺青的片子「少女懷春」，最近正在臺北上映。趣味雖然低級，但由於緊張、香艷，再加上小曼的隨片登場、載歌載舞來酬答觀衆，所以賣座奇佳。現在的她，眞正地已是一顆灼亮的星星了。她爲什麼要光臨這個無光無彩的店堂，來看我這個無光無彩的、幾乎算不上是朋友的朋友？

她拍拍我的肩：「好久不見了！怎麼，店裡只你一個人？」挺親熱，但親熱不是眞的。也能演戲的我面對擅於演戲的小曼，我相信，她話語與擧止的眞眞假假，我還能分辨出來。她那化妝得很美的眼睛，掃掠着店堂的四周，對那不復存有堂皇外表的東西的輕蔑，在她眼角隱隱昇起；但，這裡面顯然還含有對穿着厚實的格子布洋服、正枯坐在那裡的我的輕蔑。

在察出她的輕蔑以後，一種本能的防禦，使我很快地從驚愕轉變爲鎭靜。最近，小曼已接受了太多的阿諛與讚美，我當然不必再錦上添花；且讓她換換口味，品嚐一下我對她成功的無動於衷的冷漠吧！

我說：「沒想到你來，小曼。佑侃已經決定把店舖賣掉，現在，條件也談得差不多了；一旦成交，我們就要搬到別的地方去。」

「那末，以後，徐老闆預備做什麼生意？」

「他不想再做生意。他回到母校，擔任戲劇系的講師。」

她笑了一聲，顯然是冷笑。「沒想到他又會回到冬烘老頭趙教授那裡去。我還以爲他是你們這一圈子裡惟一的聰明人，原來他也是一個莫名其妙的傻瓜！」

於是，她走近櫃台，用右手支着下頜，斜着眼睛問我：

「你看過我的那部片子沒有？」

「沒有，只是聽到左右店舖的一些女店員談起過牠。」我淡淡地說。「她們願意請客，拉着我去看，但我還是沒有去！」

我看到小曼粉白的臉突然黯下來一層。說我這話是尖刻也好、無情也好；但至少這句話的重量，能使小曼牢牢記住。

但小曼到底不會怯場，一會兒後，她的臉重又被另一環璀璨所罩住。她閃爍着眼睛，說：

「白丹，今天我是來向你辭行的，我明天要到香港去。」

「噢。」

「我的那部片子一推出以後，香港××電影公司就挽人來跟我接洽，訂了一個長期合同。他們答應我每年主演三部片子，並且保證很快地捧紅我！臺灣的出境證以及香港的入境證也由他們替我辦好了。」

「很好，祝你幸運！」我說。此刻，我知道了她來這裡的眞正目的。

「白丹……」

「祝你幸運！」我說。

我送她到店門口，我竟吝嗇得不肯送她到汽車門邊。她對我的炫耀是種失敗。即使她明天躊躇滿志地飛往香港，她也會因今天而感到懊悔。

佑侃的店舖終於脫手了。

佑侃和紀蘭，都各爲我找到一個工作。我感激佑侃在爲自己的事作妥善的安排之餘，仍沒忘記對我的照顧。當然，我依舊願意工作，但我願意在新年之後重新開始，因爲我想在做了一年的工作以後給自己來一個短短的、有意義的假期，過一陣全然屬於我自己的生活，像以前在高雄的家裡那樣。天氣已經很冷了。怎麼不冷呢？已是冬天了。高雄市的冬天，風雖大，但每天都能讓你等到一個大太陽；而臺北的冬天，却比高雄的寒冷而陰沉。我從佑侃那裡，搬到紀蘭的家裡。我沒有回家去，不是逃避，也不是貪玩，我只是計劃着把父親接出來，在這一段時間內陪着他消遣、消遣。下午，我穿上那件格子呢的舊短大衣，紀蘭坐在躺椅上，問：「白丹，你又要去看夢蕉了？」我點點頭，回身輕輕拍拍她：「紀蘭，小心，有什麼重的東西要拿，等我回來幫你。」紀蘭笑着揮開我的手：「白丹，別把我當作孩子看待了，我會照顧自己的。我可不願意你這位做客人的，幫我這樣、幫我那樣。我已經通知女佣人，要她明後天就來。」

夢蕉的電話是上午打來的，說是有事，要我下午三點左右去他的家。我扣好大衣，走下樓來。風很大，我忍不住又翻上了大衣的領子，遮住了後頸與下頷。我趁上市內的公車，跳下車來時，看到夢蕉正在站牌邊等我。

「我算準你這時會來，丹丹！」夢蕉笑着說，笑得很高興，但高興裡却有點嚴肅。一定有什麼事，一定！

我們彎進巷子裡。夢蕉又說：

「丹丹，以後，我要買一輛九十ｃｃ的摩托車，你不會反對吧？我要載着你兜風，讓你的雙臂環着我的腰，臉頰貼在我的背上，我喜歡那種感覺。」

「你還懷念那個晚上？」那個晚上，就在這條黑黑的小巷裡，我曾竭力用立仁的影子去抵抗夢蕉。那是一種掙扎和痛苦。那時，我曾竭力說服自己：那種掙扎和痛苦乃是必要的。

「怎麼不懷念？那晚，我還以為你或許會自動地投入我的臂彎中，結果，你却沒有。我這才知道你有時也是一個異常頑强的人。丹丹，要征服你，可也不容易啊！」他把臉凑近我，在無人注意的小巷裡，偷偷地吻了吻我的面頰。「那時，想吻你一下，可眞不容易；想得這麼久，讓人都想累了。我現在應該有權利要求補償！」

我側過臉，把另一邊的面頰送過去，讓他再吻一下。他這才滿足了。然後，我們拉着手，一起跑進他的家裡去。

朱教授不在客廳裡，是在他的臥室兼書房裡。他應該聽見我們毫不顧忌的脚步聲的，但他却沒有出來，也沒有說話。夢蕉向我擺擺手，示意我不要打擾他。於是，我們便悄悄地走上樓去。夢蕉的臥室，依然是那副樣子，倒是隔壁的一個房間，突然換了樣。本來是堆放箱籠雜物以及過時的報刊的，也安置過演話劇用的佈景板，但現在，這些東西已被移去，代之的是一套嶄新的傢俱：一張單人彈簧床、一張書桌和一個小小的床頭橱，還有兩把沙發和一把籐椅。那種佈置，顯示出，牠在等待一個人。

我用詢問的目光向夢蕉直看了一眼。夢蕉馬上熱心地說：「你看，這個房間是不是比你現在住的那個房間舒服？」聽那語氣，猶如那房間的舒服不舒服，完全關係着我的。

我不得不提醒他：

「夢蕉，你何必拿這跟紀蘭的相比？而且。你也淸楚，即使你把牠裝璜得再漂亮些，最近，我也不會住到你這裡來！」

「我淸楚，我可也不想把你的名譽坑掉；但總還有一個人可以住到這裡來吧，你猜猜看，丹丹！」

要我猜這嘛，那還不簡單？我說：「是不是伯母就要來了？如果眞是這樣，那末，這個房間就不够講究，至少應該把你臥室中的那口衣橱搬過來。」

夢蕉搖搖頭：「不是。我母親倒是答應回來住一陣的，但即使她回來，也不會住在這裡。丹丹，你的記性這會兒怎麼這樣壞？還有我們的一位親人，你不記得了？」他把書桌的抽屜打開來。我走過去一看，那裡放着一本簇新的「戲考」和一隻六石單波段的袖珍式電晶體收音機。他不說，我也明白了。我伸過手去撫摸那本「戲考」，却把臉偎到他的懷裡。

「夢蕉，你的記性好，你樣樣好，你待爸媽好，待我好，待我爸爸也好。」

但夢蕉却謙虛起來：「我要聲明，丹丹，這還是我爸爸的意思呢！我跟爸說起，你要接伯父來臺北玩幾天，跟你一同住在紀蘭的家裡。我下次去高雄採訪新聞回來時，就陪着伯父一起來。爸一聽，忽然大發脾氣，說我頭腦簡單，說我們這裡還有寬敞的空房間，怎麼不請伯父來住。我回說是沒有徵得他的同意，不敢做主。不料，他的火氣更大了，竟直着喉嚨向我嚷：『我挺喜歡白丹，我正想找機會跟白丹的父親聚聚談談呢，你怎麼連這一點也沒有想到？』就這麼糊里糊塗地被爸訓了一頓，你瞧！」夢蕉倏地壓低了聲音。「也難怪爸發脾氣。我的確頭腦簡單。他跟伯父一定有許多話要說，對不對？他們要建立交情，又要商談我們訂婚和結婚的事宜。丹丹。我明天就要上高雄去。」

我覺得旣快樂，又難過。爲了我，朱教授竟這樣懇摯地想跟父親晤面。然而，把這個房間留給夢蕉的母親住，那不是更理想些？這使我在極度的快樂中，又雜着無限的遺憾！

「不過，夢蕉，你也應該預先爲伯母找個住所，你不是說她會答應在這裡住上一陣嗎？也可能，以後，我們能求求她，請她就這樣留下來，在這裡大學裡教幾個鐘點的課。」

夢蕉思索了一會。「希望能這樣，至少，我們能跟她常常見面，有時也可以住到她那裡去。前些日子，我在附近看中了一幢房子，兩房一廳的；後來陪着爸去看，他說，媽不喜歡那種式樣，於是，他又花了兩三天工夫，在附近找了一幢，大小差不多，但却美觀多了。到底，他比我更了解媽。」

「了解她、愛她，還要求什麼呢？」

「了解她、愛她，但他們仍不願住在一起。」夢蕉嘆息着。「不像我們，我們了解、相愛，我們就願意儘快地共同生活，對不？」

「當然。」我說。

「不過，爸爸今天親自在給媽媽寫信，他要告訴她：他正式邀請她一同來主持我們的婚禮。這封信，是十幾年來、他跟媽分居後的第一封信。你看，他寫得多用心！」夢蕉說完，便無可奈何地笑了。「即使編講義，怕也不要這樣嘔心瀝血吧。」

我們又回到夢蕉的房間裡。他母親的油畫像仍掛在壁上。對我來說，她隨時可能從畫中走出來，變成活的人。正如夢蕉那樣，我也在敬她、愛她了。

「夢蕉，現在看來，在這座屋子裡，最看不順眼的，就是你的房間了。」這倒不是我挑剔。最近，他的房間裡全是書報、雜誌、稿紙、剪貼簿、照片冊、膠卷筒，幸而沒有臭襪子、髒襯衫；否則，倒眞令人無法落座了。

「丹丹，這是故意擺在這裡讓你看的，好叫你出個主意。說眞的，你以爲我這間臥室應該如何佈置才合適？」

「誰知道？我又不是讀家政的？至少，臥室不該弄得這樣亂七八糟，讓人看了心煩。以前，佑侃的臥室，雖然塞滿了照相器材的紙盒子，但卻收拾得整整齊齊！」

「還不是這句話，他是沒人依靠呀！至於我這個房間，以後也就是你的房間，怕你不給我出主意！」他決心把責任推到我的身上，毫不在意地把落在地上的膠卷筒踢到床底下去；然後抓住我的雙肩，把我按到椅子裡，而他自己則坐在小凳上。「所以我要比佑侃幸運哩。你最近沒有去過佑侃那兒吧。他的房子雖比以前的小，但臥室和書房，卻比以前的大。他還是叫劉嫂做飯，劉嫂倒是一個難得的女佣人！」

「那對孔雀藍的小鸚鵡呢？」

「噢，那對小鸚鵡給放在客廳的擱板上，佑侃還是十分寵愛牠們。就在昨天，我還去看了他，趙教授正好也在那裡，他和佑侃正在興冲冲地計劃一件事。」

「是不是又想排演另一個劇本了？」我望着夢蕉桌上的書報、雜誌……都是一些永遠不怕自找麻煩的人們，有了他們，別人未必就會見他們的情，但沒有他們，人生又將多麼枯燥無味呵。

「還不止此。他們想辦一個專門介紹現代戲劇的雙月刊，由趙教授和爸爸主編，佑侃擔任助編。丹丹，你別吐舌頭，這次倒不是紙上談兵了。佑侃既然把店舖賣了，他至少有財力幹些他眞正想幹的事！」

「誰說不是！誰說不是！」我跳了起來。悲哀、興奮、期望，交織在我的心頭。世界上，總有一些倔强的、被認爲是瘋狂的人。只要有這種人，趙教授老了，有什麼關係？即使以後，佑侃也老了，又有什麼關係？

我們走下樓去，這時，朱教授已坐在客廳中了。我走過去，喚了一聲，他拉住我的手，說：「白丹，夢蕉明天要到高雄去。」

「是的。」我說。

「夢蕉已帶你去看過那個房間了吧，還可以嗎？」我點點頭，想說一些感謝的話，但朱教授却馬上阻住我：「白丹，我們已不必客套了。我剛才寫了兩封信：一封給夢蕉的母親，一封給令尊。明天夢蕉去高雄時，代我面邀令尊到臺北來玩幾天，白丹，這不過是開始。」

是的，這不過是開始。長長的日子還在後面呢，我自不必在此時此刻，在話語上多作表示。朱教授了解我，跟夢蕉了解我一樣。我預感到父親這次北來的愉快。

# 二八

第一眼看到父親時，我震撼了一下。我感到我迎接他的漾漾的笑意，一下子凝凍成為僵硬的線條；內心中熊熊的喜悅，沒有被砭骨的冷風所吹熄，却因他的步履蹣跚而頓然消失。風吹着，冬日的風，憂患的風。一種悲哀的寒意刺得我不斷顫慄。我伸出手，攙扶着他。「爸！」我喚着，克制着，希望在最初的片刻裡不讓他發覺我的難過；但轉過臉，淚却滴在擁擠的月臺上。他摸摸我的肩胛，說：「丹丹，最近你胖了一點，臉色也很好。」可是，你呢？爸爸！你自己可曾覺察到這短短的幾個月在你身上所促起的變化？我未來臺北之前，你雖已年邁力衰，但現在，你的眼神、步態，更令人感到「老」壓在你身上的沉重！是我不該離開你嗎？在有限的聚面的日子裡，我竟狠心地再抽去了一些。原諒我，原諒我，爸爸！原諒我，原諒我！而我所不能原諒我自己的，却是你早已原諒了我！

「夢蕉眞好，這孩子！丹丹，你比爸的眼光好。」父親說着，似乎又在感到歉疚了，然後輕輕地喟嘆了一聲。「朱教授也眞好。眞不知道該怎樣謝謝他！」

提着皮箱的夢蕉在旁邊說：「伯父，還客氣什麽？爸一人在家，巴不得有個老友伴跟他聊聊呢。」「爸爸，朱教授和紀蘭都在車站前面等你。他們本來也想進月臺來，我說，人太多，紀蘭又是大肚子，所以把他們勸住了。」

太多的喜悅，太多的感慨，也使父親激動得很；幸而，父親還能抑制自己，所以很快地就平靜下來。我們寧願落後一步。等人群不再你推我擠時，我才攙着父親，緩緩地、一級一級地走上天橋去。父親喘息得很厲害，我說：「爸，今天你眞累了。」他歇了一會，說：「也沒什麽，或許是昨晚跟榆兒多談了一些，睡得太遲了。」「榆哥說了些什麽，爸？」「他說：這月裡正是年前年後，他太忙，或許抽不出空來參加你的訂婚。我說，那也沒關係，以後，只要你能參加丹丹的婚禮就好了。」父親停了停，又說：「丹丹，要朱教授來接，怎麽敢當？爸以前只是一個小公務員！」爸總老是這樣卑謙。

我又扶着他，一級一級地往下走。從平地到高處，又從高處到平地，吃力地攀爬，急遽地降落；滿眼都是爭先恐後的人。車站外，朱教授和紀蘭已經等了很久了；看見我們出去，就迅速地走過來。朱教授熱誠地跟父親握手，使父親消除了僅存的一絲不安。父親看見紀蘭已是落月的大肚子，就說，她實在不必這樣週到，叮囑她趕快回家休息。於是，我就另外叫了一輛計程車，把紀蘭送上車。紀蘭攀着車窗，悄悄對我說：

「白丹，看來，伯父身體不挺好，你要讓他好好休息幾天。我眞希望他仍能到我家裡來，跟你同住。」

「我每天會去看他。我不會讓他寂寞的，紀蘭。」

「最好能陪伯父上醫院去一次，」紀蘭說。「詳詳細細地檢查一下。白丹，或許伯父應該進些補品。」

「好的，紀蘭，謝謝你的關照。」我回答。

我們坐計程車去朱教授的家。一路上，悲哀的陰影仍疏疏落落地罩着我，把我的快樂分割成細細碎碎的小光點。或許，我是早該懇勸父親吃點補品的；或許，我是原本不該上大學，而該像他年輕時那樣，過早地分擔起家的責任的。喘，這些都是於事無補的悔恨了。我現在只希望在這一段時間內，父親在身心上能夠獲得全然的恬適，給他的生命再度注入一些堅韌與年輕。

我很安心。我的希望並非只是一種幻想。父親在頭兩天的充足的休息以後，精神就恢復了不少。他跟朱教授間的情誼建立得很快。這兩位老人，雖然學養不同、觀念不同、身份不同、嗜好不同，却無損於他們間的傾心而談。父親間或也上紀蘭家來，跟姚伯父談上一陣。他的萎頓已在他的身上層層脫落，他幾乎回復到去年冬天時的淸健；等春天來臨，他的精神或許會更好一點。我的那個陪他前去檢查身體的提議，在看來並不需要的情況下，也被父親拒絕而拖延下來。惟一他不想拖延的事，就是我跟夢蕉的訂婚。但，在訂婚之後，他們做父親的，却又忙着商討我們的結婚了。他們談妥了各種細瑣小節，夢蕉也已打電報給他在香港的母親，催她快來。我爲這兩位老人對於這件逐漸逼近的事所產生的愉快與興奮而感到驚奇。

在有太陽的日子裡，我也陪父親去逛街。父親仍然不肯戴帽子、圍圍巾，他那面臨冷風而毫無懼色的倔强，令我慚愧；彷彿他是在用他的形象告訴年輕的人們，叫他們別忘了在另一片遼濶廣漠的土地上的更冷的風以及那些不是能用冰凍機製造出來的滿眼氷雪！他走着，常常走在回憶中。往事是滔滔的長江、黃河，是永不退却的巍峩五嶽。他對於鬧街以及斑爛閃耀的商品，並無多大興趣。我計劃陪他去看看烏來的飛瀑、圓通寺的建築雕刻、陽明山的花樹，甚至還有蘇澳的漁港……

然而，這却不是說現在就去遊玩，而是說在春暖的季節裡。那時候，將再加上萝蕉的母親——我未來的婆婆。現在，你聽，平劇的鑼鼓又敲響在北風聲中，牠正跟父親一樣，不肯屈服於北風，而想跟牠較量、較量。讓我們先來欣賞平劇吧。萝蕉有優待券，每場他總另外再買幾張戲票。趙教授、姚伯父、朱教授、父親、紀蘭、萝蕉和我。我們的陣容幾乎比去年壯大了一倍，父親的笑容也比去年自然得多。平劇給了他懷念與感傷，也給了他撫慰與宣泄，他的感情常常在洗刷中重又獲得平靜。那是爲期一週的平劇公演，名角雲集，戲碼精彩；是越益逼近的年前景象中勇敢地昇起來的一只彩色大球。

我們已經接連看了四夜夜戲。在鑼鼓聲中，我們已經忘却了冬日的凛冽。第五夜，趙教授和姚伯父沒去。天氣比前幾晚更冷了些。風照舊吹着，從幽沉沉的這方，吹向幽沉沉的那方。我們五個人準時到達戲院。在九成滿的戲院子裡，燈光裡都有笑的影子。那是一種滿足的、吉祥的氣氛。我們已經把風排斥在戲院之外了。紀蘭、朱教授、父親、我和萝蕉——父親在我的左首，在五個人的中間；這是由於一觸到平劇，他便是我們這一群人的領隊。他們兩位老年人抽起了煙。今晚，父親格外興奮，煙也就抽得特別多。寶藍綢的新長袍，幽亮地，藍得像要在燈光下融解流走。他的那層薄薄的白髮，非常美，非常輕，宛如一片小小的浮雲，而他的雙頰却有着孩子雙頰般的紅暈：那是稀有的好氣色。父親看來年輕了不少。難道平劇又使你的青春暫時回來了，爸爸？難道你的記憶又回到你年輕時代的上海，又回到母親的身邊了？難道每一次、每一次，在戲前戲後，你的那齣「戲外戲」總是跟隨着你？爸爸，瞧你是在多麼凝神傾聽！瞧你笑得多樂意！我願你能重新爲我叙述一次，讓我再次跟隨着你，在你的世界中暢遊！爸爸，我願知道你們的世界跟我們的世界之間的眞正距離！那到底能用什麼尺度測量出來？「御碑亭」過去了。那個亭子，那個不容男女授受的亭子，現在只有豎立在戲臺上，供人憑吊了。在現社會裡，是咖啡館、電話亭與公園樹蔭下的談情說愛。然後，「

六月雪」開始。六月雪的時代也同樣過去了。現在，到處可以看到過着「寄人籬下」生活的老年人。竇娥的大段唱工，哀怨、悲涼而費力，五花大綁下的纖弱女子，像祭壇上的羔羊，於是，在生死邊緣上，白皚純淨的雪從雲天之外如天使翅膀般地飄落，飄落在炎熱的季節裡，飄落在炎熱的土地上，飄落在焦灼躁急的人們的心上。那童話般的奇蹟，帶着令人神往的感動與解脫。

我們喘了一口氣，戲院裡昇起一陣低沉的語聲，一如成群的蜜蜂在我們頭上飛舞、嗡鳴。父親又燃起一支煙，臉色更紅潤了，看來也就更年輕了些。過一會，等戲散場後，我一定要告訴父親：他今天看來像個五十三、四歲的人，什麼時候，他能把白髮染黑，就可能被人看成五十歲了。等我和夢蕉結婚的前夕再染吧。那已經不會太久了。父親一定不會拒絕的。他還要過好些年充滿活力的晚年哩——在走廊上度過他恬適的黃昏。「打鼓罵曹」業已開始，一群嗡鳴着的蜜蜂也不知道在什麼時候飛走了。臺上，曹操和彌衡像兩塊磁石，把觀衆的注意力吸聚在一起。那個彌衡，後來著了一身比黑夜還黑的短衫，露着一只右臂，像個屠狗的人。他抖散了長髮，顯示他是一個重視正義甚於他生命的人。鼓是他的自由鐘，他堅決地向鼓面擊出了不凡的第一聲，然後，鼓聲越來越緊、越促，密密麻麻地搥着戲院裡全體觀衆的心。我們在哪裡？在戰場上的壕溝裡？我聽到鶴唳、馬嘶，子彈掠空的呼呼聲，炮彈落地的隆隆聲。狂風從平地昇起，驟雨從天上傾下。我想哭、想笑、想喊、想躍起來、想衝過去。於是，鼓聲戛然而止，我仍坐在戲院的椅子上。這時，我才感到左肩上有種溫熱的沉重；回過頭去，父親正斜靠在我的左肩上。

「爸爸！」第一聲叫喚，是想叫他從沉緬中醒來。在沒有回音下，我的第二下喚聲，便帶着驚異與不安；然後，我扶住他的頭和肩胛，一串驚痛的呼喊衝向業已失去知覺的他！我要喚醒他，喚醒他！他剛才看來還是這樣生氣盎然，我不相信他願意這樣離開我！

悲慟、混亂；混亂、悲慟；我的腦子有好一會兒只是一團乳白的霧。現實的眞與假，忽然混淆不淸。或許這只是一齣演得很逼眞的戲。過一會兒，父親又會醒過來。我摟着父親，癡癡地。紀蘭不斷地拍着我的背；朱教授和夢蕉急急地出去，又急急地回來。於是，我跟在被朱教授和夢蕉挾扶着的父親的後面，走了出來。戲，仍在上演，歌聲、琴音悠悠揚揚地散播在空氣中。這不是眞的，這是在做戲！我不相信。兩輛計程車等在門口。朱教授和夢蕉陪着父親，坐在前面一輛；紀蘭和我，則坐在後面一輛。

車開後，我才想到，爲什麼不讓我坐在父親旁邊。眞的，我並不嫌煩他靠着我時的沉重；那樣，他醒來後，第一眼就可以看到我。然而，紀蘭却說，現在這樣比較妥當，因爲朱教授和夢蕉在處理各種事情上，都要比我熟練而內行。於是，我問紀蘭：父親會不會醒來？會不會？會不會？會不會？固執地逼着她回答我。紀蘭憂傷地抓緊我的胳臂，希望我能克制一點；她說，她也希望我父親會醒來。

我幾乎不知道自己是不是在哭。我沒有心情去留意自己的眼淚；或許流得很多，也許或流得很少。我只在想，父親一定會醒來；等他醒來了，他會說：「唷，剛才我覺得很累，覺得很暈，就睡了一覺。」於是，所有的一切就再重新進行。我們到了私立××醫院。躺在急診室的枱上，父親確像是個睡熟了的人。多麼安詳、平靜！他的心臟仍在跳動，他的呼吸仍在繼續，雖然略嫌急促。大夫替他量了血壓，二百四十，顯然，他是興奮過度，患了腦溢血。大夫作了各種必要的措施，然後，父親便被移到病房，插上了氧氣管。我守着父親，紀蘭守着我，夢蕉在東奔西跑。他告訴我，他已拍了一個電報。我起先不知道他是拍給誰，隨後，我才想起，他是拍給我榆哥的。夜正深沉，風在吹着，從幽沉沉的這邊，吹向幽沉沉的那邊。我呆坐着，不再流淚，只聽着風聲。牠彷彿是種古老的語言，帶給你哀傷，也帶給你無可奈何的平靜。或許只有牠才知道，當父親在橫渡生死之河時，他是否又聽到了故鄉屋簷下風鈴的鳴聲？

我守着父親，在整個的夜晚。於是，當黎明到來的時候，我發覺守着我的，已不是紀蘭，而是夢蕉。夢蕉說，突然的驚懼、過度的焦灼，已使紀蘭的孩子早幾天敲開了生之門。在黎明之前，紀蘭已被送入這個醫院的産房裡。我還是呆坐着。大夫和護士的進進出出，對我來說，都是活動在透明帳幔後的人影，浮動而不眞實。我現在確信父親已不會再次醒來。這個黎明，對他已全然無關；以後，無數無數個黎明，對他也將全然無關。他沉睡在幽沉沉的那一邊。而在那塊寧謐的土地上，母親已獨自睡了很多年。

陽光從窗口照進來。淡金色的，閃爍的，好像不是冬日的陽光，好像牠要把這個病房裝飾成一個看來不是蒼白的病房。趙教授來了，佑侃來了，姚伯父和君實也來了——他們負有雙重的任務——昨晚回家去休息了一會的朱教授，重又趕來了；然後，他們又退坐到病房外的走廊上去。紅腫着眼的榆哥和嫂嫂，帶着小孫女也從高雄趕到。榆哥一看到父親，就趴在床沿，號啕大哭。嫂嫂也跟着啜泣，而我這時才眞正地哭出聲來。我仍不是放聲大哭，我混濁的哭聲如同混濁的水，挾帶着我體內所有的悲哀。

父親的確沒有醒來。大夫爲他蒙上了白布，爲他隔絕了這個世界中的一切。我仍呆坐着。夢蕉坐在我旁邊，扶着我。我並沒有跟着去太平間，不是我怕，只是我不願去那裡。在我的心中，我只願父親仍沉睡着，而不願他死去。我倔强地不願在心中留下這個觀念。我不肯承認一個生命的逝去，如一根木頭的腐爛。於是，我走出來，夢蕉仍扶着我。我筆直地緩慢地走着，雖然乏力，却仍感到自己十分堅强。我仍然沒有走向太平間去。我走向産婦病房。紀蘭在那裡。夢蕉告訴我，紀蘭已經生了，是一個男孩。現在，我要夢蕉陪我到那個産婦病房的門口。我推門進去。

我看到了紀蘭。嚴肅的紀蘭。而在紀蘭的床邊，我看到了一個護士，正彎着身子，小心翼翼地把一個紅潤健康的嬰兒抱給她看。

一九六五年民國五十四年春節後一天開筆；

一九六六年民國五十五年三月底脫稿；

同年五月二十二日在「新生報副刊」開始連載，八月七日刊完。

# 車轔轔——兼論小說的故事

詹悟



許多人看小說是在看故事，其實小說和故事有所不同。美國當代名作家Josephine Bentham女士在「故事價值」一文中說：「故事（Story）是一連串舊事的連貫敘述。」事實上，最早的小說就是一些故事，許多故事多係民間傳說。故事用之於小說之後，其固有的形式古板呆滯，千篇一律，已無法滿足讀者新奇要求的心理，乃透過藝術的方法，創造新的形式，賦予新的生命。故小說是有目的和使命的。小說中不能沒有人物，有人物就會有「舊事」；因此，任何小說中都有故事。我們說：「這個故事好看，這個故事不好看。」乃是小說作者在他小說中所包含的「舊事」是否能循循將讀者誘入心滿意足的境地？對於那些讀了之後不能令人滿意的小說，往往認爲「沒有故事」；而那些「專以找故事取勝」的作品，在小說的作者之中，被貶爲「說故事的」。其實，「說故事」本來就是小說作家的重要手段；小說作家是故事的轉述者，他站在讀者和小說之間「說」出來的。就像一個說書的人，同樣是「說」，「說」的方式不同，聽的人感受亦不同。

一篇小說，如果有好的「故事」，當然能引人入勝，對於一個有志於寫小說的作者來說，卻不能「等待」著故事意念湧上他的心頭。美國當代頗負盛望的一位文藝理論家Maren Elwood在「Write the Short story」裏說：「在你自己的記憶、經驗、感情之中蘊藏著你寫不盡的故事胚芽。你所寫的每一篇小說，其故事意念幾乎都是根植於你的性格，你的經驗，你自己做人的態度裏。它由你的記憶而鑄成，賴你的感觸而浮現。沒有人能寫自身既無所知又無所感的東西。

都德的「最後一課」並沒有什麼感人的「故事」，作者只是以自己感受的經驗，透過一個小學生寫出亡國之痛。喬治桑的「魔沼」故事也很樸素，她將喜愛的自然和農民溶入她的小說中。榮獲諾貝爾文學獎金的「老人與海」，毫無故事可言，海明威將他的觀念——人類堅強的意志可以克服一切的困難——表達出來：一個老漁翁在海上與惡劣的環境搏鬥了三天三夜的「舊事」。因此，一個會寫小說的人，能夠從他所觀察的某種方式的生活或事件中，發現「故事感」（Story Sense），把這種素材予以安排，調入寫作的故事，形成了對大眾有意義並有趣味的內容。

童貞的「車轔轔」也是一本「沒有故事」的小說，卻是令人十分喜愛，值得初學寫作的朋友參考。

小說開頭是以第一人稱「我」——白丹，面對著她的好友姚紀蘭的愛情而煩惱，對於上一代的人——紀蘭的父親姚一鳴，以及自己的父親對子女婚姻不同的看法。最後紀蘭與朱君實的婚姻，得到父親的諒解，出生了下一代，而上一代白丹的父親於這時去世。「車轔轔」是以生命爲經，愛情爲緯，表達人生的看法。在第六三頁，朱夢蕉說：「人生本來就是這樣。但逝去的車輛總也錄下一些輪轍，播下一些塵沙，留下一串迴盪在風中的悠揚的轔轔聲。」這就是「車轔轔」的主題，表達這一代的迷惘、慾求、堅忍與職責。

「車轔轔」因一群教授懷念傳統的中國文化，計劃演出「玻璃牆」話劇，年輕一代史小曼、白丹成爲「戲」中的主角，表達了生命的遞嬗。姚紀蘭和朱君實的自由戀愛，白丹在父親安排之下與立仁的訂婚，反映出三代婚姻觀念的衝突。這些「舊事」經常會發生在我們的社會上，童貞能夠透過自己的感觸，「說」出許多有趣的事物。這就是司馬中原佩服童貞在小說方面的才華。當中的「戲」不但演得成功，小說的人物造型栩栩生動。像史小曼愛慕虛榮，善於勾搭，表現出一個手段高明的交際花；內心善良、外表怪僻冷漠得不近人情的朱教授；熱情風趣的朱夢蕉；灑脫的立德；木訥的徐佑侃；平實的白父；少年老成的白榆，各有各的性格。作者只是一個幕後的導演，用各種不同的動作，說話，來表達不同人物的性格和思想。在情節的發展中，幾乎到了絕境，作者的巧思突然使情節轉進，直是嘆爲觀止，如在二九頁，朱教授把目光對著白丹，炯炯地：

「你也是我們這所大學畢業的？」

「不是。」

「那麼，在那裏讀的？」

「私立××專科。」

他咳嗽一聲。這咳嗽明顯地是用「鼻音」改成的，但改得不像樣，更是有稜有角地刺痛了白丹，使得她很尷尬，但，趙天崖教授是個心地善良的老人，乾脆用言語和行動來支援白丹，他特地走過去，拍拍白丹的肩：「別怕羞，在藝術之前，我們一律平等……我歡迎一切眞正愛好藝術的人！」

這一場本來使白丹難堪的場面，就被趙教授的一句話化解了。

從這些短短的對話中，三個人物的性格顯明地出現在讀者的眼前，也發展了意想不到的情節。

侯健教授在「琉璃牆」序中批評童眞的「純是煙灰」這篇短篇小說是他頗感偏愛的小說。它揉合了悲天憫人，在不動聲色的歛抑裏，渲染出濃重的感傷色彩。童眞的小說，從不明白告訴你什麼，而是讓讀者自己去體會。這種歛抑的風格，使得情節懸疑，製造了小說的可讀性。

# 車轔轔

老松

「車轔轔」是童眞女士最新出版的一本小說，這小說曾在新生報連載過，所以對一部份讀者來說：這小說可能並不「新」。

「車轔轔」是一本十七萬字的長篇，取材於現實社會。作者筆下三位女主角：白丹、紀蘭、史小曼，似乎都是我們日常所認識的人物。作者利用這三位女主角不同的人生觀，去表達了一代的迷惘、欲求、堅韌與職責。

白丹，她是一個善良、單純的好女孩，但她沒有一個理想的目標，因爲她不知道自己所追求的是什麼。所以，她一切都是被動的。她和立仁訂婚了，但卻不知道自己究竟愛不愛他，她把訂婚作爲一種人生的義務。她讀會計，也不是她喜歡會計，而是「我祗想有一個學校可以讓我讀，我沒有資格選擇我所喜歡的。」多麼悲哀的一句話！在今日的臺灣，這一代的青年，似乎不唸大學就無路可走，考不上大學就是有辱家門。因此，爲了一個莫名其妙的「大學生」名堂，多少青年再也不知道自己眞正喜歡什麼。正如白丹所說：「我不知道。或許我以前知道，但現在卻迷失了。許多人都跟我一樣。我們讀的是哪一門，我們祗得做那一種工作，不管喜不喜歡，終身應該爲牠服務。」這段話，不但刻劃出白丹內心的迷惘，也道出了這一代的迷惘，和他們心中的無可奈何。今日的大學生，爲什麼都嚮往於「留學」？其實，有些青年實在不熱心留學，但「留在臺灣幹什麼呢？」這個問題爲難了他們，有些是爲了不願落在潮流的後頭；有些不甘心當一名「窮教員」，所以「留學算了！」因此，造成了今日的「留學熱」，也造成了嚴重的「人才外流」。留學變成了一種潮流，而不是需要。這是時代的悲哀，也是國家的不幸，要挽救這種危機，首先讓這個時代的青年，找到他們的理想。

紀蘭是她們中最理想的一個，她不但找到了她的理想，並且不顧一切阻力去抓住它；就是毅然下嫁給家世、學歷不如她，而且比她大十多歲的朱君實。在現實的社會裡，這種選擇要多大勇氣。幸而她選對了，君實的確是一位理想丈夫，要不然，她還得忍受別人的譏笑。其實條件的相配，不能保證婚姻的美滿，最重要是心靈的了解，正如作者所說：「兩個人，興趣儘可以不同，但了解卻是必需的。了解是兩顆心靈間的橋樑。」紀蘭喜歡戲劇，但從不夢想要成爲一位偉大的劇作者，因爲她了解自己在家庭中的責任，她不能把全部的時間、精力都投資於戲劇。所以，他對戲劇並不狂熱，但卻是一位熱心的贊助者。

至於史小曼，她又代表了另一種典型，這是今日社會裏最普遍的一種典型。她們美麗、聰明，但幼稚，什麼都不懂，卻以爲自己懂得很多。然而，你又能說她們不懂嗎？她們最懂得抓住向上爬的機會，她們把愛情作爲一種遊戲，她們追的僅是物質享受，她們販賣青春時，卻美其名爲爲藝術犧牲，然而，她們又會問你藝術多少錢一斤？這些人是社會的渣滓，但社會卻要這些人來點綴熱鬧。

僅從這三位女主角的片面分析，可知「車轔轔」，是一本值得一讀的好小說。此書貴在題材現實，不像時下的作品，往往與現實脫節。而且對白相當精練。美中不足者，是結局中生死的對照，似乎不夠強烈。

# 沉默的天堂鳥——童真

司馬中原

遠在十年前，我就從港臺各地的刊物上，經常讀到童眞的作品，最先從作品上認識了童眞。她的作品一向都有著特殊的風格，可以明顯看出她嚴肅的創作精神，因此我就在心裏想著有這樣一位朋友。

後來香港有位朋友寫信給我，提到過，在當代的文壇上，童眞的作品是相當有份量的。同時，在海外的一些雜誌上，我所撰稿的地方，童眞也在撰稿。這位朋友告訴我，童眞居住在南部的橋頭鎭，我卻一點也不知道。因爲在所有的文藝性集會上，很少見到她。

除了作品外，她的沉默是出乎尋常的，可以說很少參加文藝性的集會，當時由於潛沉於創作的關係，我所接觸的文壇上的朋友也非常少，在我所認識的朋友裏面都不認識童眞。又過了好幾年，我讀到童眞的作品愈多，對她的敬仰也愈深了。

五年前，文協南部分會，開年會的時候，我曾到會去找她，年會是在大貝湖開的。風和日麗的晴朗天，我們坐在湖心一個招待所裏談天。當時我就問一位朋友：

「哪位是童貞？」

「那位女士就是童貞。」那個朋友就笑指著我的對面說：

我發現當時童貞女士也正朝我微笑著。我立刻上前去告訴她，我對她的仰慕，她說著同樣的話，同時介紹了她的先生——對翻譯和理論都有很深造詣的陳森先生。他們夫婦都有著溫和有禮，誠懇熱情的氣質，使我非常傾慕。

在荒僻的南部地區，寫文章的朋友不多，在作品上互相切磋的朋友更少了。他們那時候住在橋頭鎮台糖宿舍區，距我的住處鳳山並不遠，所以我們有很多互相往還的機會。當時我寫作的環境差，不但孩子多，而且經濟窘困。童貞女士的寫作環境則非常的理想。他們寫作環境理想，也並不是在經濟上的，而是在於家庭的和睦和互諒互助，陳森兄很能夠為太太安排舒適的寫作環境。他一直不求聞達，所以他們夫婦在時間上沒有一般社會上那樣的衝突。他們的時間都是用在閱讀，談心和創作上。

他們的居所前後都有很大的庭院，卻長滿了亂蓬蓬的荒草，在我個人總覺得這些庭園太荒蕪了。

「有那麼大的庭院，不去整理，實在太可惜，假如我有時間的話，倒很願意來你們這兒當園丁。」我說。

「我們不是不感到荒蕪，而是沒有時間用在整理庭園上。」童貞笑著說。

「那麼你們忙些什麼呢？」

「陪你這樣的客人談天，我覺得比整理花木重要得多。」童眞又笑說。

童眞是個最忠於藝術創作的人。她的聲音是從沈默中發出來的，也就是說她的作品就是她思想的聲音。

慢慢我發現，我愛上了他們家的客廳，愛上了他們住處安謐、寧靜的氣氛，以及她那一群活潑潑的寶寶們。當我能抽出閒暇時，總是在傍晚搭車去他們那兒，享受她的好菜和醇酒，清清靜靜談著些文學上的問題，也交換了很多創作上的意見。很多年來，眞正能夠使我感覺到從談話中受益的也就是同他們夫婦在一起了。

由於創作的風格和見解的相同，使我非常留戀他們那個地方。一個有月亮的夜晚，我們曾從客廳談到餐廳，從餐廳再談回客廳。告別時，他們夫妻送我到糖廠的招待所，我們在明朗的秋月下，在扶疏的花木叢中，忘其所以的一直談到深夜。離開時，才發現火車和汽車都沒有了，我看看錶已經到了深夜一點鐘，我又忘了帶車錢，祇帶著一身的興奮和愉快，就這樣踏著月光走了將近二十多公里的路，直到天亮，才回到家裏去。

童眞不但寫得一手好的文章，在家庭中更是個好妻子，好母親。她對於子女的教育同照顧都是那樣的溫柔、慈祥。具有深厚的愛心。

文壇上的朋友大半知道他們夫婦是以好客聞名的。踏進她家的門眞如到了蒙古，祇要「有朋自遠方來」，夫妻兩個就會放下筆來，忙得團團轉，甚至丟開工作，用很長的時間陪著朋友聊天。

童眞的一手菜是跟著名廚師學來的，您踏進她家，都有大啖的機會。他們離開南部遷到中部，我還來北部也離開南部。彼此天南地北，相隔很遠，雖然涎垂三尺，久欲去潭子盤桓，但也抽不出時間來了。

有些朋友寫過介紹童眞的文章，把她比作袖珍美人，也有的過份誇張地說她體重僅有三十多公斤，但那祇是遊戲文章而已，童眞雖是小巧型的，也不至於眞的能作「掌上舞」罷。

他們夫妻對朋友雖是非常的敦厚、誠懇、熱情，但他們實在是有著嚴肅的一面，對於人生的忠實，對於作品的不斷尋求的態度最使人敬佩。

童眞從事創作，已有十多年的歷史了，十多年來除了勤勉創作之外，她從沒爲自己呼喊和標榜過什麼。如果說童眞是一隻鳥，那麼她該是隻沈默的天堂鳥，她只在作品裏面發出清脆悅耳的鳴叫，決不像一些麻雀，總是吱吱喳喳地洋洋自得。早先，好像曾有人說過一個笑話：說作家王爾德，編劇上演，觀衆非常稀少，有些人就問他：

「你的戲情形如何？」

「戲是非常成功，但是觀衆卻失敗了。」王爾德說。

要是把這個笑話引用在童眞的作品上，正是同樣情形。

童眞不是個多產的作家，她每天大部份的時間沈浸在創作裏面，，所出版的也不過是薄薄的幾本書。從她「古香爐」「黑煙」到「愛情道上」到「爬塔者」，「霧中的足跡」、「彩色的臉」，以及最近所寫的「車轔轔」同「夏日的笑」這幾部創作，我們可以看出她的作品在不斷的進步，我個人總是在想：一個作家最難得的就是能夠不斷地否定自己以往的成就，朝更高處去攀越，如果不是這樣，光是一部又一部地出產同樣作品的話，那就是一個文匠了，也就是說沒有不斷的引昇，那些作家失去了創作的原始動力，也就是殭化，停頓的訊號。在這方面，溫柔而纖巧的童眞是無比嚴肅，無比堅韌的。

假如以單純的商業價值去看，童眞的幾本書可以說是毫無商業價值的，大部份的讀者都不能夠接受她的作品，在這方面，童眞可以說是有些兒寂寞。但，我想不但是童眞，任何一個有深度的作家，都有著耿介的性格，不會去迎合大衆的口味。事實上，她忍受得住這種寂寞，從來沒有把這種寂寞掛在心上，她心裏所想的祇是讓寂寞幫助她，使的作品，在寂寞中悄悄生長，使它發出更深厚、更悅耳的聲音。

雖然我們不常相聚，但我總有一種奇怪的情感，就是當我在思想，在寫作的時候，我們的精神、我們的思想都會在一束燈的圓光下相遇相契。我想，這些眞純的友情，對於童眞是很重要的，像現在遠在美國的聶華苓，像我們這些在臺北的朋友，隨時都在記掛著她，記掛著她的創作，這種彼此間無聲、無形的鼓舞與激勵，對於彼此都有很大的幫助。不管是我個人，或是童眞，或者是其他的朋友，每有新書出版的時候，一定要先寄給對方，並且誠意地接受對方的批評。這些批評的嚴格，會嚴格到出乎意外的程度，我個人有很多作品，都接受過童眞所給我的意見。

在創作上，童眞的立足點站得非常的穩。她對於文學的認知也是非常的深。她的作品從不在皮相上求新，而是在實質上、深度上、表達上，求精、求深、求新。所以她的作品，無論站在傳統的，或是現代的角度上去看，都是夠穩實的。她的生命經歷，比起一般作家並沒有什麼特殊的地方，她早年在浙東鄉土上的生活，算是東方閨閣的生活。後來雖然經歷過民族整體的離亂，但是她並沒有實際地接觸那些廣泛的各階層的生活。從少女到主婦，她的生活面廣度和深度都嫌不夠，由於她創作的心意堅韌，因而她作品的表達面盡量地拓廣，同時她能夠兼持熱愛，不斷地吸取生活知識，溶入她的生活，再發而爲文。

我個人覺得對於時代生活的認識，實在是創作最重要的基礎，因爲我們單有概念是不夠的。童眞也深深明瞭這點，最可貴的是，她在作品中處處流露著她對整個民族人群生活的關心和那種純粹的母性之愛。童眞雖然在這方面使人稱讚，但是，我覺得文學作品除了內容同取材，表達的深度也佔著很重要的部份。這一部份正是童眞和我們共同追求著的。

生活在當代的作者群，在創作生活中感覺到最痛苦的就是藝術與生活的雙重重擔，同時落在一個人的雙肩上面，顧慮到現實的生活，就妨害到藝術的精度，顧慮到藝術的精度，就會使現實生活的壓力加倍深重。童眞雖有著家庭，有著這麼多子女，爲他們的教育與求學要分去不少心血，同時一個女作家，無論她的家境怎樣，總是有很多瑣碎的家務去待她親自的操心料理。由於陳森兄很能爲她安排，使她能夠長久保持著一個安定的，不爲柴米焦愁的理想寫作環境，所以她在生活顧慮上應該是比較少。也正由於這樣，這些年來，她作品的進步是飛躍的。在「霧中的足跡」、「車轔轔」這兩部長篇裏，她所表露的技巧使我自愧不如，我相信她這一部長篇近作——「夏日的笑」，一定會有更好的表達，使我去領會，去學習。

自他們遷居到中部潭子鄉後，我們差不多也有將近四年的時間沒見面了。我對於他們夫婦的懷念，好像懷念著遠去美國的聶華苓大姊一樣。在夜晚，我常會面對著攤開的稿紙，任思緒像游絲般的遠行，從回憶當中去想念他們。

憶及在大貝湖初次同他們夫婦見面的景況，以及我在他家非常靜雅的客廳裏所閒談的問題，眼前便會浮起她的影子，她從作品的拓展中把她帶領著走出了閨閣，走向了這一個廣大的社會。但是她的人還是保有著東方的閨秀風格，高雅的氣質和溫文的談吐。在她的話語裏面可以揀拾到很多靈明的透徹的觀念，在在地給我啓發。也許中國古語說得對「一瓶不響，半瓶叮噹」。我想他們夫婦所以能夠固守沈默的原因，也許是他們認識文學這條道路是非常的遙遠，非常的艱難罷？等於我們在爬山一樣，除了懷著某種征服什麼的心情，含蓄虛心地朝上爬外，那裏還有餘閒去眩示自己呢？我們想征服什麼，結果總是被山征服了。擁抱文學也正這樣，我們總是想不斷地攀援，不斷地引昇，不斷地去征服，但是最後我們還是被文學征服了。

我不敢說，童眞目前的作品，達到了如何如何高的水準，至少，她這種耐得寂寞和在寂寞當中不斷追求的精神，給我太多的鼓舞。

童眞的身體不太紮實，由於過份勤勉創作的關係，有一度時間幾乎患上了肺病，但是後來她寫信說：她的病已經慢慢地轉好了。更由於她常常夜晚伏案爲文，以致她的腰部常有酸疼的現象。一般的東方人由於營養，生活同體格的關係，創作年齡都比西方人要短，同時中國的文字，不像西方拼字母的那種方式，可以坐下來就打字，必須要一筆一筆地澆著心血寫在稿紙上，所費的功夫也比較大，我們希望童眞在創作之餘，還是要避免過份的操榮，同時盡量地注重身體的保養，使得她能夠有那樣的精神，那樣的體力支撐著，使她創作年齡有一般比較長久的時間。這樣她才能夠有充份的精力，去完成她龐大的創作的構想，使得那些構想，都變成一部部擲地有聲的作品，給我們這座荒涼的文壇帶來更多清新的、悅目的聲音。這就是我個人恒在祝福著並且盼望著的。

童眞，這隻沈默的天堂鳥，她仍會在以後的很多作品裏發出她的鳴唱，我懇切地希望很多青年朋友們能夠進入她的作品，細心地去體會，去體會到一個精心創造的藝術品同贋品之間不同，同目前粗製濫造的那些所謂「閨閣派的小說」完全不同；我覺得世界上最好聽的聲音就是思想的聲音，這種聲音，在童眞的作品裏面是充份流露著的，就好像我幼時讀著張愛玲的作品一樣，也許童眞沒有張愛玲那樣高的才華，但是她比張愛玲更有耐心，她在不斷地鍛鍊著她的功力，有一天，她的功力自會補足她才華的不足；在文學藝術越來越蓬勃發展的今天，一些比較精煉的藝術作品，應該逐漸被廣大的讀者群所喜愛，童眞的寂寞不會太久了。

# 鄉下女作家童眞

夏祖麗

鄉下人總是要比城裏人早起的。住在彰化溪州西螺大橋邊的女作家童眞就是一個早起的人。二十多年來，她早已習慣了在早晨五點半就起床了。起床後總是先整理那一百五十坪大院子，她在那裏種植了十幾種果樹、三十幾種花草；在每一季氣候沒有明顯變化以前，那些屬於這個季節的花草果樹都已經盛開了。她家的春天總比別人家的先來到。

童眞很喜歡一個人靜靜地觀察那些花草。她認爲它們在早上看起來有早上的色調，晚上又有晚上的光采。一枝花草從盛開到凋謝就像喜怒哀樂的人生一樣。

早上，弄完了早飯，送走了丈夫和兒女去上班、上學後，她就提著菜籃去買菜。鄉下的青菜便宜又新鮮，都是農婦們挑著自己種的菜去賣。她總喜歡多撿幾種菜買回家，吃起來特別清香好吃。

每天買完菜回家時，都要經過一大片草坪。雖然家就在眼前，但每次仍忍不住要在誘人的綠坪上休息一下。這一大片地原是台灣糖業公司的糖廠，後來拆掉了，就種了許多樹木、花草，整理成一個公園。

她每天煮飯、燒菜的時候，也就是她構想小說的時候。她說，那時，她的手在忙，心裏卻有空，就把平時看到或聽到的一些人物和事情拿出來想，把它編成一個故事。一邊燒菜，一邊想，也使枯燥漫長的廚房生活變得有趣而短暫。也許有人會想她大概常會把菜燒焦了吧！不然，多年來的主婦生活已經把她訓練得一走進廚房就輕巧俐落起來了。一個小說故事構想好了，她又會在廚房裏思考用怎樣的人物來表現這個故事的主題和思想。故事中的主角和主要配角出來了，她才開始寫。寫好了，再修改。她的小說都很合情合理，讀者很容易接受。

她不喜歡寫大綱。她的第一本長篇小說「愛情道上」是先寫大綱，然後再寫成的，她自己不很滿意。後來她就不寫大綱了。

童眞是不習慣坐在書桌前構思的。每當她坐在書桌之後，就開始寫。她是一個愛乾淨的人，家裏的地板總是刷洗得很乾淨，窗戶擦得光亮，她的書桌卻是亂得不得了。桌上是什麼東西都有，有稿紙、有東歪西倒的墨水瓶、藥罐、有廢棄的痱子粉罐，這塊見不得人的地方卻是她的小天地。每當她搬一次家，她就把桌上的那些亂七八糟的東西都丟掉，把書桌好好地整理一番，但是沒有多久又恢復了亂七八糟樣子了。別人看來越是亂，她卻越覺得有秩序，這似乎也是許多作家的毛病之一。

每天下午是她一個人的天下。她喜歡先小睡片刻，起來後靜靜地坐在客廳看書，有時看倦了，她就到院子裏或公園裏去散散步，那裏有許多參天的大樹，有時她可以在那兒坐上半天。這種享受是她這幾年才有的，從前，因爲孩子小，她就沒有這份清閑，現在，兩個大兒子和一個女兒都離開家到外地去唸大學，小兒子也是整天在學校裏。

晚上八點到十一點是童眞寫作的時間。她寫稿子從不熬夜，也不抽煙或喝茶，只是要絕對的靜。鄉居的生活倒很能滿足她的這種習慣，因爲鄉下人沒有什麼娛樂，大家都睡得很早，不到十點鐘已經是寂靜無聲了。這使她能安心寫作，也是她一直到現在寫得很勤的原因之一。

她的丈夫陳森在台灣糖業公司工作，也經常翻譯英美小說和文藝理論的文章。二十多年來，童眞一直隨著丈夫住在台糖公司的宿舍裏，從花蓮光復、高雄橋頭、臺中潭子到現在的彰化溪州，一直沒有在大都市裏住過。

鄉居的生活使得她很少與外面的人接觸。也許是這個緣故，她到現在仍說一口寧波話。她自己常開玩笑地說：「我的寧波話說得太好了，所以國語說不好。」有時，她的「阿拉寧波」話一出口，就連她的兒女都不太聽得懂呢！

語言上的隔閡也許就是她不善交際的原因之一，遇到生人就會有些木訥。如果你和她靜靜地、慢慢地聊，你又會發覺她是個很會聊天的人。她的那口硬綳綳的寧波官話倒也相當吸引人。

童眞本人給人非常「鄉下」的感覺，她描寫起都市來卻什分道地，寫盡了都市百態，她是一個很善於描寫都市生活、都市人的作家。

她說：「我難得到臺北去一次，每去一次對都市生活的改變都特別敏感，我想這也許是我自己隔了一個距離去看都市，反而比生活在都市裏的人感受得深。」

「我喜歡都市生活的某一部分，比如聽音樂會、看話劇、看畫展；但是我更喜歡鄉下的生活，也許我已經是鄉下人了。」

常看童眞的小說會發覺她也很善於描寫人物，她把人物刻劃得很深入透徹。問到她是怎樣去構思一個人物的？她說，小說中的人物是虛構的，卻要很細心地去揣摩，想像某種性格的人會穿什麼樣的衣服，會說出怎樣的話？然後很自然地把這個人物發展下去，能讓人覺得他們是在日常生活中常會見到這種人。她認爲人物是小說中最重要的部分，一個人的家庭背景會影響到他的心理，心理又會影響到他的性格行爲，描寫一個人物時，要把各方面都寫出來，這個人才會立體化。小說中的人物總要比普通人特別一點，如把普通人寫進小說去，總要把他化妝一下。

她的生活圈子有限，她寫作的題材卻很廣。她是怎麼樣去發掘題材的呢？她說：「嗯！一個小說家能寫出這麼多種不同的人物、不同的生活，倒並不一定非要去親身經歷；他可用自己敏銳的感觸、廣博的同情心、豐富的想像力和哲學的基礎來把主題深刻化，用有力的故事深深地打動人心。

「當然，如果描寫自己熟悉的生活或人物會更眞實，更成功些。我的『夏日的笑』有幾章是描寫監獄的生活，『寂寞街頭』，有幾章是描寫工廠的生活，我曾多次到監獄和工廠裏去參觀。小說家的感觸總是要比一般人敏銳的，有時，一件事情在表面上看起來很平淡，卻有它的不平凡之處，這也就是小說的題材。」

說到這裏，她好像想起了一件事，就笑了起來說：「我的腦子常常會胡思亂想，有時我在炒菜時忽然會想到客廳裡的傢俱擺設該換換了，等我的先生回來了，我就把這意見告訴他，但我的那些突如其來的想法往往會被他否決掉。我認爲我這種喜歡東想西想的毛病有時對寫作卻是有益的。我覺得豐富的想像力是一個小說家絕不可少的。」

曾經看過童眞寫的一個短篇小說「僅有的快樂時光」，文中是描述一個得了癌症去醫院求診的老人的故事，她把醫院的氣氛和老人的心情都抓得牢牢的，讓人讀後非常感動，問她在怎樣一個情況下寫成這篇文章的，她說：「有一年，我右手的兩隻手指有點小毛病，不能寫字，就常到醫院去照鈷六十。我在醫院裏遇到了一個得了癌症的鄉下老人，他知道他自己快死了，卻對生死看得很淡，他那種表情和那種對人生的看法給了我很深的感觸，我就以他爲主角，寫了那篇『僅有的快樂時光』，後來，很多人都告訴我他們喜歡這篇文章。你說我把醫院的氣氛和老人的心情捕捉得很成功，我想主要是那件事情留給了我很深的印象。」

童眞覺得短篇小說比長篇小說更能表現不同的形式，寫過長篇後，寫短篇是一種調劑。她覺得寫長篇很苦，前面寫得好，後面也要好，不然，前面就等於浪費了。她寫作時也常會遇到困難，她不怕難，卻喜歡難，她覺得越是困難處，也越能表現技巧，也就是最能拿出一點東西來。

目前，童眞已經出版了六本長篇小說、五本中篇小說、四本短篇小說集。她的作品在結構和形式上都很新，她認爲藝術貴在多變，如果老寫某一種形式的小說，就會讓讀者覺得枯燥，她寫作時總是儘量嘗試各種形式。她希望變新，但絕不勉強自己去變，或變得離譜。她說：「福克納曾經說過『人不要超越別人，要超越自己』，我希望自己能夠做到這一點，那我在寫作上就會更進一層了。」

# 女作家童眞

鍾麗慧

有人說，婚姻是女人生命的分水嶺。女作家童眞女士的寫作生命就是開始於婚後，因爲她的另一半陳森，是位翻譯家，經常翻譯英美小說和文學評論文章。更重要是陳先生認爲她是「一塊『可琢之玉』」。

## 夫婿知其爲「可琢之玉」

童眞曾寫過：「現在想來，我是大大地上了他的當，以致二十年來（時爲民國六十年）我苦苦追求，熬夜來捕捉那個飄忽的夢——像在春三月的田間捕捉那隻翩飛的七彩粉蝶。」其實，她已捕捉了七彩粉蝶，擁有五本短篇小說集、五部中篇小說、七部長篇小說的創作成果。

童眞如同大多數的作家，先從散文著手，爾後才從事小說創作。民國四十年開始寫短篇小說，當時她隨任職臺灣糖業公司的夫婿住在花蓮縣光復鄉。自幼孱弱的她總是寫寫病病，或是邊寫邊病。

四十四年底，以「最後的慰藉」這個短篇小說，獲得香港「祖國週刊」徵文的「李白金像獎」。這個獎鼓勵她更勤奮地創作。

四十五年，舉家遷往高雄橋頭，她「在搖滿鳳凰木綠影」的小書房裏寫下很多短篇、中篇。

四十七年五月，由高雄大業書店出版第一本短篇小說集「古香爐」，收有十四個短篇小說：「古香爐」、「最後的慰藉」、「春回」……等等。作者在後記裏說：「有幾篇著重於心理嬗變過程的剖解；有幾篇著重於人物的刻畫；有幾篇著重於闡釋小小的眞理。主題是以發揚人性爲基點，而以發揮人性、追求人性光明爲終點。」

在此同時，臺北自由中國社也出版了她的第一本中篇小說集「翠鳥湖」。

四十九年八月，由臺北明華書局出版第二本短篇小說集「黑煙」，收有「黑煙」、「熄滅了的星火」、「穿過荒野的女人」等十四篇。

司馬中原曾說：「嚴格起來，『黑煙』只是童眞試煉作品的綜合。那一時期，作者自知她龐大的創造野心與其內在經驗世界的周極不成比例，形成過重的荷負、過巨的精神壓力；但她仍像一隻蜘蛛，在風暴中綴網。

「她初期的短篇作品，恆以其理想的生存境界爲中心，欲圖構建成一圈圈縱橫柔密的閃光的環繞。她精神的質點與作品的價値，全建立在內發的眞誠上。她創作的道路，不是單一的直線，而是一面綜錯的網。

「以『黑煙』言……她已經把她思想的觸角探入煙雲疊壓的歷史，探入熙攘喧吷的大千世界，雖未直入中心，亦已觸及邊緣。

「在早期，童眞的短篇作品就顯示出現代感覺和淡淡的現代色彩了。『黑煙』所收各篇，就氣韻說，是清麗典雅的。」

民國五十二年，完成第一部長篇小說「愛情道上」，於民國五十二年六月，由高雄大業書店出版。

童眞自述：「很多人的第一部長篇彷彿都有自己的影子在，而我卻沒有……。但它卻帶給我一個好處：寫了它，就使我有膽量寫第二部。」

這第一部長篇小說，是她先寫好大綱，再依大綱慢慢寫成的，她自己不很滿意。此後，她就不寫小說大綱了。構思完成，確定所要表達的主題、幾個主角的性格和職業，以及幾十個字能夠說完的故事，就動筆了。

司馬中原說：「『愛情道上』一書，童眞取其最熟悉的浙東小鎮——章鎮爲背景，那兒是她安度童年的家鄉，也是她早期經驗世界的中心，人物活動其間，實應充滿色彩濃郁的鄉土風情。」

民國五十三年是童眞豐收的一年，除了在「中華日報副刊」連載「愛情道上」外，一口氣在香港出版了四本中篇小說集——「黛綠的季節」（友聯書報雜誌社）、「相思溪畔」（環球圖書雜誌社）、「懸崖邊的女人」（鶴鳴書業公司），和「紅與綠」（虹霓出版公司）。

民國五十二年十一月，由臺北復興書局出版第三本短篇小說集「爬塔者」，收有的十九篇是「爬塔者」、「溪畔」、「眼鏡」、「花瓶」……等。

## 小說如東方的錦繡

五十三年，童眞又搬家了，仍搬到小鎭上——臺中潭子。在這個新家她著手寫第二部長篇小說「霧中的足跡」，以自流井爲背景。

「霧中的足跡」頗獲司馬中原的青睞，他前後讀了九遍才撰寫評論。司馬中原認爲：「『霧中的足跡』是童眞極爲堅實的產品，一幅精緻的東方的錦繡；她自其經驗世界的深微處作小角度的切入，托現出一些已逝時代中常見的眞實人物。像揹負著男性傳統優越感而又渴求眞實愛情的文岳青，企圖以本身勇氣摒除傳統囿限、追求理想愛情的林範英，叛逆社會不合理壓力、顯彰獨立自我的江易治，接受新教育薰陶、感受新舊觀念衝突、而實際身受其痛的林範強，純情而天眞、涉世不深的許舒英，質樸不文的長春和小梅……她把這眞實人物放置在自流井產鹽地這樣眞實的背景上，任他們按照各自本身的意識去決定他們自己的命運和歸宿。

「這樣嶄新的手法運用於長篇作品，是一項空前的嘗試，因它破除了傳統的『架構』方法。『霧中的足跡』不是刻繪愛情的『故事』，而是那一時代人生的顯形。在書中，童眞隱退了，她既非旁述者，亦非代言人；她唯一繪出的，就是她所親歷的時空背景，她把那些眞實人物，融在那樣的背景當中。『霧中的足跡』所表達的愛情悲劇，不是出諸童眞的臆想，而是出諸時代的壓力；不是出諸外在的行爲，而是出諸內在的意識；不是限於悲劇的主人，而是所有那一時代人物的無告的沈愴。

童眞自己也說：「我寫『霧中的足跡』的動機，無非是想抓住那個時代的情景、人物、思想、衣飾……給那個時代留下一角剪影而已。」

在創作「霧中的足跡」的同時，童眞也寫了不少短篇小說，於民國五十四年八月，由臺中光啓出版社出版「彩色的臉」一書，收有「彩色的臉」、「風與沙」、「一個乾燥無雨的下午」、「黑夜的影子」等十二篇。

司馬中原曾說：「『彩色的臉』一書，使童眞獲得極高的評價，被譽爲成功的現代作家，這評價正是她初期碰索的結果。」

其實，在那一時期她還有許多短篇小說作品發表，直到民國六十三年七月才結集成書—「樓外樓」，由臺北華欣文化事業中心出版，共收有「樓外樓」、「純是煙灰」、「僅有的快樂時光」、「夜晚的訪客」等十一篇。

其中「樓外樓」是她最喜歡的作品。她說：「我常喜歡把好幾層涵義同時編織到一個短篇裏，乍看是這樣，但底下卻可能還有一些。……『樓外樓』，『表面』只是一個人爲了愛妻去追求一座新樓，而最後卻寧可爲了獲得新樓而把妻子拱手讓人，但『底下』卻是把追求新樓作爲追求理想的象徵；一個人，幾經挫折，追求的雖仍是那個目標，但本質卻已改變。

人生的悲哀就在這裏。至於物慾與情慾的無法滿足以及兩個同業因機遇的不同而『昇』、『降』有殊，則只是另一些涵義而已。」

另外，「純是煙灰」是侯健教授頗感偏愛的小說，他說：「它揉合了悲天憫人，在不動聲色的斂抑裏，渲染出濃重的感傷色彩。故事是民國三十八年大動亂的餘波。周少勃和玉茹，是亂離中共患難的一對，卻因爲少勃的傳統——不忍說是舊——道德的束縛，不敢乘人之危，錯把愛情認做自私，以致自誤誤人。少勃的錯誤婚姻，從自敘與烘托兩種方式裏逐漸透露。方法仍是斂抑的——比較狄更斯處理孝女耐兒之死或『紅樓夢』及『花月痕』裏面，黛玉和韋痴珠之死，和海明威的『戰地春夢』中凱西之死，就可以了解這種方式的特質。『我』和少勃，都是舊了的人，大約也可以說是小人物，他們有濃厚道德執著，卻也有持久不變的感情——友情和愛情。題目的『純是煙灰』大約是人生一切的最終譬喻。『昨夜有風』始，『今夜沒有星辰』應當是『昨夜星辰昨夜風』和『如此星辰非昨夜』的綜合。前者是李商隱，『此情可待成追憶』的李商隱；後者是黃仲則，落拓潦倒的文人。這一切是人生的諷刺？……而對小人物所遭遇的自我衝突，價值與行爲上的衝突，表現得餘意盎然，而其人性是美麗的。」

女作家林海音則喜歡「僅有的快樂時光」一篇。「僅有的快樂時光」寫的是患癌症的老人，在醫院遇到同病相憐的老人，後來兩人結伴同遊，共享僅有的快樂時光，小說中另穿插小孫女的理想和願望，代表充滿希望的年輕生命。

童眞說：「這篇主要寫老年人不畏怯死亡，以及兒女忙碌，同病相憐的老人結伴同遊，追求晚年的快樂時光。」

很多文友或讀者都讚美她把醫院的氣氛和老人的心情捕捉得很成功。她說：「有一年，我右手的兩隻手指有點小毛病，不能寫字，就常到醫院去照鈷六十。我在醫院裏遇到了一個得了癌症的鄉下老人，他知道他自己快死了，卻對生死看得很淡，他的那種表情和那種對人生的看法給了我很深的感觸，後來，我就以他爲主角，寫了那篇『僅有的快樂時光』。我想主要是那件事留給了我很深的印象。」

直到今天，童眞仍自信這篇短篇把老人的心理揣摩得很仔細。

五十六年元月，光啓出版社又出版了她的十八萬字的長篇小說「車轔轔」，她從五十四年新春執筆，到第二年三月才完成，五月開始在「新生報副刊」連載。

「車轔轔」中有三位女主角：白丹、紀蘭、史小曼。白丹是個善良、單純的好女孩，但不知道自己追求的是什麼；紀蘭是最有理想的一個，不顧一切阻力追尋她的理想，她喜歡戲劇，是個熱心的贊助者；史小曼則談不上理想，但懂得抓住機會追求物質享受。

童眞述說創作「車轔轔」動機：「那時，因爲有感於文壇的捧『角』之風甚盛，文藝眞僞不分，也少價値觀，我雖出身商業世家，總認爲在商固可言商，在文卻也只能言文，這觸發我構思一部以描繪這一代的迷惘、慾求、堅韌與職責爲主題的長篇，於是，我就開始撰寫『車轔轔』。『車轔轔』對那一期間的藝文界有批判，也有建議；據我所知，當時似乎還沒有一部作品這麼犀利地指向那一方面的。」

五十八年二月，高雄長城出版社出版了她的第四部長篇小說「夏日的笑」，文長達四十四萬字。這部小說自五十五年六月動筆，至五十六年六月才完稿。她說：「寫作經年，無日或息，熬白了半頭黑髮。」足見其嘔心瀝血之苦。

「夏日的笑」甫出版不久，「現代學苑」雜誌的「書刊評介」欄，由老松執筆說：「在幾乎分不出『文藝』與『言情』的現今文藝創作裏，這是一本値得推薦的文藝小說。內容以一個平實而健康愛情故事爲主幹，並以三種不同的愛情方式去陪襯它，場面十分熱鬧。」

同年五月，臺北立志出版社出版了童眞的第五部長篇小說「寂寞街頭」。她曾爲了書中有幾章描寫工廠的生活，多次前往工廠參觀。這部二十八萬字的長篇小說，著手於五十六年十月，至五十七年十月完稿。她說：「該文前半部寫於臺中潭子，完成於彰化溪州。西晒的房間，夏日苦熱，整天以電扇助涼，卻因此患上了風濕痛。」

儘管病痛纏身，體重總維持四十來公斤，她仍寫作不輟。

五十九年九月，臺北立志出版社出了她的第六部長篇小說「寒江雪」，二十八萬字。意寓人生在追求目標的過程中，得失無常，禍福難料。

六十三年十月，她又完成第七部長篇小說「離家的女孩」，十六萬字，曾在「中華日報副刊」連載，尙未出版。

## 寫了十一部小說

數一數童眞女士筆耕二十餘年的成績，共創作了五本短篇小說集、五本中篇小說集、七部長篇小說。

六十六年，她再搬回臺中潭子定居，因爲健康情況不佳，而不再從事心力交瘁的小說創作了。她說：「現在儘有時間欣賞別人的作品了。」

對於自己的小說作品，童眞自剖說：「不光是寫故事。寫小說不是寫故事，我寫的是人物、我的見解、我的人生觀……但不明白地說出來，讓讀者自己去細細地讀，慢慢地體會。」至於寫作的態度，她說：「我專心專意地寫，不爲名利。因此今天，再回頭看我小說，我完全沒有後悔。」

她的好友司馬中原稱她爲「沈默的天堂鳥」，司馬中原說：「童眞從事創作，除了勤勉創作之外，她從沒爲自己呼喊和標榜過什麼。如果說童眞是一隻鳥，那麼她該是隻沈默的天堂鳥，她只在作品裏發出清脆悅耳的鳴叫，絕不像一些麻雀，總是吱吱喳喳地洋洋自得。」

又因三十多年來，她總住在鄉間小鎭——花蓮光復、高雄橋頭、臺中潭子、彰化溪州，直到現在定居臺中潭子，而且她又很少參加文藝界聚會，因此，又被夏祖麗封爲「鄉下女作家」。

這位民國十七年出生於浙江商業世家的女作家，在結婚前從未有當作家的志願，她回憶當年說：「入學而後，我最突出的功課不是國文而是數學，因此，我在日後攻會計的姊姊的勸導下，遠豎在前方的標牌上，寫的也是工程師，而非寫作家。」後來，她自覺身體不適於工程鉅任，面臨抉擇的關鍵，卻遇到她的業餘翻譯家丈夫，她憶述：「當時，陳森是以才子型的姿態出現的，他能寫論文，能譯小說，但卻理智得不會寫小說。不會的，總是最好的，他就把這個無法實現的理想建築在我這個瘦女人的身上，認爲我是一塊『可琢之玉』……」

幸虧有陳森先生這位掘玉礦的人，否則，文壇將失去一塊璞玉。

一九八五年四月（民國七十四年四月）

# 一個具有三種年齡的女人

陳　森

說她像個女孩子也好，說她像個中年的黃臉婆也對，甚至說她像個老婦人也沒有什麼不是，反正，在我看來，她是兼具三種年齡的女人。

他的父母給了他一個很有筆名味兒的姓、名——童眞。有時，我想，或許，正因爲這個姓名，促使從小學開始，數學成績一直遙駕其他各科成績之上的她從事於耍筆桿的活兒。她有一顆不怕上當、何妨糊塗的心，有雙能夠數清大樹高處葉子的年輕眼睛，有在熟人面前毫不克制的笑聲，當她在家裏跟孩子們一道歡笑時，外人很難分辨出那笑聲裏還摻雜著一個屬於孩子的母親的。那時，她就很像一個女孩子。但她瘦弱，時常鬧些小病，感冒發熱，腰酸背痛，這時，她就臉也不洗，頭也不梳，懶拖拖地一邊做事，一邊埋怨我不會替她買菜、燒飯，孩子們不會幫她洗衣掃地，那種嘮叨勁兒以及憔悴模樣，就像一個令人厭煩的黃臉婆。而近五、六年來，她接連寫了五個長篇，把一頭烏髮寫成花白，再配上一身暗色的衣著，從背後望去，幾次被人認爲是老太太。然而，在某個冬日，她竟能覆上頭巾，頂著冷風，興致勃勃地趕去看她那個寄宿中市，就讀高三的大兒子；後來，兒子回家說，同學們硬說那天去看他的是他的大姊！

# 童真作品目錄

| 書名 | 類別 | 出版者 | 出版年月 |
| --- | --- | --- | --- |
| ①翠鳥湖 | 中篇小說 | 自由中國社 | 民國47年 |
| ②古香爐 | 短篇小說集 | 大業書店 | 民國47年 |
| ③黑煙 | 短篇小說集 | 明華書局 | 民國49年 |
| ④黛綠的季節 | 中篇小說 | 香港友聯公司 | 民國51年 |
| ⑤相思溪畔 | 中篇小說 | 香港環球出版社 | 民國51年 |
| ⑥懸崖邊的女人 | 中篇小說 | 香港鶴鳴書業公司 | 民國51年 |
| ⑦紅與綠 | 中篇小說 | 香港霓虹出版社 | 民國51年 |
| ⑧愛情道上 | 長篇小說 | 大業書店 | 民國52年 |
| ⑨爬塔者 | 短篇小說集 | 復興書局 | 民國52年 |
| ⑩霧中的足跡 | 長篇小說 | 長城出版社 | 民國54年 |
| ⑪彩色的臉 | 短篇小說集 | 光啓出版社 | 民國54年 |

⑫車轔轔 長篇小說 光啓出版社 民國56年
⑬夏日的笑 長篇小說 長城出版社 民國58年
⑭寂寞街頭 長篇小說 立志出版社 民國58年
⑮寒江雪 長篇小說 立志出版社 民國59年
⑯樓外樓 短篇小說集 華欣文化中心 民國63年
⑰離家的女孩 長篇小說

# 童真作品評論索引


| 篇名 | 作者 | 期刊名 | 刊期 | 時間 | 頁次 |
| --- | --- | --- | --- | --- | --- |
| ①童眞女士的兩本書：「翠鳥湖」、「古香爐」 | 王鼎鈞 | 自由青年 | 19卷10期 | 47年5月 | 頁10~11 |
| ②論童眞（階段評論） | 司馬中原 | 台灣新生報 | | 55年7月5日~6日 | 7版 |
| ③沉默的天堂鳥 | 司馬中原 | 幼獅文藝 | | 55年9月 | |
| ④車轔轔 | 老松 | 現代學苑 | 4卷7期 | 56年7月 | 頁42 |
| ⑤夏日的笑 | 老松 | 現代學苑 | 6卷5期 | 58年5月 | 頁40~41 |
| ⑥鄉下女作家童眞 | 夏祖麗 | 婦女雜誌 | 45期 | 61年6月 | 頁40~41 |
| ⑦「樓外樓」讀後 | 張茲棟 | 中華文藝 | 8卷4期 | 63年12月 | 頁100~102 |
| ⑧「鄉下女作家」童眞 | 鐘麗慧 | 文藝月刊 | 190期 | 74年4月 | 頁13~20 |
| ⑨車轔轔兼論小說的故事 | 詹悟 | 台灣日報 | | 73年9月2日 | |